Marschierender Sand

Harold Lamb

Writat

Diese Ausgabe erschien im Jahr 2024

ISBN: 9789359949468

Herausgegeben von
Writat
E-Mail: info@writat.com

Inhalt

KAPITEL I

DIE VERLORENEN LEUTE

„Du willst, dass ich versage."

Es war weder eine Frage noch eine Aussage. Es kam mit ruhiger Stimme, und die Worte klangen langsam über die Lippen des Mannes auf dem Stuhl, als würde er jedes einzelne Wort abwägen.

Es hätte sein können, dass er laut mit sich selbst sprach, als er direkt vor sich hinstarrte und seine kräftigen Hände ruhig über seinen Knien verschränkte. Er war ein Mann, den andere Männer zweimal ansahen, und eine Frau blickte vielleicht einmal hin – und erinnerte sich. Dennoch war nichts Bemerkenswertes an ihm, außer vielleicht einer ungewöhnlich tiefen Brust, die seinen leisen Worten Nachhall verlieh.

Das und die runde Säule eines Halses bestätigten den Beweis der Stärke, die in den Händen zum Ausdruck kam. Ein breiter, brauner Kopf zeigte einen harten Mund und weit aufgerissene, grüne Augen. Diese Augen waren gerade und bewegten sich langsam wie die Lippen – die Augen eines Mannes, der eine Pokerhand spielen und andere Männer beobachten konnte, ohne sie direkt anzusehen.

In dem ausdruckslosen Gesicht spiegelte sich eine gewisse Melancholie. Die Melancholie, die der Tribut von Nöten und körperlichem Leid ist. Dies, gepaart mit großer, wenn auch verborgener körperlicher Stärke, war die merkwürdige Eigenschaft des Mannes auf dem Stuhl, Kapitän Robert Gray, einst Abenteurer und Entdecker, jetzt in der United States Army Reserve aufgeführt.

Er hatte den Trick des Reisenden, hervorragende Kleidung nachlässig zu tragen, und die Eigenschaft des Soldaten, sich in Bewegung und Sprache zurückzuhalten. Er stand kurz vor einer lebenswichtigen Entscheidung; aber er sprach ruhig, sogar kalt. So sehr, dass sich der Mann am Schreibtisch ernst nach vorne beugte.

„Nein, wir wollen nicht, dass Sie scheitern, Captain Gray. Wir wollen, dass Sie die Wahrheit herausfinden und uns erzählen, was Sie herausgefunden haben."

„Angenommen, es gibt nichts zu entdecken?"

„Wir werden wissen, dass wir falsch liegen."

„Wird Sie das zufriedenstellen?"

"Ja."

Captain „Bob" Gray untersuchte eine Narbe auf seinem rechten Handrücken. Es war von einem *Kris* aus Mindanao hergestellt worden , und da der Rand des *Kris* vergiftet worden war, war die Haut immer noch mattviolett. Dann lächelte er.

„Ich dachte", sagte er langsam, „dass die Mythen über verlorene Menschen veraltet seien. Ich dachte, der letzte vermisste Stamm sei von den geografischen und anthropologischen Gesellschaften lokalisiert und kartografisch erfasst worden."

Dr. Cornelius Van Schaick lächelte nicht. Er war ein schmächtiger, grauer Mann mit wachsamen Augen. Und er war Leiter der American Exploration Society, Direktor des Museums für Naturgeschichte – in dessen Büro er jetzt zusammen mit Gray saß – und Mitglied verschiedener wissenschaftlicher und historischer Akademien.

„Dies ist kein *verlorenes* Volk, Captain Gray." Er hielt inne und dachte über seine Worte nach. „Es ist ein Zweig unserer eigenen Rasse, der Indo-Arier oder weißen Rasse. Es sind die Wusun – die ‚Großen'." Wir – die American Exploration Society – glauben, dass es im Herzen Asiens zu finden ist." Er lehnte sich wachsam zurück.

Grays Brauen gingen nach oben.

„Und Sie schicken also eine Expedition los, um danach zu suchen?"

„Um danach zu suchen." Van Schaick nickte mit der Begeisterung eines Wissenschaftlers, der einer Entdeckung auf der Spur ist. „Wir werden Sie schicken, um zu beweisen, dass es existiert. Wenn dies bewiesen wird", fuhr er entschieden fort, „werden wir wissen, dass in Asien vor der Zeit der großen Reiche eine weiße Rasse vorherrschte; dass das heutige Zentralasien möglicherweise existiert." von arischem Stamm abstammen. Wir werden ein neues Licht auf die Entwicklung der Rassen haben – sogar auf die Bibel –"

„Sei ruhig, Doktor!" Gray hob die Hand. „Sie überfordern mich. Was ich wissen möchte, ist Folgendes: Warum glauben Sie, dass ich diesen weißen Stamm in Asien finden kann – die Wusuns ? Ich bin ein Armeeoffizier, arbeitslos und auf der Suche nach einem." . Deshalb habe ich Ihren Brief beantwortet. Ich bin pleite und brauche Arbeit, aber –"

Van Schaick warf einen Blick auf ein Papier, das er von einem Stapel auf seinem Schreibtisch zog.

„Wir hatten gute Gründe, Sie auszuwählen, Captain Gray", sagte er trocken. „Sie haben Erkundungsarbeiten nördlich der Hudson Bay durchgeführt; Sie haben einmal die Ruhr in einem Distrikt von Mindanao ausgerottet; Sie haben ungewöhnliche Arbeit für das Bureau of Navigation geleistet; im aktiven Dienst in Frankreich haben Sie Ihr Unternehmen geleitet –"

Gray blickte schnell auf. „Das taten auch tausend andere amerikanische Offiziere", unterbrach er ihn.

„Ah, aber nur sehr wenige hatten einen Vater wie deinen", lächelte er und tippte sanft auf das Papier. „Ihr Vater, Kapitän Gray, war einst ein Missionar der Methodisten in West-Schensi. Sie waren dort bei ihm, bis Sie vier Jahre alt waren. Ich verstehe, dass er den Dialekt der Grenze gründlich beherrschte, und Sie auch Ich habe es als Kind aufgehoben. Ist das richtig?"

"Ja."

„Und Ihr Vater hat, bevor er in diesem Land starb, von Zeit zu Zeit Ihre Dialektkenntnisse aufgefrischt."

"Ja."

Van Schaick legte das Papier nieder.

„Kurz gesagt, Captain Gray", schloss er, „Sie haben in Washington die Erfahrung gemacht, immer das zu bekommen, was Sie suchen, ob es nun Informationen oder Menschen sind. Das kann man vielleicht von vielen Forschern sagen, aber in Ihrem Fall sind die Ergebnisse so." auf dem Papier. Du hast nie versagt. Deshalb wollen wir dich. Denn wenn du die Wusun nicht findest, wissen wir, dass sie nicht zu finden sind."

„Ich glaube nicht, dass sie gefunden werden können."

Der Wissenschaftler blickte seinen Besucher neugierig an.

„Warten Sie, bis Sie unsere Informationen über die weiße Rasse im Herzen Chinas gehört haben, bevor Sie sich entscheiden", sagte er mit seiner kalten, prägnanten Stimme und packte die Papiere in ihren Lederkoffer. „Weißt du, warum man von den Wusun nichts gehört hat?"

„Das könnte ich vermuten. Sie scheinen sich in einer Region zu befinden, in die noch kein europäischer Entdecker gegangen ist –"

„Mir wurde gestattet zu gehen. Asien, Captain Gray, trotz all unserer amerikanischen Ermittlungen ist es für uns ein Rätsel. Wir denken, wir haben den Schleier aus seiner Geschichte entfernt und nur einen Faden gelöst. Die Religion Asiens ist aufgebaut." seine Vergangenheit. Und Religion ist der Puls Asiens. Die Asiaten haben ihren Kindern beigebracht, dass sie seit Anbeginn der Geschichte Herren der zivilisierten Welt waren. Was wäre das Ergebnis, wenn bewiesen würde, dass eine weiße Rasse Zentralasien dominierte? vor der christlichen Ära? Die Traditionen von sechshundert

Millionen Menschen, die ihre Vergangenheit verehren, würden zerstört werden."

Gray schwieg, während der Wissenschaftler seinen Finger auf eine Wandkarte von Asien legte. Van Schaick zog seinen Finger landeinwärts von der Küste Chinas, vorbei an Flüssen und Städten, vorbei an der Nordgrenze Tibets, bis zu einer leeren Stelle unter den Bergen Turkestans, wo es keine Schrift gab.

„Das ist der blinde Fleck Asiens", sagte er. „Es ist kleiner geworden, als die Europäer durch seine Grenzen reisten. Tibet, das wissen wir. Das Innere Chinas kennen wir, bis auf diesen blinden Fleck. Es ist –"

„In der Wüste Gobi."

„Der einzige Ort, an dem weiße Entdecker daran gehindert wurden, ihn zu besuchen. Und wir haben gehört, dass sich die Wusun hier aufhalten."

"Ein Zufall."

Van Schaick warf einen Blick auf seine Uhr.

„Wenn Sie mit mir zu der Sitzung der Exploration Society kommen, die gerade tagt, Captain Gray, werde ich Sie davon überzeugen, dass das kein Zufall ist. Bevor wir gehen, möchte ich mir eines vergewissern: Die Expedition in die Ferne." „Das Ende der Wüste Gobi wird nicht sicher sein. Es kann sehr gefährlich sein. Wären Sie bereit, es zu unternehmen?"

Gray warf einen Blick auf die Karte und stand auf.

„Wenn Sie mir zeigen können, Doktor", antwortete er, „dass es etwas zu finden gibt – ich würde es in Angriff nehmen."

„Komm mit", nickte Van Schaick knapp.

Die Säle des Museums waren dunkel, da die Nacht für Besucher bereits vorbei war. Ein kleines Licht an der Treppe zeigte die schwarze Masse lebloser Gestalten in Glasfächern und die drohenden Umrisse berittener Tiere mit den weißen Knochen prähistorischer Säugetiere.

Am Eingang nickte Van Schaick einem Wärter zu, der das Auto des Wissenschaftlers herbeirief.

Ihre Schritte hallten nicht mehr über den gefliesten Korridor. Die bewegungslosen Tiergruppen starrten ohne zu blinzeln auf das einzelne Licht aus Glasaugen. Dann bewegte sich ein Formular in einer der Gruppen.

Die Gestalt glitt von den Stofftieren den Flur entlang. Das Eingangslicht zeigte für eine Sekunde einen schlanken Mann in einem

Mantel, der schnell von einer Seite zur anderen zur Tür blickte, um zu sehen, ob er beobachtet wurde. Dann ging er zur Tür hinaus, in die Nacht.

KAPITEL II

LEGENDEN

An diesem Abend versammelten sich einige Männer in Van Schaicks Privatbüro im Gebäude der American Exploration Society. Einer war ein berühmter Anthropologe, ein anderer ein Historiker, der an diesem Tag aus Washington angereist war. Ein Finanzier, dessen Name in den Zeitungen stand, war ein Dritter. Und ein europäischer Orientologe .

Van Schaick stellte diesen Männern Gray vor und erklärte kurz, was in ihrem Interview passiert war.

„Captain Gray", schloss er, „wünsche Beweise für das, was wir wissen. Wenn er überzeugt werden kann, dass die Wusun in der Wüste Gobi zu finden sind, ist er bereit, die Reise anzutreten."

Eine Stunde lang unterhielten sich die drei Wissenschaftler. Gray hörte schweigend zu. Sie waren Anhänger einer Berufung, die ihm fremd war, Sucher nach den Fäden des Wissens, die aus den Enden der Erde gesammelt wurden, Eiferer, Männer, die ein Jahr oder ein ganzes Leben damit verbringen würden, den Weg zu einer neuen Spezies von Menschen oder Tieren zu finden. Es waren Männer, die die Schätze der Wissenschaften sammelten, denen die gewöhnlichen Aspekte des Lebens gleichgültig gegenüberstanden und die in ihren Bemühungen schonungslos waren. Und er sah, dass sie wussten, wovon sie sprachen.

Am Ende der Bronzezeit, am Beginn der Geschichte, erklärten sie, drang die indoarische Rasse, ihre eigene Rasse, von Skandinavien und dem Norden Europas nach Osten, über die Bergbarriere Asiens und eroberte die zentralasiatischen Völker – die Mongolen – mit ihren langen Schwertern.

Dies war kaum bekannt und wurde nur durch bestimmte Überreste der arischen Sprache, die in Nordindien gefunden wurden, und durch Inschriften, die in den Bergen Turkestans ausgegraben wurden, vermutet.

Sie glaubten, diese Wissenschaftler, dass vor der großen Han-Dynastie in China eine indo-arische Rasse namens Sacæ Zentralasien regiert hatte. Die Vorfahren der Europäer hatten über die Mongolen geherrscht. Die Vorfahren Tausender heutiger Zentralasiaten waren weiße Männer – große Männer mit langen Schädeln und gelbem Haar und große Kämpfer.

In den frühesten Annalen Chinas werden die Huing -nu – helläugige Teufel – erwähnt, die in die Wüste herabkamen. Die Manuskripte der Antike trugen den Namen der Wusun – der „Großen". Und die Kinder der arischen

Eroberer hatten überlebt und mehrere hundert Jahre lang gegen die Mongolen gekämpft.

„Sie überleben bis heute", sagte der Historiker ernst. „Marco Polo, der erste Europäer, der China betrat, passierte die nördliche Grenze des Wusun-Landes. Er nannte ihren König Prester John und einen Christen. Sie haben vom Mythos von Prester John gehört, der manchmal als Monarch Asiens bezeichnet wird. Und von der sagenhafte Reichtum seines Königreichs, die riesigen Städte. Der Mythos besagt, dass Prester John ein Gefangener in seinem eigenen Palast war."

„Sehen Sie", stimmte Van Schaick zu, „die Gefangenschaft der Wusun hatte bereits begonnen. Die Mongolen haben andere Rassen innerhalb ihrer Grenzen nie geduldet. Während der Zeit von Dschingis Khan und den tatarischen Eroberern wurden die Überlebenden der Arier durch die Mongolen ausgedünnt." Schwert."

„Marco Polo", fuhr der Historiker fort, „kam dem Land der Wusun so nahe wie jeder andere Europäer." Drei Jahrhunderte später reiste ein portugiesischer Missionar, Benedict Goës , durch die Wüste in der Nähe der Stadt der Wusun und berichtete, er habe einige Menschen gesehen die ein schönes Gesicht hatten, groß und helläugig waren.

Van Schaick wandte sich seinen Papieren zu.

„Im letzten Jahrhundert", sagte er, „passierte einem englischen Entdecker, Ney Elias, etwas Merkwürdiges. Ich zitiere aus seinem Buch. *Ein alter Mann besuchte mich in Kwei- hwa -ching, am östlichen Ende des Thian Shan."* *Mountains, der sagte, er sei weder Chinese, Mongole noch Mohammedaner und lebe auf einem vom Kaiser speziell zugeteilten Land, in dem es jetzt mehrere Familien derselben Herkunft gebe. Er sagte, er sei ein Prinz gewesen. In Kwei- hwa - „Ich wurde sehr genau beobachtet und davor gewarnt, zu viele Fragen zu stellen ."*

Van Schaick blickte Gray über seine Brille hinweg an.

„Das Thian-Shan-Gebirge liegt nördlich dieses blinden Flecks in der Wüste Gobi, wo wir vermuten, dass sich die Wusun aufhalten."

Der Historiker mischte sich eifrig ein.

„Ein weiterer Haken: Vor einer Generation versuchte der russische Entdecker, Oberst Przewalski , von Süden her in diesen blinden Fleck einzudringen, und wurde von einem der Schutzstämme mit viel Blutvergießen abgewehrt."

Gray lachte offen.

„Ich gebe zu, ich bin überrascht, meine Herren. Bis jetzt dachte ich, Sie würden mir einen Streich spielen."

Van Schaicks schmales Gesicht errötete, aber er sprach ruhig.

„Es ist nur fair, Sir, dass Sie den Beweis haben, dass Sie nicht nach einem Irrlicht geschickt werden. Vor ein paar Tagen habe ich mit einem Missionar gesprochen, der als Invalide aus China nach Hause zurückgekehrt war. Sein Name ist Jacob Brent. Er ist seit zwanzig Jahren Leiter der Hochschule von Chengtu im Westen Chinas. Er hörte Gerüchte über einen gefangenen Stamm im Herzen der Gobi. Und er sah einen der Wusun.

Er hielt inne, um systematisch eines seiner Papiere zu konsultieren.

„Einige chinesische Kulis erzählten Brent von einer großen Rasse, die in einer Stadt in der Gobi lebte, einer Rasse, die, wie sie sagten, ‚genau wie er‘ sei. Und bei einem seiner Ausflüge in die Nähe des Wüstenrandes sah er eine große Gestalt über den Sand auf sich zukommen, vor Müdigkeit taumelnd. Dann tauchten mehrere chinesische Reiter aus den Sanddünen auf und machten sich auf den Weg von dem Flüchtigen. Aber nicht bevor Brent gesehen hatte, dass es sich um den Mann handelte Gesicht war teilweise weiß.“

"Teilweise?" fragte Gray fragend.

„Ich zitiere wörtlich. Ja, das hat Brent gesagt. Er wurde von seinen einheimischen Trägern daran gehindert, in die Gobi zu gehen, um Nachforschungen anzustellen. Sie glaubten an den üblichen Aberglauben über die Wüste – böse Geister und so weiter – und warnten Brent davor etwas, was sie die blasse Krankheit nannten.

Gray blickte ruhig auf. „Weißt du, was das ist?“

„Wir wissen es nicht und Vermutungen sind wertlos.“ Er zuckte mit den Schultern. „Du hast eine Idee?“

„Noch kaum – Sie sagen, dass Brent krank ist. Konnte er gesehen werden?“

„Das glaube ich nicht. Er ist in einem kalifornischen Sanatorium, zusammengebrochen vor Überarbeitung, sagten mir die Ärzte.“

"Ich verstehe." Gray musterte seine Gefährten. In jedem Gesicht zeigte sich derselbe Eifer, die Sehnsucht nach Entdeckungen, die größer ist als die Lust des Goldsuchers. Sie warteten auf seine nächsten Worte. „Meine Herren, ist Ihnen bewusst, dass drei große Schwierigkeiten zu bewältigen sind? Geld – China – und wissenschaftliche Kenntnisse. Damit meine ich meine eigenen Qualifikationen. Ich bin ein Entdecker, kein Wissenschaftler –“

An diesem Punkt beugte sich Balch, der Finanzier, der zuvor nicht gesprochen hatte, nach vorne.

„Drei hervorragende Punkte", nickte er. „Ich kann sie beantworten. Wir können Sie mit Geld versorgen, Captain Gray", sagte er entschieden.

„Und die Erlaubnis der chinesischen Behörden?"

„Wir haben leere, unterschriebene Pässe für einen amerikanischen Jäger und Naturforscher für die Reise ins Landesinnere Chinas, in die Wüste Gobi."

„Sie werden nicht alleine gehen", erklärte Van Schaick. „Wir sind uns darüber im Klaren, dass ein Wissenschaftler Sie begleiten muss."

„Wir haben den Mann", fuhr Balch fort, „ein Orientologe – spricht Persisch und Türkisch – kennt Zentralasien wie ein Buch. Professor Arminius Delabar. Er wird Sie in Frisco begleiten." Er stand auf und streckte seine Hand aus. „Gray, du bist der Mann, den wir wollen! Ich mag deine Rede." Er lachte knabenhaft, da er trotz seines Alters jung im Herzen war. „Du bist der Aufgabe gewachsen – und du kannst einem Bergschaf oder einem Banditen aus fünfhundert Metern Entfernung in den Kopf schießen. Leugne es nicht – du hast es geschafft!"

„Karten?" fragte Gray trocken.

„Das Beste, was wir bekommen konnten. Chinesische und russische Vermessungen der westlichen Gobi", erklärte Balch knapp. „Wir möchten, dass Sie gleich anfangen. Wir wissen, dass unsere ärgsten Feinde, die British Asiatic Society, Wind von den Wusun haben das Feld besser – es wird in Indien beginnen, das näher an der Gobi liegt.

„Dann muss es also ein Rennen sein?" Gray runzelte die Stirn.

„Es ist ein Rennen", nickte Balch, „und mein Geld unterstützt Sie und Delabar. Je früher Sie also starten können, desto besser. Van Schaick wird Sie nach Frisco begleiten und Ihnen Einzelheiten mitteilen, mit Karten und Pässen unterwegs. Wir." „Ich werde dir das Gehalt deines Ranges in der Armee zahlen, mit einem Bonus von fünfzig Prozent, wenn du zum Wusun kommst. Was ist nun deine Antwort – ja oder nein?" Er warf dem Offizier einen scharfen Blick zu und erkannte, dass Gray nicht der richtige Mann für die Expedition sein würde, wenn er zweifelte.

Gray lächelte fragend.

„Ich bin zu Ihnen gekommen, um einen Job zu finden", sagte er, „und hier ist es. Ich brauche das Geld. Meine Antwort ist: Ja. Ich werde mein Bestes tun, um die Ware zu liefern."

„Meine Herren", wandte sich Balch an seine Mitarbeiter, „ich gratuliere Ihnen. Captain Gray kann es schaffen, zur Wusun zu gelangen oder auch nicht Wusun sollte es sein. Er wird nicht umkehren.

Ihr Besucher errötete daraufhin. Er war noch jung, noch keine dreißig. Er schüttelte allen die Hand und machte sich auf den Weg zu seinem Hotel, zusammen mit Balch und Van Schaick, um die Fahrpläne der Eisenbahn zu arrangieren und ein Outfit zu kaufen.

Dies ist ein kurzer Bericht darüber, wie Robert Gray zu seiner Mission in die Wüste Gobi aufbrach, wie in den Akten der American Exploration Society für den Sommer 1919 berichtet.

Aus Geheimhaltungsgründen wurde es damals nicht an die Presse weitergegeben. Auch erhielt die Exploration Society von der Regierung der Vereinigten Staaten keine Genehmigung für die Expedition. Die Zeit drängte, als sie erfuhren, dass die britische Expedition in Burma zusammenkam. Später stimmte Van Schaick Balch zu, dass dies ein Fehler gewesen sei.

Doch zu diesem Zeitpunkt war Gray schon weit außerhalb seiner Reichweite, in den Ausläufern der Himmlischen Berge, im *Liu Sha*, und hatte die Bedeutung der blassen Krankheit erfahren.

KAPITEL III

DELABAR-DISKURSE

Gray hatte es ernst gemeint, was er über seinen neuen Job gesagt hatte. Van Schaick plädierte für Eile, aber der Armeeoffizier wusste aus Erfahrung, wie gefährlich es war, ein wichtiges Teil seiner Ausrüstung wegzulassen, und ging mit der ihm eigenen Gründlichkeit vor.

In New York stellte er seine persönliche Ausrüstung mit den Gewehren, Medikamenten und Munition zusammen, die er brauchte. Außerdem ein gutes Fernglas und die Karten, die Van Schaick geliefert hat. Balch schenkte ihm zwanzig Pfund feinen Rauchtabak, der dankbar angenommen wurde.

„Ich brauche einen anderen Mann an meiner Seite", sagte Gray zu Van Schaick, der nervös war, wegzugehen. „ Delabar wird auf seine Art in Ordnung sein, aber wir wollen einen Weißen, der schießen und arbeiten kann. Ich kenne den Mann für den Job – McCann, einst mein Pfleger, jetzt in der Reserve."

„Holen Sie ihn sich auf jeden Fall", stimmte der Wissenschaftler zu.

„Er ist arbeitslos in Texas. Ein Telegramm wird ihn rechtzeitig nach Frisco bringen, um uns zu treffen. Nun, ich bin kurz davor, mich umzusehen."

Sie reisten noch in dieser Nacht mit dem Westexpress ab.

Gray war es nicht leid, die Stadt zu verlassen. Wie alle Reisenden empfand er die Beklemmung der engen Gassen, die Monotonie, immer am selben Ort nach Hause zu gehen, um zu schlafen. Beim Gedanken an das Abenteuer auf einem anderen Kontinent hatte ihn erneut das Fernweh gepackt.

Er nahm seine Mission ernst. Auf den Karten, die Van Schaick und Balch ihm gegeben hatten, hatten sie einen Ort jenseits der bekannten Reiserouten markiert, weit mehr als tausend Meilen im Landesinneren Chinas. Zu diesem Ort wollte Gray. Er hatte seine Befehle und er würde sie ausführen.

Van Schaick redete viel im Zug. Er erklärte, wie viel die Mission der Exploration Society bedeutete. Es würde ihnen weltweiten Ruhm verschaffen. Und es würde das Wissen der Menschheit enorm erweitern. Gray, sagte er, würde auf dem Weg Marco Polos reisen; er würde den Schleier der Geheimhaltung aus dem verborgenen Winkel der Wüste Gobi reißen. Es wäre ein Sieg der Wissenschaft über die alte Seele der Mongolei.

Es würde das große Jadebild Buddhas, des vielarmigen Kali, des Teufelsgottes Bon und des alten Vishnu in seinen Grundfesten erschüttern. Es würde den Einfluss der Bibel auf die mongolische Welt stärken.

Wenn Gray die Wusun nur vor der Expedition der British Asiatic Society finden könnte, sagte Van Schaick wehmütig, wäre der Triumph vollständig.

Gray hörte schweigend zu. Im Lichte dessen, was folgte, war es ein Glück, dass seine Fantasie nicht so leicht angeregt wurde.

Er blickte den Mann neugierig an, der sein Partner bei der Expedition sein sollte. Van Schaick stellte sie am Bahnsteig des San Francisco-Terminals vor.

Professor Arminius Delabar war ein kleiner, schlanker Mann mit drahtiger Statur und einem nervösen Auftreten, das Gray an einen Vogel erinnerte. Er hatte kurzsichtige, blutunterlaufene Augen, die hinter einer getönten Brille verborgen waren, und ein dunkles Gesicht mit gepflegtem Bart. Er war halb gebürtiger Syrer, Wahlamerikaner und ein Bewohner der Akademien und Nebenstraßen der Welt. Außerdem sprach er mindestens vier Sprachen fließend.

Der Respekt des Armeeangehörigen gegenüber seinem zukünftigen Begleiter steigerte sich um ein Vielfaches, als er feststellte, dass Delabar den Kauf und Versand ihrer Vorräte bereits kompetent arrangiert hatte.

„Sehen Sie", erklärte er Gray in seinem Hotelzimmer, „je weniger Dinge wir in Shanghai kaufen müssen, desto besser. Unser Plan ist es, so wenig Aufmerksamkeit wie möglich zu erregen. Unser Pass beschreibt uns als Jäger und Naturforscher. Ausländer sind es." ein alltäglicher Anblick in China bis ins Landesinnere wie Liangchowfu . Sobald wir dort und in den inneren Ebenen vorbei sind, wird es schwierig sein, uns zu folgen – wenn wir keine Aufmerksamkeit erregt haben. Sprechen Sie irgendwelche chinesischen Dialekte?"

Es war eine abrupte Frage mit Delabars hoher Stimme. Der Syrer sprach Englisch mit nur einem Hauch eines Akzents.

„Ein bisschen", gab Gray zu. „Ich wurde in Shensi geboren, aber ich erinnere mich an nichts außer an ein weißes Kamelbaby – ein Spielgefährte. Mandarin-Chinesisch ist für mich Griechisch."

Einige Zeit später erfuhr er, dass Delabar dies als beiläufige Prahlerei aufgefasst hatte – ohne zu wissen, dass Gray seine Qualifikationen unterschätzte. Fortune spielt manchmal seltsame Streiche und Grays Antwort bestand darin, in den kommenden Ereignissen eine große Rolle zu spielen.

Das Glück, oder wie Gray es ausdrückte, das Glück der Straße, stellte Frisco zwei Hindernisse in den Weg. Van Schaick hatte vorher zum Sanatorium telegrafiert, wo der Missionar Brent behandelt wurde. Er hoffte, ein Interview zwischen Brent und Gray zu arrangieren.

Brent lag im Sterben. Niemand konnte ihn besuchen. Auch McCann, der Soldat, der sie begleiten sollte, erschien nicht im Hotel, obwohl er seinem Offizier in Chicago telegraphiert hatte, dass er vor der vereinbarten Zeit in Frisco sein würde.

Gray hätte am liebsten auf den Mann gewartet. Er wusste, dass McCann nützlich sein würde – ein Spitzenschütze, ein guter Diener und ein Experte im Umgang mit Männern –, aber Delabar hatte bereits ihre Überfahrt mit dem nächsten Dampfer der Pacific Mail gebucht.

„Van Schaick kann hier warten", versicherte Delabar Gray, „treffen Sie McCann und schicken Sie ihn mit dem Boot weiter. Er wird sich Ihnen in Shanghai anschließen."

„Sehr gut", stimmte Gray zu, der die Liste der Geschäfte durchging, die Delabar gekauft hatte. „Das wird gut gehen. Ich sehe, dass Sie an alles Notwendige gedacht haben, Professor. Wir können in Shanghai oder Hankow einen Reservevorrat an Konserven besorgen." Er warf Van Schaick einen Blick zu. „Eines muss noch geklärt werden. Es ist wichtig. Wer hat das Kommando über diese Gruppe? Der Professor oder ich? Wenn er der Boss sein soll, in Ordnung – ich werde mit dieser Vereinbarung fortfahren."

Van Schaick zögerte. Aber Delabar meldete sich schnell zu Wort.

„Die Expedition liegt in Ihren Händen, Captain Gray. Ich überlasse Ihnen freiwillig die Verantwortung."

Gray beobachtete Van Schaick immer noch. „Ist das verstanden? Es ist gut, das zu klären, bevor wir anfangen."

„Sicherlich", stimmte der Wissenschaftler zu. „Jetzt besprechen wir die beste Route –"

Van Schaick stand am nächsten Tag am Molenkopf, als der Dampfer seine Liegeplätze ablegte, und winkte den beiden zum Abschied. Gray ließ ihn mit einigem Bedauern zurück. Ein guter Mann, Van Schaick, ein Amerikaner von Anfang bis Ende und ein Sklave der Wissenschaft.

Während der eintönigen Fahrt über den Pazifik, als das Meer und der Himmel von Tag zu Tag unverändert zu sein schienen, erzählte Delabar ununterbrochen von ihrer Reise. Gray, der es vorzog, die Zeit damit zu verbringen, nichts zu tun und nichts zu sagen, hörte ruhig zu.

Der Beamte war zufrieden damit, sich in seinem Liegestuhl zurückzulehnen, die Hände hinter dem Lockenkopf verschränkt, und ins Leere zu starren. Dies war seine Gewohnheit, wenn er nicht im Dienst war. Es befriedigte ihn in der Seele, nichts weiter zu tun, als die dünne Linie zu beobachten, wo das Graublau des Pazifiks mit dem blassen Blau des Himmels verschmolz, und die Hitze der Sonne auf seinem Gesicht zu spüren. Es ließ ihn faul erscheinen. Was er nicht war.

Der energische Professor bildete sich ein, dass Gray seinem Informationsfluss über die große Wüste Gobi kaum Beachtung schenkte. Damit tat er dem anderen Unrecht. Gray hörte Delabars Worte und wog sie ab. Das Bedürfnis nach Zurückhaltung und Wachsamkeit war ihm durch das Leben in der Armee und ein einsames Leben, das von wenigen Freundschaften geprägt war, tief verwurzelt. Auch war seine Neigung, auf der Reise untätig zu sein, keine bloße Gewohnheit. Unbewusst sammelte er in seinem starken Körper lebenswichtige Kräfte – Kräfte, die er in der Vergangenheit in Anspruch genommen hatte und die er wieder brauchen würde.

„Sie scheinen nicht zu begreifen, mein junger Freund", bemerkte der Professor einmal gereizt, „dass wir in Innerasien einmarschieren. Außerdem gehen wir tausend Meilen weiter als Ihre amerikanischen Kanonenboote."

„Die Tage der *Ih-hwo-Ch'uan* sind vorbei."

Delabar zuckte mit den Schultern, überrascht über die treffende Bemerkung seines Begleiters. „Stimmt. China ist vielleicht eine Republik und fortschrittlich. Aber die mongolische Seele verändert sich nicht über Nacht. Darüber hinaus gibt es die Priester – Buddhisten und Taoisten. Angst und Aberglaube beherrschen die Masse des Drachenkönigreichs, mein Freund, und diese sind es Priester, die unsere Feinde sein werden.

Gray hatte die Wahrheit gesagt, als er sagte, er könne sich an nichts von China erinnern, außer an ein weißes Kamel, aber unterbewusst seien dem Soldaten viele Dinge bekannt.

„An der Grenze der Wüste Gobi, wo wir glauben, dass sich die Wusun befinden", fuhr der Wissenschaftler herzlich fort, während Gray schwieg, „existierte im Mittelalter ein Zentrum des Buddhismus. Die drei Sekten buddhistischer Priester – Schwarze, Gelbe und …" Rot – sind sich einig im Bemühen, ihre Macht zu bewahren. Sie predigen die Ankunft der Gautama in den nächsten Jahren. Außerdem, dass die alten Gautama die spirituelle Welt vor dem Aufkommen des Christentums regierten.

„ Sie können also sehen", betonte er, „dass die Entdeckung einer weißen Rasse – einer Rasse, die Buddha nicht anerkennt – im Herzen Chinas ein Schlag für ihre Lehre wäre. Es würde ihrem Buch der Prophezeiung widersprechen."

Gray nickte und paffte an seiner Pfeife. Jetzt regte er sich zum Sprechen.

„Ich vermute eher, dass Sie Recht haben, Professor. Sie kennen den religiösen Mist. Und mit den Religionen Asiens lässt es sich nicht gut herumspielen. Aber schauen Sie mal hier." Er zog eine Karte aus seiner Tasche und breitete sie auf seinem Knie aus. „Hier ist die Stelle, an der Van Schaick die Wusun gefunden hat – unsere längst verlorenen, aber nicht vergessenen Cousins. Schön und gut. Nur dieser Ort, den Sie und Ihre Freunde den „blinden Fleck" Asiens nennen, liegt zufällig in der Mitte weit entfernt von der Wüste Gobi. Wie glauben Sie, dass dort mehrere Jahrhunderte lang Menschen gelebt haben?"

Delabar zögerte und blickte zu dem sich bewegenden Rauchgewirr hinauf, das aus dem Trichter vor den Wolken aufstieg. Sie waren auf dem Bootsdeck.

„In den Ming-Annalen wird vor etwa zweitausend Jahren eine Stadt an diesem Ort erwähnt. Tausend Jahre später wissen wir, dass es an diesem Ende des Thian Shan – dem Himmlischen Gebirge – viele Paläste gab. Denken Sie daran, dass die Karawanenrouten von China nach Samarcand , Indien, führten und Persien sehr alt sind und dass sie – oder einer der wichtigsten von ihnen – an diesem blinden Fleck vorbeigelaufen sind."

„Marco Polo ist da mitgelaufen, nicht wahr?"

Sungan hieß . In den Ming-Annalen wird beschrieben, dass sie „massive Tore, Mauern und Bastionen sowie unterirdische Gänge mit Gewölben und Bögen" hatte."

„Europäische Reisende melden diese Stadt nicht."

„Weil sie es nie gesehen haben, mein Freund. Brent, der am Rande der Gobi in der Nähe war, sagt, er habe Türme im Sand gesehen. Und in den mohammedanischen Annalen Zentralasiens gibt es eine seltsame Geschichte."

„Lass es uns haben", sagte Gray und machte es sich bequem in seinem Stuhl.

„Es war im sechzehnten Jahrhundert", erklärte Delabar, der offenbar die Mythen Asiens im Kopf hatte. „Eine religiöse Legende. Ein gewisser heiliger Mann, Anhänger des Propheten, wurde in einer Stadt in der Nähe von Sungan ausgeraubt und geschlagen . Nach seiner Verletzung durch die Menschen der Stadt – er war ein Mullah – kletterte er auf ein Minarett um die Stunde des Abendgebetes zu rufen.

Delabars Stimme wurde beim Sprechen sanfter und wurde musikalischer artikuliert.

„Als er die Stunde weinte, spürte dieser heilige Mann, wie etwas wie Schnee auf sein Gesicht fiel. Nur war es kein Schnee. Der Himmel und die Stadt verdunkelten sich. Er konnte die Dächer der Gebäude nicht sehen. Er ging hinunter und versuchte die Tür zu öffnen. Es war blockiert. Dann sah dieser Mann, dass es Sand war, der über die Stadt fiel. Der Sand bedeckte die ganze Stadt und ließ nur das Minarett übrig, das hoch war. Die Menschen, die ihm den Schaden zugefügt hatten, wurden begraben – wurden zu weißen Knochen unter dem Sand ."

„Diese Geschichte kommt in der Bibel vor", stimmte Gray zu, „nur nicht dieselbe. Sie halten den Mythos nicht für wichtig, oder?"

„Die Priester Asiens tun es", sagte der Professor ernst. „Und ich habe die Memoiren zentralasiatischer Königreiche gesehen, in denen erwähnt wird, dass Schätze ausgegraben und in Ruinen im Sand gefunden wurden." Er blickte seinen Begleiter neugierig an. „Sie scheinen sich keine Sorgen zu machen, Kapitän Gray, wenn Sie den verbotenen Schrein der Mongolen betreten."

Gray wurde dort geboren und die Idee amüsierte ihn.

"Bist du?" Gray lachte. „Die gelbe Gefahr ist tot."

„Dr. Brent auch."

„Sie verbinden die beiden nicht?"

„Ich versuche nicht, den Zusammenhang zu analysieren, Captain Gray. Denken Sie daran, dass wir es in China mit Männern zu tun haben, die rückwärts denken, umkehren und in jeder Hinsicht außer unserer eigenen denken. Dann sind da noch die Priester. Ich weiß nur, dass Dr. Brent betrat verbotenes Gelände, wurde krank und musste China verlassen. Wissen Sie, woran er gestorben ist?"

"Tust du?"

Delabar schwieg einen Moment; dann lächelte er. „Ich habe Fantasie – vielleicht zu viel. Aber ich habe ja die Hälfte meines Lebens hinter der Schwelle Asiens gelebt."

„Ich vermute, dass das gut für mich ist", gab Gray offen zu.

Bevor sie an diesem Nachmittag ihre Stühle verließen, überbrachte ein Steward dem Beamten eine Nachricht aus der Funkkabine.

Van Schaick hatte es gesendet, bevor der Dampfer die Funkgrenze überschritten hatte. Gray las es, runzelte die Stirn und wandte sich an Delabar.

„Das ist ziemliches Pech, Professor", sagte er. „McCann, der Kerl, auf den ich gerechnet habe, kommt nicht. Er ist in Los Angeles auf dem Weg nach Frisco an Grippe erkrankt. Es sieht so aus, als müssten Sie und ich es alleine schaffen."

KAPITEL IV

WARNUNG

Die für den Offizier so wichtige Nachricht von McCanns Verlust überging Delabar mit einem Achselzucken. Gray fragte sich kurz, warum ein Mann, der offensichtlich zu Nervosität neigte, die Tatsache ignorieren sollte, dass sie ohne die Dienste eines vertrauenswürdigen Begleiters waren. Später wurde ihm klar, dass der Wissenschaftler der Meinung war, dass McCanns Anwesenheit ihm nicht geholfen hätte, dass Gewehre und Männer, die wussten, wie man sie benutzt, keine Rolle bei der Bekämpfung der feindlichen Kräfte spielen würden, die das Gebiet der Wusun umgaben.

Von diesem Moment an begann er, Delabar zu beobachten. Ihm war klar, dass der Professor unruhig war, und zwar entschieden. Und dass der Mann von einer zunehmenden Erregung erfasst wurde.

Es manifestierte sich, als der Dampfer in einem japanischen Hafen anlegte. Gray hätte gerne Kyoto besucht, um die kleinen braunen Menschen des Inselkönigreichs wiederzusehen, um einen Blick auf das graue Schloss von Oksaka und vielleicht auf das unvergleichliche, schneebedeckte Fujiyama zu werfen.

Doch Delabar bestand darauf, bis zur Abreise nach China an Bord des Dampfers zu bleiben. Das nahende Tor Asiens hatte eine starke Wirkung auf ihn. Gray bemerkte – was bei einem Mann mit leicht fleißigen Gewohnheiten ungewöhnlich war –, dass der Wissenschaftler große Mengen starker russischer Zigaretten rauchte. Tatsächlich war die Luft in ihrer Kabine schwer von den Dämpfen.

„Wir dürfen uns nicht auffallen lassen", mahnte Delabar immer wieder.

In Shanghai gingen sie schnell durch die Hände der Zollbeamten. Ihre Vorbereitungen verliefen reibungslos; Das Gepäck wurde an Bord eines wartenden Hankow-Dampfers gebracht, und Delabar fügte seinen Vorräten eine ausreichende Menge Proviant hinzu, um ihre Ausrüstung abzurunden. Trotzdem zappelte Delabar herum, bis sie sicher in ihrer Kabine auf dem Flussdampfer waren und die breite, braune Strömung des Jangtsekiang hinauffuhren – der übrigens nicht Jangtsekiang heißt von den Chinesen.

Gray äußerte sich nicht zu den Bedenken seines Begleiters. Er sah keinen Grund zur Besorgnis. Auf dem Flussboot befanden sich ein Dutzend anderer Reisender, Handelsvertreter aus drei Nationen, ein oder zwei Eisenbahningenieure, eine Familie von Missionaren und mehrere Touristen, die ausdruckslos auf den großen Gezeitenabschnitt des Flusses starrten und sich lautstark über die Annehmlichkeiten des Bootes äußerten palastartiges Gefäß. Offensichtlich hatten sie damit gerechnet, mit einer Dschunke nach Hankow zu fahren. Sie zeigten auf die schokoladenfarbenen Segel der vorbeifahrenden Dschunken mit ihren halbnackten Kulis und schmutzigen Decks.

Tagelang wirbelte die einzelne Schraube des Hankow-Bootes die schlammige Wüste auf, und der Rauch breitete sich fächerförmig über das Kielwasser aus.

Der Jangtse war für Gray nichts Neues. Er war froh, dass er ins Innere ging. Die fruchtbaren Küstenstädte mit ihren eintönigen, überfüllten Straßen, eng und mit aufgemalten Schildern übersät, übten für ihn keine Anziehungskraft aus. Das Panorama der mongolischen Gesichter, blass und faltig, verstohlen und fröhlich, war nicht das, wofür er nach China gekommen war. Im Landesinneren, jenseits der waldgekrönten Berge und der weiten Ebenen, erstreckte sich die Weite der Wüste. Bis sie dies erreichten, war die Reise nur ein notwendiges Übel.

Nicht so – wie Gray feststellte – hatte es Auswirkungen auf Delabar. Die erste Begegnung mit der blau gekleideten Menschenmenge in Shanghai, der erste Blick auf die Pagodentempel mit ihren rasierten Priestern hatten den Wissenschaftler sowohl beglückt als auch deprimiert.

„Jede Etappe der Reise", vertraute er Gray an, „wirft uns ein Jahrhundert in der Zivilisation zurück."

„Kein Schaden angerichtet", grunzte der Beamte, der beschlossen hatte, Delabars aktive Fantasie zu zügeln. „Solange wir vorankommen. Das ist die Zwei dieses Landes. Wir müssen im Zickzack gehen. Im Land des Drachen gibt es keine gerade Linie, die den kürzesten Abstand zwischen zwei Punkten darstellt."

Delabar runzelte die Stirn, überrascht von dieser unerwarteten Zurschaustellung latenten Wissens. Dann lächelte er und deutete mit seiner dünnen Hand auf die gelbe Strömung des Flusses.

„Dafür gibt es einen Grund – wie immer in China. Böse Geister, so glauben sie, können sich nicht aus einer geraden Linie herausbewegen. Deshalb finden wir Schirme direkt hinter den Toren von Tempeln – um die bösen Einflüsse abzuwehren."

"Sieh dir das an." Gray berührte den Arm des anderen. Ein Steward stand neben ihnen am Heck. Niemand sonst befand sich in diesem Teil des Decks, und nachdem er sich vorsichtig umgeschaut hatte, ließ der Mann einige weiße Gegenstände über die Bordwand fallen – was sie waren, konnte Gray nicht erkennen. „Ich habe gehört, dass vor ein paar Tagen hier in der

Nähe einige Fischer ertrunken sind. Dieser Chink lässt trotz seiner europäischen Kleidung Portionen Brot als Nahrung und Friedensangebot für die Geister der Ertrunkenen fallen."

„Ja", nickte Delabar, „die niederen Klassen der Chinesen glauben, dass die Ertrunkenen die Macht haben, die Lebenden hinter sich her in den Tod zu ziehen. Jahrhunderte missionarischer Bemühungen haben nichts an ihrem Aberglauben geändert. Und sehen Sie – das hindert diese ausgehungerten Bettler nicht daran." Mist da vom Brotholen im Wasser. Ugh!"

Er steckte die Hände in die Taschen und stapfte das Deck hinauf, während Gray ihm neugierig nachsah und sich dann umdrehte, um den Dschrott zu beobachten. Die Kulis winkten dem Steward zu, der sie teilnahmslos beobachtete. Als der Mann Gray sah, beeilte er sich, seinen Pflichten nachzugehen. Der Offizier zögerte einen Moment, als er sah, dass die Junkmen nicht auf das Brot in ihren Händen starrten, sondern auf das Schiff. Dann lächelte er und ging weiter.

Trotz Delabars Bedenken verlief die Reise reibungslos. Die Ufer des Flusses schlossen sich ihnen zu, vereinzelte Schlammdörfer tauchten in den Uferbinsen auf. Halbnackte Jungen winkten dem „Feuermüll" vom Rücken der Wasserbüffel zu, und der Rauch von Hankow zeichnete sich am Horizont ab. Von Hankow aus brachte sie die Peking-Hankow-Eisenbahn nach einer zweitägigen Etappe mit dem Karren bequem nach Honanfu .

Hier warteten sie in einem recht sauberen und modernen Hotel darauf, dass ihr Gepäck sie einholte. Sie mieden die anderen Europäer in der Stadt. Gray wusste, dass sie sich außerhalb des üblichen Kreises amerikanischer Touristen befanden und so ruhig wie möglich reisen wollten.

„Wir haben Glück", bemerkte er zu Delabar, der gerade hereingekommen war. „Wenn alles gut geht, werden wir in einem Monat in Liangchowfu sein , dem ‚Westtor' zum Steppenland. Was ist los?"

Delabar hielt ihm mit neugieriger Miene ein langes Blatt Reispapier hin.

„Eine Einladung zum Abendessen mit einem der Beamten von Honan, Captain Gray – mit dem Vizegouverneur. Er bittet uns, unsere Pässe mitzubringen."

„Hm", der Beamte legte die Karten, die er gerade überarbeitet hatte, zurück in ihren Koffer und legte das Schreiben darauf. Er warf den Koffer in einen offenen Koffer. „Eine Art höfliche Einladung, unsere Karten zu zeigen – um zu erklären, wer wir sind, nicht wahr? Nun, nehmen wir sie gerne an. Wir müssen das Spiel gemäß den Regeln spielen. Nichts Seltsames an dieser Einladung. Chinesische Beamte sind gastfreundlich genug." . Alles, was sie wollen, ist ein oder zwei Geschenke."

Er holte eine Uhr mit Glockenspiel und eine versilberte Taschenlampe aus dem Koffer und betrachtete sie vorsichtig.

„Das sollte genügen. Wir werden unsere besten Klamotten anziehen. Und denken Sie daran, ich bin ein Fan von Großspielen."

Delabar war an diesem Nachmittag launisch und beobachtete Grays fröhliche Vorbereitungen für das Abendessen ohne Interesse. Der Soldat verstaute ihre wertvolleren Besitztümer und hängte das Gewehr, das er im Koffer über der Schulter getragen hatte, sorgfältig unter den Bettrahmen.

„Ein Trick, den ich in Mindanao gelernt habe", erklärte er. „In diesen Städten wimmelt es von Dieben, und dieses Gewehr ist für mich wertvoll. Der orientalische Mann aus der zweiten Etage hat noch nicht herausgefunden, dass amerikanische Armeeangehörige ihre Gewehre unter dem Rahmen ihrer Feldbetten aufhängen. Nun zum Vizegouverneur: Was gehört ihm?" Name? Wu Fang Chien?"

Wu Fang Chien war äußerst umgänglich. Er schickte den Amerikanern zwei Sänften, empfing sie mit ausgeprägter Höflichkeit an seiner Tür und schüttelte ihm in seinen weiten Ärmeln wohlwollend die Hände, als Delabar Gray vorstellte. Er sprach besser Englisch als der Professor Chinesisch und erkundigte sich besorgt nach ihrem Gesundheitszustand und dem Zweck ihres Besuchs in seinem Land.

Er war ein großer Mandarin, trug die übliche Eisenbrille und sein feierliches Gewand.

Während des langen Abendessens mit den üblichen dreißig Gängen unterhielt sich Delabar mit dem Mandarin, während Gray sich mit ein paar üblichen Komplimenten begnügte. Aber Wu Fang Chien beobachtete Grey aus trüben, verblassten Augen.

„Ich habe noch keinen amerikanischen Jäger erlebt, der so weit nach China gekommen wäre", bemerkte er dem Offizier gegenüber. „Mein bescheidenes und unzureichendes Zuhause wird durch die Anwesenheit eines Enthusiasten geehrt. Welches Spiel erwarten Sie?"

„Hirsche, Antilopen und einige der prächtigen Bergschafe von Shensi", antwortete Gray ruhig. Der Fan von Wu Fang Chien hielt angesichts der Präzision der Antwort inne.

„Dann kommen Sie weit. Ist das in Ihren Pässen erlaubt?"

„Sie lassen uns freie Hand. Wir werden den Spielspuren folgen."

„Bis Liangchowfu ?"

"Vielleicht."

„Darüber hinaus liegt eine andere Provinz." Der Mandarin tippte nachdenklich mit seinen gepflegten Fingern auf den Tisch. „Ich würde Ihnen nicht raten, Kapitän Gray, über Liangchowfu hinauszugehen . Wie Sie wissen, hat mein unglückliches Land einen doppelten Regierungswechsel erlebt und die gesetzlosen Stämme im Landesinneren sind während der letzten Rebellion widerspenstig geworden." Er suchte nur leicht nach Worten.

Gray nickte.

„Wir sind bereit, einige Risiken einzugehen."

Wu Fang Chien verneigte sich höflich.

Liangchowfu hinauszugehen . Ihr und mein Land sind äußerst freundlich, Kapitän Gray. Ich schätze Ihr Wohlergehen als mein eigenes. Mein Kummer würde größer werden, wenn Ihnen eine Verletzung zustoßen würde."

„Deine Freundlichkeit macht deinem Herzen Ehre."

„Ich schlage vor", Wu Fang Chien sah den unruhigen Delabar milde an, „dass ich Ihre Pässe *überprüfen lasse* , damit Sie sicher auf dieser Seite von Liangchowfu reisen können. Dann werde ich Ihnen eine militärische Eskorte geben, die Sie vor etwaigen Gesetzlosen schützt." Treffen auf der Straße. Auf diese Weise werde ich das Gefühl haben, dass ich meinen verehrten Gästen gegenüber meine volle Pflicht erfülle.

„Das Angebot ist würdig", sagte Gray, der erkannte, dass das Pflichtgefühl eines Stadtbeamten eine ernste Sache war, aber keine Eskorte wünschte, „von jemandem, dessen Gastfreundschaft seinen Gästen Freude bereitet."

Wu Fang Chien schüttelte sich selbst die Hand. „Aber wir haben wenig Geld, um eine Eskorte zu bezahlen —"

„Darum werde ich mich kümmern."

„Leider würde eine Eskorte von Soldaten meine Chancen auf Großwild verderben. Wir werden ein paar einheimische Jäger aufsammeln."

Wu Fang Chien verneigte sich mit einem schwachen Aufflackern grüner Augen.

„Es soll so sein, wie Sie es wünschen, Captain Gray. Aber ich bin betrübt bei dem Gedanken, dass Ihnen Schaden zugefügt werden könnte. Der letzte Amerikaner, der über das Westtor hinausging, ist gestorben."

Gray runzelte die Stirn. Er hatte nicht gewusst, dass einer seiner Landsleute so weit ins Landesinnere vorgedrungen war.

„Ohne Zweifel“, fuhr der Mandarin fort und strich sich sanft mit dem Fächer übers Gesicht, „haben Sie einen guten Vorrat an Gewehren. Ich habe viel von diesen hervorragenden Waffen Ihres Landes gehört. Bitten Sie mich, sie mir zu zeigen, bevor Sie Honan verlassen.“ ?"

„Das würde ich gerne tun“, sagte Gray, „wenn sie nicht in unserem Gepäck wären, das nicht hier sein wird, bevor wir aufbrechen. Aber ich habe zwei kleine Geschenke –“

Das Geschenk der Uhr und des elektrischen Lichts drehte den Gesprächsfaden und schien Wu Fang Chien zu befriedigen, der sie mit größter Höflichkeit zu den wartenden Sänften verabschiedete. Dann, als die Träger die Stangen aufhoben, zog er eine kleine und exquisite Vase unter seinem Gewand hervor und drückte sie Grey als Zeichen, sagte er, um die Erinnerung an ihren Besuch frisch zu halten.

In ihrem Zimmer im Hotel zeigte Gray Delabar die Vase. Es handelte sich um einen wertvollen Gegenstand, der aus Emaille auf Goldblättern gefertigt und mit einigen chinesischen Schriftzeichen beschriftet war.

„Was halten Sie von unserem würdigen Wu Fang – hallo!“ er brach ab. Delabar hatte die Vase ergriffen und den Deckel abgenommen.

„Es ist das, was die Chinesen ein Nachrichtenglas nennen“, erklärte der Wissenschaftler, während er in der Vase herumtastete. Er nahm eine schmale Seidenrolle heraus, die um einen Ebenholzstab gewickelt war. Auf die Seide wurden vier chinesische Schriftzeichen fein gemalt.

西
板
勿
獵

"Was meinen sie?" fragte Gray und blickte über seine Schulter.

Der Syrer warf ihm mit zusammengezogenen Brauen einen abschätzenden Blick zu. Das Gesicht seines Begleiters war ausdruckslos, abgesehen von einem leichten Anflug von Neugier. Delabar urteilte, dass der Soldat nichts von geschriebenem Chinesisch verstand, was der Wahrheit entsprach.

„Alles oder nichts, mein Freund. Es liest sich wie ein Sprichwort. Die orientalische Seele hat Freude an Maximen. Doch alles, was sie tun oder sagen, hat eine Bedeutung – sehr oft eine doppelte Bedeutung.“

„Zum Beispiel Wu Fangs Tischgespräch“, lächelte Gray. „Zugegeben. Ist das ein bestimmter Dialekt?“

„Das geschriebene Chinesisch ist überall weitgehend gleich. Genauso wie die arabischen Ziffern in ganz Europa." Er musterte die Seide aufmerksam und seine Lippen öffneten sich. „Das erste Ideogramm kombiniert das Attribut oder Adjektiv ‚klug' oder ‚klug' mit dem Indikator ‚Mann'." Ein kluger Mann – *hua Jen* ."

„Vielleicht Wu Fang: vielleicht du. Mach weiter."

„Das zweite Zeichen ist sehr alt, fast eine Bildzeichnung warnender Luftschlangen. Es ist ein nachdrückliches ‚Tu es nicht!'"

„Dann bist du es – und ich."

„Dem dritten Zeichen wird *mu* , ein Baum, vorangestellt und bedeutet ein Holzbrett oder eine Wand. Das vierte bedeutet ‚der Westen'."

„Ein Rätsel, aber nicht so schwer zu erraten", grinste Gray, nahm seine Karten vom Tisch und stopfte seine Pfeife, um sich auf die Arbeit vorzubereiten. „ *Ein kluger Kerl erklimmt nicht die Westwand* ."

„Sie vergessen", betonte Delabar scharf, „das Negative. Es ist die stärkste Art von Warnung. *Nähern Sie sich, wenn Sie weise sind, nicht der Westmauer* . Mein Freund, das ist eine deutliche Warnung – sogar eine Drohung -Tag deutete Wu Fang Chien an, dass wir nicht nach Liangchowfu gehen sollten . Jetzt droht er –"

„Das habe ich auch gesammelt." Gray nahm das Unterkleid aus feiner Seide und überflog es fragend. „Delabar, kennen Sie das Ideogramm für ‚machen' oder ‚bauen'?"

Der Wissenschaftler nickte.

„Dann schreiben Sie es dort, wo es hier reinzupassen scheint."

Delabar tat dies mit einem Blick auf seinen Begleiter. Daraufhin faltete der Soldat das Schreiben zusammen und legte es in das Glas zurück. Er klatschte laut in die Hände. Fast sofort erschien ein Junge in der Tür.

Gray überreichte ihm die Vase mit der Anweisung, sie zu Seiner Exzellenz, dem Beamten Wu Fang Chien, zu tragen. Er bekräftigte seine Bestellung mit einem Stück Silbergeld. Dem neugierigen Wissenschaftler erklärte er es kurz.

„Wu Fang ist ein Gelehrter. Er wird unsere Antwort wie folgt lesen: Ein weiser Mann wird *im Westen keine Mauer bauen* Abwesenheit."

Delabar begann. "Mai?"

„Ja. Denken Sie daran, dass ich diese Nachricht von Wu oben auf diesen Karten hinterlassen habe. Ich finde sie darunter. Die Karten sind alle hier. Wir haben unsere Tür sorgfältig verschlossen. Offensichtlich hat jemand unsere Papiere noch einmal durchgesehen und vergessen, sie zu ersetzen in der Reihenfolge, in der er sie gefunden hat. Ich sage, es *könnte* auf Wus Befehl geschehen sein. Ich denke, das war wahrscheinlich der Fall."

"Warum?" Delabar leckte sich nervös die dünnen Lippen.

„Weil nichts gestohlen wurde. Ein chinesischer Beamter hat das Recht, neugierig auf Fremde in seinem Bezirk zu sein. Ebenso hätten seine Männer keine großen Schwierigkeiten gehabt, das Zimmer zu betreten – mit der Hilfe des Vermieters. Die gewöhnliche Diebeswelle hätte gedauert." etwas Wertvolles – zum Beispiel mein Fernglas."

Delabar schritt nervös durch den Raum und spähte durch die Fensterläden.

„Captain Gray!" „Wissen Sie, dass es Karten der Gobi, in Ihrem Fall von Sungan , gibt? Die Person, die in unser Zimmer eingebrochen ist, muss sie gesehen haben."

„Ich denke schon."

„Dann weiß Wu Fang Chien vielleicht, dass wir in die Gobi gehen! Ich habe nicht vergessen, was er über den letzten amerikanischen Jäger gesagt hat. Welcher Jäger war bis zur Gobi? Keiner. Also –"

„Du denkst, er meinte –"

„Dr. Brent."

Gray schüttelte langsam den Kopf. „ Weit hergeholt , Delabar", dachte er. „Du addierst zwei und zwei zu zehn. Wir wissen nur, dass Wu uns ein höfliches Motto geschickt hat. Es hat keinen Sinn, uns Sorgen zu machen."

Aber es war ihm klar, dass Delabar besorgt war und noch mehr. Gray hatte seinen Begleiter genau beobachtet. Jetzt las er zum ersten Mal verdeckte Angst im schmalen Gesicht des Professors.

Angst, dachte Grey bei sich, war für einen Mann mit schwacher Vitalität und überspannten Nerven schwer zu bewältigen. Er hatte das Gefühl, dass Delabar unnötig beunruhigt war; dass er sich vor dem fürchtete, was vor ihnen lag.

Aus diesem Grund bedauerte er das Ereignis dieser Nacht, das Delabars Befürchtungen zum Ausdruck brachte.

Auf Drängen des Wissenschaftlers verließen sie den Raum nicht, bevor sie sich umdrehten. Gray richtete Delabars Spazierstock an der Tür aus, legte eine Schnur mit chinesischem Geld auf die Spitze des Stocks und balancierte die Kombination so aus, dass eine Bewegung der Tür den Spazierstock senden würde Münzen krachen zu Boden.

„Nur für den Fall, dass unsere Männer im zweiten Stock uns noch einmal besuchen", erklärte er. „Jetzt, da wir wissen, dass sie die Tür öffnen können, werden wir entsprechend handeln."

KAPITEL V

EINDRINGLINGE

Es war eine heiße Nacht.

Gray, nackt bis auf Hemd und Socken, lag unter dem Moskitonetz und wünschte, er hätte die doppelte Menge Insektenpulver mitgebracht, die er hatte. Auf der anderen Seite des Raumes hatte Delabar in unregelmäßiges Schnarchen verfallen. Die Nacht war nicht ruhig.

Im Hof des Hotels waren einige chinesische Diener ihrem ständigen Glücksspiel nachgegangen, ihre schrillen Stimmen drangen durch die Fensterläden. Auf der anderen Straßenseite ertönte monoton eine Gitarre. Irgendwo jaulte ein Hund.

Die warmen Gerüche des Ortes stiegen Gray unangenehm in die Nase. Es waren seltsame, starke Gerüche, eine Mischung aus Schmutz, Abfällen, Pferden und den Überresten des Kochens. Gray seufzte und sehnte sich nach der sauberen Luft der Ebene, zu der sie unterwegs waren.

Sie waren immer noch weit vom Rand der Gobi entfernt. Die Entfernung schien sich endlos auszudehnen. Es ist nicht leicht, den weiten Busen Chinas zu durchqueren.

Er fragte sich, welchen Erfolg sie haben würden. Was war die Stadt Sungan ? Wie war es der Beobachtung entgangen? Wie konnte überhaupt eine Stadt in der Wüste liegen?

Was war die blasse Krankheit, von der Brent gesprochen hatte? Brent war gestorben. Natürlich aus natürlichen Gründen. Gray schenkte Delabars wilden Vermutungen kaum Beachtung. Aber das Verhalten von Wu Fang Chien gab ihm Anlass zum Nachdenken.

Hatte der Vizegouverneur tatsächlich von ihrer Mission gewusst? Seine Worte könnten eine doppelte Bedeutung gehabt haben. Und vielleicht auch nicht. Die Seidenrolle bedeutete wenig. Delabar hatte darin eine Warnung hineingelesen; aber war das nicht das Ergebnis seiner Einbildung?

Gray drehte sich unbehaglich auf seinem Bett um und dachte über die Sache nach. Wie konnte Wu Fang Chien wissen, dass sie nach Sungan unterwegs waren ? Ihre Mission war sorgfältig vor der Öffentlichkeit geheim gehalten worden. Nur Van Schaick und seine drei Mitarbeiter wussten davon. Männer wie Van Schaick und Balch könnten ihren Mund halten. Und Delabar war sicherlich vorsichtig genug.

Gray verfluchte die Hitze vor sich hin, vor allem aber wegen des Hundes, der offenbar eine Nacht daraus machen würde. Das Geplapper an der Hoteltür hatte sich gegen Mitternacht gelegt. Aber die Gitarre spielte immer noch ihre melancholische Note, begleitet vom gelegentlichen Jammern des traurigen Hundes.

Nein, dachte Grey schläfrig, Wu Fang Chien konnte nichts von ihrer Mission gewusst haben. Er hatte Delabars Nerven sich selbst überlassen – das war alles. Delabar war voll von diesem asiatischen Kram, besonders was die Priester anging –

Grays Gedanken drifteten in vage Visionen von alten und vergessenen Tempeln ab. Der Gitarrenton wurde zum Klang von Tempeltrommeln, die über die Einöde der Wüste hallten. Die Klage des Hundes nahm Form im Wehklagen verhüllter Gestalten an, die sich um riesige Ruinen bewegten, Ruinen, die Scharen von Geistern hervorbrachten. Und die Geister begannen zu heulen und näherten sich ihm.

Ein grünes Licht flammte vom Tempeltor aus. Die Gongs erklangen ein letztes Mal – und Gray erwachte durch das Geräusch des Stocks und der Münzen, die auf den Boden fielen.

Er erlangte sofort das volle Bewusstsein – aus Gewohnheit. Und war sich zweier Dinge bewusst. Er hatte einige Zeit geschlafen. Außerdem war die Tür aufgerissen worden und dunkle Gestalten rannten in den Raum.

Gray griff nach seiner Automatik, die er immer an seinem Kissen hing. Er hat es im Dunkeln verpasst. Eine der Gestalten stolperte gegen das Bett. Er spürte, wie eine Hand über sein Gesicht strich.

Er zog seine Beine schnell an und trat nach dem Mann, der nach ihm tastete. Der Kerl ließ sich grunzend nach hinten fallen, und der Offizier kam wieder auf die Beine. Seine Sicht war noch nicht klar, aber er nahm die verschwommenen Gestalten im Licht der offenen Tür wahr.

Er verschwendete keine Zeit mit Aufschrei. Die Erfahrung hatte ihn gelehrt, dass der beste Weg, mit einheimischen Angreifern umzugehen, der Einsatz seiner Fäuste war. Er beugte sich aus der Hüfte nach vorne, balancierte sich aus und stieß den ersten Mann an, der auf ihn zulief.

Seine Faust landete im Gesicht des Eindringlings. Gray wog über hundertsiebzig Pfund und verfügte über die Gabe, sein Gewicht hinter die Fäuste zu packen, was vergleichsweise wenige Männer besitzen. Außerdem ließ er sich nicht so leicht aus der Fassung bringen, und diese Kühle verlieh seinen Schlägen noch mehr Schärfe.

Mindestens vier Männer waren in das Zimmer eingebrochen. Die anderen beiden zögerten, als sie sahen, wie ihre Kameraden niedergeschlagen wurden. Aber Gray tat es nicht. Es gab ein kurzes Rascheln von Füßen auf dem Boden, das Geräusch einer schweren Faust, die gegen Fleisch schlug, und die Eindringlinge stolperten oder krochen aus dem Raum.

Gray war überrascht, dass sie ihre Messer nicht benutzten. Als sie bemerkten, dass er völlig wach war, schienen sie den Mut zu verlieren. Der Kampf hatte nur eine Minute gedauert und Gray war der Herr des Feldes.

Er hatte vier Männer gezählt, als sie hinausliefen. Aber er wartete aufmerksam an der Tür, während Delabar, der auf seinem Bett geblieben war, aufstand und die Lampe anzündete. Grays erster Blick verriet ihm, dass keine Chinesen zu sehen waren.

Er atmete schwer, war aber völlig unverletzt. Da er gegenüber seinen leichten Gegnern sowohl an Gewicht als auch an Schlagkraft im Vorteil war, war er nicht stolz darauf, dass er den Raum prompt geräumt hatte. Delabar war jedoch offensichtlich zittrig.

„Was wollten sie?" murmelte der Professor und beäugte die Tür. "Wie--"

"Achtung!" warnte Gray scharf.

Am Fußende seines Bettes erschien ein Kopf. Zwei schräge Augen richteten sich wütend auf ihn. Ein Chinese in der groben Kleidung eines Kuli kroch heraus und stellte sich aufrecht hin.

In einer Hand hielt er Grays Gewehr, das er aus dem Koffer genommen hatte. Mit dem anderen fummelte er an der Sicherung herum, mit der er offenbar nicht vertraut war.

Gray handelte schnell. Als ihm klar wurde, dass die Waffe geladen war und dass sie losgehen würde, wenn der Kuli daran dachte, den Abzug zu betätigen, da die Sicherung nicht aktiviert war, trat er zur Seite zum Kopfende des Bettes.

Hier fiel er auf die Knie. Der Mann mit dem Gewehr hätte, wenn er geschossen hätte, wahrscheinlich über den Amerikaner geschossen, der unter dem Kissen lag.

Zufällig drückte der Kuli nicht den Abzug der Waffe. Ein Flammenstoß, ein *Knall*, der laut in dem engen Raum widerhallte – und Gray sah, wie der Mann taumelte, als er die Automatik, die er geborgen und mit einer Bewegung abgefeuert hatte, im Visier hatte.

Durch den wirbelnden Rauch sah er, wie der Kuli die Waffe fallen ließ und zum Fenster rannte.

Gray deckte den Mann erneut ab, verzichtete jedoch darauf, den Abzug zu drücken. Es war nicht nötig, den Kuli zu töten. Im nächsten Augenblick hatte der Mann die Fensterläden aufgerissen und war aus dem Fenster gesprungen.

Als Gray hinausschaute, sah er vage die Gestalt seines Gegners, als der Kuli sich aufrichtete und in der Dunkelheit verschwand.

Die Straße war still. Die Gitarre war nicht mehr zu hören.

Gray durchquerte den Raum und riss die Tür auf. Die Halle war leer. Er schloss die Tür, ordnete den Stab und die Münzschnur neu und grinste Delabar an, der nervös zusah.

„Das war ein Fehler, Professor", gab er fröhlich zu. „Der Kuli, der unter dem Bett aufgetaucht ist, muss derjenige gewesen sein, den ich dort getreten habe. Stellen Sie sich vor, einen Mann dahinzustoßen, dass er sich Ihre eigene Waffe schnappen kann."

Delabar sah jedoch keinen Humor in der Situation.

„Das waren Kulis", sagte er. „Was glaubst du, sind sie hinterher gekommen?"

„Geld. Ich weiß es nicht." Gray ersetzte die Fensterläden und blies das Licht aus. „Wir werden uns morgen früh bei unserem Vermieter beschweren. Aber ich glaube nicht, dass er uns viel Freude bereiten wird. Die Tatsache, dass mein Schuss den Haushalt nicht zum Laufen gebracht hat, zeigt ziemlich gut, dass es ein Putsch war-" Arbeit erledigen.

Seine Prophezeiung erwies sich als wahr. Der Hotelbesitzer beteuerte, er habe davon nichts gewusst. Auf die Frage, warum er den Schuss nicht untersucht habe, erklärte er, er habe Angst. Gray gab seine Befragung auf und bereitete sich darauf vor, Honanfu zu verlassen .

„Je früher wir Wu Fangs Zuständigkeitsbereich verlassen, desto besser", bemerkte er gegenüber Delabar. „Eine Untersuchung hat keinen Sinn. Das würde uns nur verzögern. Unser Gepäck ist heute Morgen angekommen, und Sie haben die Maultiertreiber engagiert. Wir werden Honanfu erschüttern ."

Delabar schien genauso darauf bedacht zu sein, die Stadt zu verlassen wie Gray. Scharen von Chinesen, vielleicht angelockt von Gerüchten über das, was in der Nacht geschehen war, folgten ihnen durch die Straßen, während Gray energisch seine beiden Wagen mit den Vorräten und die Männer zusammenstellte, um die Maultiere zu treiben.

Er machte eine Entdeckung. Bei der Überprüfung der Gepäckliste stellten sie fest, dass ein Karton fehlte.

„Es ist derjenige, der die Gewehre und die Ersatzmunition hatte“, grunzte Gray. "Verdammt!"

Er hatte das Gewehr, das für McCann bestimmt war, zusammen mit seinem eigenen Teil und der Munition in einer separaten Kiste aufbewahrt. Trotz hartnäckiger Befragung bestritten die Fahrer, die die Waggons nach Honanfu gebracht hatten , die Kiste gesehen zu haben.

Ein Telegramm wurde an den Bahnhof geschickt. Die Antwort verzögerte sich bis zum späten Nachmittag. Es gab keine Neuigkeiten über die Box.

„Es hat keinen Zweck“, erklärte Delabar deprimiert. „Denken Sie daran, Sie haben Wu Fang Chien gesagt, dass unsere Gewehre im Gepäck waren. Wahrscheinlich hat er die Kiste mitgenommen.“

„Sieht so aus“, gab Gray zu, der über den Verlust verärgert war. „Nun, es hilft nichts. Wir werden wandern, bevor Wu Fang sich etwas anderes einfällt.“

Er gab den Maultiertreibern das Wort, die Wagen fuhren knarrend vorwärts. Er sprang neben Delabar auf den Schwanz des letzten, und Honanfu mit seinen beobachtenden Menschenmassen verschwand nach einer Straßenbiegung im Staub.

Von diesem Zeitpunkt an hielt Gray sein Gewehr in der Hand oder hing es an seiner Schulter.

Während sie auf manchen Geschäften unbequem zusammengekauert an der Seite des Joggingkarrens saßen – nichts reagiert so stark auf das Gesetz der Schwerkraft wie ein federloser chinesischer Karren oder ist so unbequem, es sei denn, es handelt sich um die zerfurchte Oberfläche einer chinesischen Reichsstraße – waren es beide Denken.

Delabar sagte zu sich selbst: „Warum ist eine Kaiserstraße in China nicht eine Straße, die – in der Vergangenheit – für den Kaiser in Ordnung gehalten wurde, sondern eine, die in Ordnung gebracht werden kann, wenn der Kaiser seine Absicht ankündigte, sie zu überqueren? Mein Kollege, der Amerikaner, der nur in geraden Linien denkt, wird die Umwege des orientalischen Geistes nie verstehen. Und das wird ihm schaden.“

Gray, laut: „Schau her, Delabar! Wir können jetzt davon ausgehen, dass Wu Fang unsere Reise gerne behindern würde.“

„Das habe ich schon vermutet.“

„Hm. Glaubst du, das liegt daran, dass es den Wusun tatsächlich gibt und er uns von der Gobi fernhalten will?“

Delabar wurde von seiner Muse aufgeschreckt.

„Ein chinesischer Beamter handelt selten aus eigener Initiative“, antwortete er. „Wu Fang Chien hat Anweisungen erhalten. Ja, ich glaube, er beabsichtigt, uns den Weg über Liangchowfu hinaus zu versperren . Wenn wir von Honanfu aus vorrücken , laufen wir blindlings in Gefahr.“

Gray blickte mit zusammengekniffenen Augen auf die staubige Straße und hielt sein Gewehr auf seinen Knien. Sein braunes Gesicht war ausdruckslos, die Haut um die Augen war von der Sonneneinwirkung tief faltig. Die Augen selbst waren schmal und hart. Delabar fiel es immer schwerer zu erraten, was im Kopf des wortkargen Amerikaners vorging.

„Ich habe mich gefragt“, sagte Gray langsam, „schon lange über eine bestimmte Frage. Wenn man zugibt, dass es die Wusun dort in der Gobi gibt, warum werden sie gefangen gehalten – so sorgfältig bewacht? Das scheint nicht so zu sein.“ logisch!"

Der Syrer lächelte mild und drehte mit seiner dünnen Hand seinen Bart.

"Logik!" er weinte. „Oh, der Geist des inneren Asiaten ist logisch; aber die Gründe, die ihn leiten, und die Gründe für seine Schlussfolgerungen sind ganz anders als die Motive der europäischen Psychologie.“

„Nun, ich sehe keinen Grund, warum das Wusun-Volk viele hundert Jahre lang bewacht werden sollte.“

„Einfach das. Der Buddhismus ist der Kern der orientalischen Seele. Konfuzius und Taoismus sind zweitrangig gegenüber dem Aufkommen des Gautama – dem großen Nirvana. Der Buddhismus regiert das Innere Chinas, Tibet, Teile Turkestans, einige Indiens und – unter dem Deckmantel von …“ *Schamanismus* , Südostsibirien.

Gray antwortete nicht. Er betrachtete Delabars Gesicht – dieses intellektuelle, nervöse, labile Gesicht.

„Der Buddhismus regiert Zentralasien seit der Zeit von Sakuntala – dem großen Sakuntala“, fuhr der Wissenschaftler fort. „Und die Gesetze Buddhas sind uralt und sehr bindend. Die Wusun sind Feinde des Buddhismus. Sie sind größere Feinde als die Mandschus im Norden und Osten Chinas. Das liegt daran, dass die Wusun ein Symbol verehren, das den Priestern Hass verweigert die Tempel.“

"Was ist das?"

Delabar zögerte.

„Das Symbol ist ein barbarisches Zeichen. Die Wusun schätzen es, vielleicht weil sie abgeschnitten von der Welt keinen anderen Glauben haben als den Glauben ihrer Vorfahren." Die hohe Stimme des Wissenschaftlers klang voller Überzeugung. „In den Annalen der Han-Dynastie wird vor der Geburt Christi berichtet, dass eine Armee unter dem General Ho K'u-p'ing auf Bitten der Buddhisten ausgesandt wurde, um das Huing -nu—, das ‚Grüne', zu vernichten „Augige Teufel" und die „Wusun" – die „ Großen" – des Westens .

„Dann ist religiöser Fanatismus die Antwort?"

„Eine religiöse Fehde."

„Weil die Wusun den Buddhismus nicht übernehmen wollen?"

„Weil sie an dem absurden Zeichen ihres Glaubens festhalten!"

Gray fuhr sich mit der knorrigen Hand übers Kinn und blickte stirnrunzelnd auf sein Gewehr.

„Klingt seltsam. Ich würde dieses Schild gerne sehen."

Delabar machte sich unruhig gegen die Erschütterungen des Karrens.

„Es ist unwahrscheinlich, Captain Gray", sagte er, „dass einer von uns es sehen wird."

Daraufhin verstummten sie, jeder war auf diese Weise mit seinen Gedanken beschäftigt.

Delabar, zu sich selbst: Mein Begleiter ist körperlich ein Rohling; Wie kann er die großen Geheimnisse des asiatischen Denkens verstehen?

Gray: Entweder hat dieser Syrer eine große Fantasie, oder er weiß mehr, als er mir erzählt hat – die Chancen stehen gut, dass Letzteres stimmt.

KAPITEL VI

MIRAI KHAN

In der Nähe von Kia- yu - kwan , dem Westtor der Chinesischen Mauer, erheben sich die Zwillingspagoden von Liangchowfu aus der Ebene.

In früheren Jahrhunderten war Liangchowfu die Grenzstadt, eine Zitadelle zur Verteidigung gegen die äußeren Barbaren der nördlichen Steppe und Zentralasiens. Es ist eine ummauerte Stadt, die direkt an der Straße von China ins Landesinnere liegt. Hinter Liangchowfu liegt das Hochland Zentralasiens.

Genau einen Monat nach ihrer Abreise aus Honanfu passierten die Wagen mit den beiden Amerikanern, wie Gray versprochen hatte, das Stadttor.

Grau, staubig und bis zur Hüfte voller Reiseflecken, aber aufmerksam und aufrecht, ging vor den beiden Karren her. Er zeigte keine negativen Auswirkungen der harten Etappe der Reise, die sie gerade hinter sich gebracht hatten.

Delabar lag hinter dem Ledervorhang eines der Wagen. Seine Stimmung hatte unter dem letzten Monat gelitten. Die eintönige Straße mit ihren endlosen Schlammdörfern hatte ihn deprimiert. Die Gruppen von Eingeborenen, die in der Sonne vor ihren Hütten hockten, auf der nie endenden Suche nach Ungeziefer, und die Scharen starrender Kinder, die auf den Straßen nach Pferdemist suchten, um ihn als Treibstoff zu verwenden, hatten seine empfindlichen Nerven strapaziert.

Sie hatten während der Reise keinen Weißen gesehen. Gray hatte Van Schaick geschrieben, bevor sie Honanfu verließen , aber sie erwarteten keine Post, bis sie nach Shanghai zurückkehren würden.

„Wenn wir die Küste wieder erreichen", hatte Delabar launisch gesagt.

Die bessere Luft des Hügellandes, durch das sie fuhren, hatte seine Stimmung nicht so verbessert wie die von Gray. Der Anblick der waldbedeckten Gipfel mit ihren versteckten Pagoden, von deren Dachvorsprüngen die Windglocken ihr Klingeln in die Brise schickten, interessierte den Wissenschaftler nicht.

Blicke auf braune, bebrillte Arbeiter, die von den Reisfeldern aus auf sie starrten, oder die Vision eines zerfetzten Dschrottsegels, das in der violetten Stille des Abends eine Flussmündung hinunterfuhr, wenn das matte

Gelb der Felder und das Grün der Hügel verschmolzen in einem sanften Dunst veranlasste Delabar nicht, den Blick zu heben.

China, riesig und unveränderlich, hatte die beiden Amerikaner zu sich genommen. Und Gray wusste, dass Delabar Angst hatte. Das hatte er in Honanfu vermutet . Jetzt war er sich sicher. Delabar hatte ununterbrochen geraucht und machte keinen Versuch, Sport zu treiben, wie Gray es tat. Er grübelte im Wagen.

Die Ruhe des Armeeoffiziers schien Delabar zu verärgern. Wenn zwei Männer längere Zeit allein sind, gehen sie sich oft gegenseitig auf die Nerven. Aber Delabars Probleme gingen tiefer. Seine Ängste hatten ihn im Laufe des Monats geplagt. Er hatte es sich zur Aufgabe gemacht, die staubige Straße hinter ihnen zu beobachten. Er hat schlecht geschlafen.

Dennoch waren sie nicht belästigt worden. Soweit Gray beobachten konnte, wurden sie nicht beobachtet. Von Wu Fang Chien hatten sie nichts mehr gehört.

Die Straßen von Liangchowfu waren überfüllt. Es war eine Art Festtag. Gray bemerkte, dass es zahlreiche Priester gab, die sie teilnahmslos anstarrten, während er die Maultiergespanne zu einem Gasthaus am anderen Ende der Stadt nahe der Westmauer führte und den Besitzer überredete, einem der Gäste die Schweine und Kinder wegzutreiben Kammern.

„Wir waren dumm, so weit zu kommen", murmelte Delabar und warf sich auf eine Bambusbank. „Haben Sie die Menschenmassen in den Straßen bemerkt, an denen wir vorbeikamen?"

„Es ist ein Fest oder ein Basartag, nehme ich an", bemerkte Gray ruhig, zog seine schlammverkrusteten Schuhe aus und streckte seinen großen Körper auf der Lehmbank aus, die als Bett diente.

"NEIN." Delabar schüttelte den Kopf. „Gray, ich sage dir, wir sind Narren. Die Chinesen von Liangchowfu wussten, dass wir kommen würden. Diese Priester waren buddhistische Anhänger. Sie sind aus einem bestimmten Grund hier."

„Sie scheinen harmlos genug zu sein."

Delabar lachte.

„Haben Sie jemals einen Mongolen gekannt, der Sie warnte, bevor er zuschlug? Nein, mein Freund. Wir sitzen hier, innerhalb der Mauern, in einer schönen Falle. Wir sind die einzigen Europäer an diesem Ort. Jede unserer Bewegungen wird beobachtet. Tun Sie es Glaubst du, wir können durch die Mauern kommen, ohne dass die Chinesen es merken?"

„Nein", gab Gray zu. „Aber wir mussten hierher kommen, um etwas zu essen und eine neue Maultierstaffel zu bekommen."

Liangchowfu nie verlassen – im Westen. Aber wir können trotzdem zurückkehren."

„Wir können, aber wir werden es nicht tun."

Gray drehte sich auf dem Bett um, auf dem er saß, und kratzte vorsichtig eine freie Stelle auf dem Glasurpapier, das das einzige – geschlossene – Fenster des Zimmers bildete. Beatmung ist in China unbekannt.

Er stellte fest, dass er auf die Straße hinausschauen konnte. Das Gasthaus war um drei Seiten eines Innenhofs herum gebaut und ihr Zimmer befand sich am Ende eines Flügels. Er sah eine stetige Schar von Passanten – pockennarbige Bettler, schlaffe Kulis, die Frauen in Schubkarren entlangschleppten, einen Astrologen, der mitten auf der Straße seinen Stand mit den beiden zahmen Spatzen, die sein Handelsgut bildeten, bezogen hatte, und einen einige prahlerische, mit Schaffell bekleidete Kirgisen aus der Steppe.

Als jeder Einzelne am Gasthaus vorbeikam, bemerkte Gray, dass er aus schrägen Augen einen kurzen Blick darauf warf. Eine beeindruckende Sänfte kam die Straße herunter. Ein dicker Träger in einer Seidentunika mit einem Stab ging vor den Trägern her. Der Mann mit dem Stab näherte sich dem Astrologen und schlug ihn verächtlich beiseite.

Als dies geschah, sah Gray, wie sich der Vorhang der Sänfte öffnete und die Umrisse eines Gesichts zu erkennen waren, das zum Gasthaus blickte.

„Wir scheinen der Anblick der Stadt zu sein", sagte er zu Delabar und zog seine Schuhe an. „Der Rubberneck-Bus ist gerade vorbeigefahren. Hören Sie mal, Professor! Hier Trübsal zu blasen ist sinnlos. Sie gehen raus und rauschen mit dem Essen, das wir brauchen. Ich werde unser Gepäck im Stall inspizieren."

Als Delabar zu seiner Mission aufgebrochen war, verließ Gray gemächlich das Gasthaus. Er schlenderte hinter dem Wissenschaftler her und warf einen neugierigen Blick auf eine Menschenmenge, die sich auf dem offensichtlich zentralen Platz der Stadt versammelt hatte, umgeben von einer Reihe von Ständen.

Die Menschenmenge war zu groß, als dass er die Attraktion hätte erkennen können, aber er drängte sich ohne Umschweife hindurch. Sicher , dass etwas Ungewöhnliches im Gange sein musste, war er überrascht, nur einen unscheinbaren chinesischen Soldaten in einer früher blauen Jacke und einem rostigen Schwert am Gürtel zu sehen. Neben dem Soldaten stand ein alter Mann mit einem faltigen, braunen Gesicht, in dem ein Paar scharfe Augen glitzerten.

Anhand seines Schaffellmantels, der bandagierten Beine und der schmutzigen Yakfellstiefel identifizierte Gray den Älteren der beiden als einen kirgisischen Bergsteiger. Beide Männer hockten auf ihren Hüften, der Kirgise rauchte eine Pfeife.

"Was passiert?" fragte Gray einen Umstehenden und zeigte auf die beiden im freien Raum.

Mit Leichtigkeit gelangten die Akzente des Grenzdialekts zu seiner Zunge. Der andere verstand.

„Es wird bald passieren", erklärte er. „Das ist Mirai Khan, der Jäger, der die Pfeife raucht. Wenn er fertig ist, wird ihm der Mandschu-Soldat den Kopf abschlagen."

Gray pfiff leise. Die Menge starrte ihn jetzt an, erwartungsvoll auf einen neuen Anblick. Sogar Mirai Khan beobachtete ihn gelassen, offenbar ohne Sorge über seinen bevorstehenden Untergang.

„Warum raucht er Pfeife?" fragte Gray.

„Weil er es will. Der Soldat lässt ihn das machen, weil Mirai Khan versprochen hat, ihm zu sagen, wo seine lange Muskete ist, bevor er stirbt."

„Warum muss er sterben?"

Der Mann neben ihm hustete und spuckte apathisch. „Ich weiß es nicht. Es wurde angeordnet. Vielleicht hat er den Wert von zehn *Taels* gestohlen ."

Gray wusste genug über die besonderen Gesetze Chinas, um zu verstehen, dass der Diebstahl von etwas, dessen Wert einen bestimmten Betrag übersteigt, mit der Todesstrafe geahndet wird. Der Anblick der ruhigen Kirgisen weckte sein Interesse.

„Fragen Sie den Soldaten, was das Vergehen ist", beharrte er und zeigte eine Münze, auf die der Chinese gespannt starrte.

Taels verurteilt worden sei . Der Kirgise hatte behauptet, das Pferd sei sein eigenes, das ihm von den Liangchowfu -Beamten weggenommen worden sei, die zufällig Lasttiere brauchten. Der Fall war an die Behörden in Honanfu verwiesen worden , und kein geringerer als Wu Fang Chien hatte entschieden, dass der Jäger, da er die Anschuldigungen bestritten hatte , vor Gericht Lügen gestraft hatte. Deshalb muss er unbedingt enthauptet werden.

Gray sympathisierte mit Mirai Khan. Er hatte genug von Wu Fang Chien gesehen, um zu vermuten, dass der Fall der Kirgisen nicht viel Beachtung gefunden hatte. Etwas im klugen Gesicht des Bergsteigers zog Gray an. Er drängte sich in den frei gewordenen Raum.

„Sagen Sie dem Mandschu " , sagte er scharf zu dem Chinesen, den er mitgezogen hatte, „dass ich Wu Fang Chien kenne. Sagen Sie ihm, dass ich den Betrag des Diebstahls bezahlen werde, wenn er den Gefangenen freilässt."

„Vielleicht nicht", wandte der andere gleichgültig ein.

„Tu, was ich sage", befahl Gray scharf.

Der Soldat, offenbar des Wartens müde, war aufgestanden und hatte seine Waffe gezogen. Er beugte sich über den knieenden Kirgisen. Der Anblick beschleunigte Grays Puls – trotz der Gefahr, die ihm, wie er wusste, aus der Einmischung in die chinesischen Behörden entging.

„Schnell", fügte er hinzu. Sein Begleiter flüsterte dem Soldaten etwas zu, der den Amerikaner überrascht ansah und zögerte.

Taels ab – etwa zehn Dollar – und fügte fünf weitere hinzu. „Ich habe mit Wu Fang Chien gesprochen", erklärte er, „und ich werde das Leben dieses Mannes kaufen. Wenn der Wert des Pferdes bezahlt wird, wird es kein Verbrechen mehr geben."

Der Mandschu im blauen Kittel sagte etwas, offensichtlich einen Einwand.

„Er sagt", interpretierte der Chinese, der das Geld gierig beäugte, „dass dreizehn *Taels* die Beleidigung des Richters nicht auslöschen werden."

„Fünf weitere werden es", antwortete Gray. „Er kann sie behalten, wenn er möchte. Und hier ist ein *Tael* für dich."

Der ehrenamtliche Dolmetscher umklammerte die Münze mit seiner klauenartigen Hand. Gray warf dem zögernden Henker den Rest des Geldes hin und packte Mirai Khan am Arm.

Er nickte dem Kirgisen zu und führte ihn durch die Menge, die unruhig murmelte. Er bog in eine Gasse ein.

Liangchowfu verlassen, ohne gesehen zu werden?" fragte der Amerikaner nach seinem Neukauf. Er hatte jetzt mehr Vertrauen in die Stammesrede.

Mirai Khan verstand. Später erfuhr Gray, dass der Mann sehr scharfsinnig war. Außerdem hatte er eine polyglotte Zunge.

„Ja, Exzellenz." Mirai Khan fiel auf die Knie und drückte seine Stirn an die Schuhe seines Retters. „In der Westwand hinter dem Tempel ist ein Loch, wo die Karawanenmänner ihre Ochsen und Kamele tränken."

„Dann geh, und zwar schnell."

„Ich werde mir ein Pferd besorgen", versprach Mirai Khan, „und die chinesischen Schweine werden mich nicht gehen sehen."

Gray dachte bei sich, dass Mirai Khan vielleicht ein größerer Pferdedieb war, als er vorgab zu sein.

„Die Exzellenz hat mir das Leben gerettet", murmelte der Kirgise und blickte sich listig um. „Es stand geschrieben, dass ich heute sterben sollte, und er hielt mich vom Anblick des Todesengels fern. Aber dreizehn *Taels* ." ist ein großer Reichtum. Es wäre gut, wenn ich meine Waffe finden und den Soldaten töten würde. Dann würde die Exzellenz wieder seine dreizehn *Taels haben* . Wo ist er zu finden?

„Im Gasthaus an der Westmauer. Aber egal, die Mandschu. Retten Sie Ihre eigene Haut."

Gray schritt die Gasse entlang, denn Männer waren hinter ihnen her. Im hinteren Teil einer unappetitlichen Hütte zupfte ihm der Kirgise am Ärmel.

„Ja, es soll so sein, Exzellenz", flüsterte er. „Hat der ehrenwerte Herr Tabak?"

Ungeduldig warf Gray etwas Tabak aus seinem Beutel in die vernarbte Hand des Jägers. Mirai Khan bat daraufhin um Streichhölzer.

„Ich werde es nicht vergessen", sagte er wichtig. „Du wirst Mirai Khan wiedersehen. Ich schwöre es. Und ich werde dir etwas sagen. Wu Fang Chien ist in Liangchowfu ."

Mit diesen Worten schlurfte der Mann eine Gasse entlang und sah dabei wie ein struppiger Hund mit ungewöhnlich langen Beinen aus. Gray blickte ihm lächelnd hinterher. Dann wandte er sich wieder dem Gasthaus zu.

An diesem Abend gab es in Liangchowfu ein Fest . Der Klang der Tempeltrommeln drang bis zum Gasthaus. An den Häuserfassaden auf der anderen Straßenseite erschienen Laternen. Scharen von Priestern zogen in feierlicher Prozession vorbei und trugen Lichter. Im Hof des Gasthauses bezog eine Gruppe von Musikern ihren Standpunkt und brachte auf Becken und einsaitigen Geigen eine grässliche Verhöhnung einer Melodie hervor. Aber der Hauptraum des Gasthauses, in dem die Esstische mit Schüsseln und Stäbchen gedeckt waren, war bis auf einen wandernden Hahn verlassen.

„Ich gehe raus, um mir die Show anzusehen", versicherte Gray, der der Untätigkeit überdrüssig war.

"Was!" Der Syrer starrte ihn an und befingerte ruhelos seinen Bart. „Mit Wu Fang Chien in der Stadt!"

„Sicherlich. Hier gibt es nichts zu tun. Vielleicht kann ich Informationen sammeln, die nützlich sein werden – wenn wir in Gefahr sind."

Delabar warf seine Zigarette weg und zuckte mit den Schultern.

„Wir sind markierte Männer, mein junger Freund. Ich habe heute Nachmittag gesehen, dass vor den Stadttoren eine Wache postiert ist. Diese Musiker dort sind Spione. Der Wirt des Gasthauses ist mit unseren Männern im Stall."

„Dann werden wir unsere Eskorte noch eine Weile abschütteln." Grays Lächeln verblasste. „Sehen Sie, Professor. Ich bin mir der schwierigen Lage bewusst, in der wir uns befinden. Wir müssen hier raus. Und ich möchte einen Blick auf das Loch in der Wand werfen, von dem mir Mirai Khan erzählt hat. Zum einen." Sache – um zu sehen, ob Pferde da durchkommen."

Delabar begleitete ihn aus dem Hof hinaus auf die Straße. Gray bemerkte grimmig, dass die Musiker mit ihrem Abgang aufhörten zu spielen. Er winkte Delabar, ihm zu folgen, und bog in die Gasse ein, die er an diesem Nachmittag besucht hatte. Als er über seine Schulter blickte, sah er eine dunkle Gestalt in den Eingang der Gasse schlüpfen.

„Doppelte Zeit, Professor", flüsterte Gray. Er packte den anderen am Arm und trottete durch die Müllhaufen, die hinter den Häusern verstreut waren, und drehte sich mehrmals scharf um, bis er sicher war , dass sie nicht länger verfolgt wurden. Als Wahrzeichen diente ihm die dunkle Masse der Pagode, die das Dach des Tempels bildete.

Daraufhin machte er sich auf den Weg und wich in den Schatten zurück, als er eine Gruppe Chinesen sah. Er folgte nun dem Verlauf der Mauer, die ihn in einen Garten führte, offenbar einen Teil des Tempelgeländes.

Er sah nichts von der Eröffnung, die Mirai Khan erwähnt hatte. Aber ein Stimmengemurmel aus den Fensterläden des Gebäudes weckte sein Interesse.

„Es ist ein Treffen der Buddhisten", flüsterte Delabar. „Ich hörte die Tempelboten heute Nachmittag auf der Straße die Vorladung rufen."

Gray ging nahe an das Gebäude heran. Es war ein hohes Bauwerk aus geschnitztem Holz. Die Fenster waren klein und hoch oben. Gray überflog sie spekulativ.

„Wir waren nicht zu dem Treffen eingeladen, Professor", meditierte er, „aber ich würde etwas dafür geben, einen Blick ins Innere zu werfen. Nach dem zu urteilen, was Sie mir erzählt haben, sind diese buddhistischen Kerle unsere besonderen Feinde. Und das ist eher ein Zufall." Sie haben heute Abend eine Logensitzung abgehalten.

Er tastete eine Weile an der Wand entlang. Sie waren durch die Gartenbäume vor Blicken von der Straße aus geschützt.

„Hallo", flüsterte er, „hier ist Glück. Eine Tür. Sieht aus wie ein Bühneneingang, mit einer Art Schnitzerei darüber."

Delabar trat vor und blickte auf die Inschrift. Durch das reflektierte Licht der Straßenbeleuchtung konnte er einigermaßen gut sehen.

„Dies ist das Zeremonientor des Tempels", bemerkte er. „Es ist eine der Türen, die für einen besonderen Anlass gebaut wurden – nur um von einem Gelehrten der Stadt, der die höchsten Auszeichnungen der Hanlin-Akademie erhalten hat, oder vom Kaiser selbst genutzt zu werden – wenn es eine gab."

Gray drückte gegen die Tür. Es war nicht befestigt, aber da es nicht benutzt wurde, gab es langsam nach, wobei die Eisenscharniere knarrten. Delabar überprüfte ihn.

„Sie wissen nichts über chinesische Bräuche", zischte er warnend. „Es ist jedem verboten , einzutreten. Die Strafe –"

„Enthauptung, nehme ich an", unterbrach Gray ungeduldig. „Komm mit, Delabar. Das ist ein besonderer Anlass, und, beim Himmel – du bist ein angesehener Gelehrter."

Er zog den anderen mit sich hinein. Sie standen in einem schwarzen Gang, in dem es nach einer Mischung aus Most und Weihrauch roch. Gray nahm seine Taschenlampe aus seinem Mantel und ließ den Strahl vor ihnen aufflackern. Er konnte fühlen, wie Delabar zitterte. Er wunderte sich über den Zustand der Nerven des Wissenschaftlers und erkannte vor ihnen eine Öffnung, in der Stufen auftauchten.

Sie schienen sich in einem verlassenen Teil des Tempels zu befinden. Gray wollte unbedingt sehen, was vor sich ging – und was sich oben an der Treppe befand. Er stieg so leise wie möglich hinauf, gefolgt von dem Syrer, der vor sich hin murmelte.

KAPITEL VII

DIE TÜR WIRD BEWACHT

Ein gedämpftes Leuchten erschien über Grays Kopf, als sich die schmale Treppe windete. Das Leuchten wurde stärker und er hörte das Stimmengewirr. Vorsichtig kletterte er zum Treppenaufgang und spähte in die Kammer, aus der das Licht kam.

Er sah einen seltsamen Raum. Bis auf einen Teakholzstuhl gab es keinerlei Möbel. Das Licht kam durch eine große Öffnung im Boden. Ein Geländer aus Ebenholz, vergoldet und mit Intarsien verziert, verlief um dieses Lichtquadrat. Die Stimmen wurden lauter.

Gray war klar, dass sie sich in einer Art Galerie über dem Raum befanden, in dem sich die Versammlung befand – denn die Stimmen schienen durch den Boden zu steigen.

Er ging zum Stuhl – und blieb abrupt stehen.

Die Öffnung im Boden befand sich direkt über dem eigentlichen Tempel. Gray und Delabar konnten den Schrein sehen, mit der üblichen Bronzefigur des mandeläugigen Gottes, den brennenden Kerzen und den Weihrauchschalen.

Auf dem Boden neben dem Schrein hockte die Versammlung der Priester. Sie standen nicht vor dem Bildnis Buddhas, sondern vor einem Stuhl, der auf einem Podest an einer Seite stand. Auf diesem Stuhl saß ein imposanter Mandarin mit dem roten Knopf und der seidenen Amtsrobe.

„Wu Fang Chien!" flüsterte Delabar.

Gray nickte. Es war ihr Freund von Honanfu mit seinem dünnen Bart, seinem ruhigen Gesicht und seiner Brille.

"Was machen Sie?" fragte Gray leise.

Das Stimmengemurmel hielt an. Delabar hörte einige Zeit zu. Dann zeigte er auf einen Mann in Bettlerkleidung, der neben dem Stuhl des Mandarins kniete.

„Es ist eine Art Prozess", sagte er zweifelnd. „Der Priester von Wu Fang Chien ist ein Asket – das, was man in Indien einen *Fakir nennt* . Aber er ist nicht der Verbrecher."

Sie näherten sich der Öffnung und waren vor Beobachtungen von unten geschützt. Gray rümpfte die Nase, als er den Duft von Weihrauch und mongolischem Schweiß wahrnahm, der durch die Öffnung aufstieg.

„Wu Fang Chien sagt, dass er nach Liangchowfu gekommen ist , um über die Übeltäter zu urteilen, die Feinde des Gottes sind", interpretierte Delabar. „Er hat die Priester gerufen, um dem Verfahren beizuwohnen."

Gray sah Delabar neugierig an. Er hatte ein oder zwei Worte des Gesprächs mitbekommen.

„Nennt er die Täter?" er hat gefragt.

„Nein. Er sagt, die Priesterschaft sei darüber informiert worden, dass zwei Männer planen, einen heiligen Ort zu entweihen. Er ist gekommen, um sie auf frischer Tat zu ertappen."

Wu Fang Chien, dachte Gray, konnte nicht wissen, dass sie sich auf der Galerie des Tempels befanden, neben dem Platz, der einem angesehenen Studenten oder dem Kaiser vorbehalten war. Der Mandarin muss ihre Mission entdeckt haben, wie Delabar befürchtet hatte. Er spähte über die Reling.

Direkt darunter waren drei Priester bis zur Taille entblößt. Sie hielten eine Bronzeschale von beträchtlicher Größe in der Hand.

Während Gray zusah, herrschte im Raum unten Stille.

„Sie werden es mit Wahrsagen versuchen", flüsterte Delabar und Gray sah, dass sein Gesicht angespannt war. „Die Weissagung der Elfenbeinstäbe und der Schale. Das ist ein Brauch der Zauberer des Landesinneren. Die Priester glauben bedingungslos daran. Ich habe einige wunderbare Dinge gesehen –"

Er brach ab, als der Asket sich vor Wu Fang Chien niederwarf und ihm eine Sandelholzschachtel hinhielt. Gray sah, wie sich der Mandarin nach vorne beugte und etwas, das wie ein kurzer weißer Stock aussah, aus der Schachtel zog.

„Damit soll ermittelt werden, wie weit die Kriminellen vom Tempel entfernt sind", erklärte Delabar. „Es ist ein sehr kurzer Stock – er entspricht vielleicht einem *Li* oder einer Drittelmeile."

„Dazu gehört auch das Gasthaus", war Grays Kommentar. „Hallo, die Bowl Boys kommen in Aktion."

Die drei Priester drehten sich langsam auf den Füßen und hielten die Bronzeschale über ihren Köpfen. Sie bewegten sich in einer Art Tanz, und während sie sich drehten, kamen sie näher an den Schrein heran – und zogen sich dann zurück. Delabar beobachtete aufmerksam.

„Sie werden den Tanz vierundzwanzig Stunden lang fortsetzen", sagte er, „ohne Unterbrechung. In der Zwischenzeit werden die anderen Priester zuschauen, ohne etwas zu essen oder zu trinken. Das löst eine Art Hypnose aus. Sie glauben, dass am Ende der zwanzig." - Vier Stunden lang wird der Gott in die Schüssel eintreten.

Gray nickte. Wu Fang Chien hatte sich zurückgelehnt und beobachtete selbstzufrieden den Tanz.

„Wenn das geschieht", fuhr Delabar fort, „werden die Priester den Tempel verlassen und die Schale vor sich halten. Ihnen werden die Stadtbewohner folgen, die keinen Zweifel daran haben, dass der Gott sie zu den Verbrechern führen wird."

„Ich schätze, wir sind für die Schuldigen nominiert."

Gray betrachtete neugierig die Szene, das sich drehende Trio brauner Körper, den schweigenden Mandarin und die beobachtenden Priester. Er folgte träge den Rauchschwaden, die aus dem Schrein des Bronzegottes aufstiegen. Wu Fang Chien, überlegte er, hatte beschlossen, dass es Zeit war zuzuschlagen. Und der Mandarin ging dabei mit der Geduld des Mongolen vor, im Vertrauen auf sein Opfer und auf seine eigene Kraft.

Wu Fang Chien hatte sie gewarnt. Sie hatten die Warnung nicht beachtet. Der Angriff in Honanfu war ein Vorspiel gewesen – möglicherweise um Gray seine Waffen wegzunehmen. Es war gescheitert, aber Wu Fang Chien hatte einen anderen Plan entwickelt. Warum sonst war er nach Liangchowfu gekommen?

Gray beobachtete die umherwirbelnden Priester und erriet den Plan. In vierundzwanzig Stunden würde die Zauberei der Schüssel ihren Höhepunkt erreichen. Die drei Priester würden es zum Gasthaus tragen – selbst in einem Zustand halber Hypnose und gefolgt von einer fanatischen Menge. Sie würden Gray und Delabar zur Rede stellen. Sie durchsuchten die Habseligkeiten der Weißen und fanden die Karten von Sungan – die Karten, die der Eindringling im Gasthaus in Honanfu gesehen hatte . Danach--

Delabar ergriff den Arm seines Begleiters. „ Jemand kommt", flüsterte er.

Gray lauschte und hörte ein leises Geräusch von Schritten. Es kam von der Treppe – das sanfte Geräusch der in Pantoffeln steckenden Füße, die die Stufen hinaufstiegen. Gray warf einen kurzen Blick in den Tempel unten. Die Szene hatte sich nicht verändert, außer dass der Priester in der zerfetzten Robe nicht mehr an Wu Fang Chiens Seite war.

„Wir sind erwischt", murmelte der Wissenschaftler. „Es gibt keine andere Tür."

Gray war sich dessen bewusst. Die einzigen Öffnungen in der Kammer, in der sie standen, waren die Tür und die Öffnung im Boden. Das *Pad-Pad* kam näher, aber langsamer. Er war ziemlich sicher, dass sie nicht gesehen worden waren. Es war schreckliches Pech, dass gerade jemand die Galerie besuchte.

„Wir haben die Tempeltür offen gelassen", flüsterte Delabar und starrte auf die dunkle Treppe hinter ihnen. „Einer der Priester beobachtete es und kam –"

„Stetig", warnte Gray ihn. Er zog den zitternden Syrer zurück in den Schatten auf einer Seite der Tür. Hier befanden sie sich im Halbdunkel. Gray trat leise in Reichweite der Treppe und wartete.

Er hörte, wie sich die Schritte näherten und dann verstummten, als würde der Eindringling in den Raum blicken.

Ein Moment verging, während Gray schweigend das schwere Atmen von Delabar verfluchte, der von unkontrollierbarer Aufregung besessen zu sein schien. Dann erschien ein rasierter Kopf im Türrahmen, gefolgt von einer nackten Schulter. Ein Paar schräger , böser Augen huschte durch die Galerie, ohne die beiden weißen Männer im Schatten zu bemerken.

Grays Hand streckte sich aus und schloss sich um die Kehle des Priesters. Sein Griff wurde fester und unterdrückte ein unterdrücktes Keuchen. Der Mann fiel schwer auf die Knie.

Der Boden hallte dumpf vom Aufprall wider. Gray erkannte, dass es von denen im Tempel unten gehört worden sein musste. Er packte den gebrechlichen Priester an Hals und Bein, hob ihn mühelos hoch und begann kopfüber die Treppe hinunterzusteigen.

„Hier entlang, Professor", rief er. "Beeile dich besser."

Da ihre Tarnung nun nutzlos war, stürzten sie die Stufen hinunter. Als er die untere Etage erreichte, hatte Grays Griff die Kämpfe des Mannes zum Stillstand gebracht – in dem er den Asketen erkannte.

Während er darauf wartete, dass Delabar auftauchte, hörte er das Geräusch rennender Füße. Der Professor schoss wie ein verängstigtes Kaninchen durch die Tempeltür.

Gray warf den bewusstlosen Priester auf die Türschwelle und drückte das schwere Portal fast zu, wodurch der Körper des Mannes in der Öffnung eingeklemmt wurde. Dann trottete er Delabar durch den Garten hinterher.

„Hoffen wir, dass Sie Recht haben, was die Strafe für das Öffnen der Tür angeht", lachte er. „Dieser Priester wird alle Hände voll zu tun haben, um zu erklären, warum er zufällig auf der Schwelle des Kaisers liegt – wenn er zu sich kommt. Wahrscheinlich wird er sagen, dass die Teufel ihn aufgegriffen haben.“

Gray blickte zurück zum Rand des Tempelgartens und sah eine Menschenmenge mit Laternen hinter der Tür vor der Gestalt des Priesters stehen. Sie waren inzwischen ein gutes Stück entfernt. Gray folgte der Umrundung der Stadtmauer und gelang es, unbeobachtet die Gassen hinter dem Gasthaus zu erobern.

Als Delabar sicher in ihrem Zimmer ankam, warf er sich keuchend auf das Bett. Gray nahm sein Gewehr, legte es auf seine Knie und stellte seinen Stuhl so auf, dass er sowohl Tür als auch Fenster kontrollieren konnte.

Er wollte nicht schlafen. Und er fürchtete sich davor, Delabar zu vertrauen, dass er zusah. Die restlichen Stunden, bis das Tageslicht das Papier des Fensters weiß machte, saß er auf seinem Stuhl. Aber weiter passierte nichts. Die Feierlichkeiten auf den Straßen waren zu Ende und im Gasthaus selbst war es ungewöhnlich ruhig.

Bei Tageslicht lag Delabar auf dem Bett und rauchte unzählige Zigaretten. Der Wissenschaftler hatte seit ihrer Ankunft im Gasthaus ein trübes Schweigen bewahrt. Der Klang aufgeregter Stimmen drang vom Hof herein. Auf der Straße waren vorbeifahrende Fahrzeuge zu hören. Aber der gewöhnliche Tumult, der in einem chinesischen Gasthaus zur Frühstückszeit herrschte, war gedämpft.

Gray warf sein Gewehr auf das Bett, gähnte und streckte seinen kräftigen Körper. Er hatte Hunger und sagte es. Er wischte den Schmutz von seinen Schuhen, zog ein sauberes Hemd an und suchte im Eimer nach Wasser. Als er keinen fand, nahm er den Eimer, ging zur Tür und riss sie auf.

Auf der Schwelle saß ein buddhistischer Priester, mit dem Rücken gegen den Türpfosten gelehnt. Es war ein alter Mann mit faltigem Gesicht und entzündeten Augen. Seine rechte Schulter und seine Brust waren entblößt . In einer Hand hielt er ein langes Messer. Seine Augen blickten rachsüchtig zu dem weißen Mann auf.

Gray erkannte den Asketen des Tempels. Er konnte die dunklen Flecken sehen, wo seine Hände die dürre Kehle gequetscht hatten.

Mit der freien Hand griff er nach seiner Automatik. Der Priester rührte sich nicht. Der Mann hockte auf den Fersen, knapp über der Schwelle; das Messer ruhte auf einem Knie. Wie lange er schon dort war, wusste Gray nicht.

Der Priester und der weiße Mann starrten einander aufmerksam an. Gray runzelte die Stirn. Der Mann an der Tür meinte es offensichtlich nicht gut; aber warum blieb der Kerl sitzen und hielt das Messer passiv? Er bemerkte flüchtig, dass der Hauptraum des Gasthauses leer war.

„Beweg dich nicht!" Delabars Stimme drang zu ihm, schrill vor Angst. „Machen Sie keinen Schritt. Schließen Sie die Tür und kommen Sie hierher zurück."

"Warum?" fragte Gray neugierig. „Ich möchte rausgehen, um Wasser zu holen, und ich bin froh, wenn dieser Kerl mich dabeihält –"

„Es ist der Tod, sich zu bewegen!"

"Für mich?"

„Nein, der Priester wird sterben." Delabar umklammerte den Arm seines Begleiters. „Du verstehst das nicht. Der Priester ist hier auf einer Mission. Wenn du durch die Tür gehst, wird er sich selbst mit dem Messer erstechen. Und wenn er an unserer Tür Selbstmord begeht, wird ganz Liangchowfu auf uns losgehen. " ."

Gray steckte lachend die Automatik ein. „Ich verstehe nicht, warum wir schuld sind, wenn dieser gelbe Affe sich mit seinem eigenen Messer sticht."

Delabar ging zur Tür und schloss sie vor dem beobachtenden Buddhisten.

„Du weißt sehr wenig über China, mein Freund", sagte er düster. „Eine der beliebtesten Methoden der Rache besteht darin, einen Priester zu engagieren, der an der Tür eines Mannes sitzt, so wie dieser. Wenn dann jemand das Haus verlässt, begeht der Priester Selbstmord. Das behebt – oder die Chinesen glauben, dass es behebt – ein Verbrechen." der Mann im Haus. Es ist eine Angewohnheit der Chinesen, sich selbst zu töten, um sich an einem Feind zu rächen.

Gray pfiff. „Ich habe so etwas gehört. Aber sehen Sie, ich könnte diesen Kerl schnappen, bevor er sich verletzen kann."

„Es wäre sinnlos. Sobald er frei wäre, würde er Selbstmord begehen und die Schuld würde auf uns fallen. Mittlerweile wissen alle Chinesen in der Stadt, dass dieser Priester hier ist. Wenn er sterben sollte, würde er sterben." ein Signal für einen Generalangriff auf uns sein."

Nachdenklich setzte sich Gray auf den Eimer und dachte über die Situation nach.

„Sie kennen die Funktionsweise des gelben Geistes, Professor", bemerkte er. „Glaubst du, dieser Kerl hat uns als die Schuldigen identifiziert, die ihn im Tempel misshandelt und in der heiligen Tür zurückgelassen haben?"

„Es ist wahrscheinlicher, dass Wu Fang Chien vermutete, dass wir die Eindringlinge waren. Wir wurden wahrscheinlich genauer beobachtet, als Sie wussten. Dann macht sich dieser Priester gemäß dem Tempelgesetz des Sakrilegs schuldig, als er durch die Tür des Kaisers ging. Das hat Wu Fang Chien angeordnet." Er soll unsere Tür bewachen, seine eigene Sünde auslöschen und uns gleichzeitig belasten."

Gray grinste fröhlich.

„Die Funktionsweise des mongolischen Geistes ist eine Offenbarung, Delabar. Ich schätze, du hast recht. Das ist Wu Fang Chiens Art, uns hier drinnen ruhig zu halten, während die Jungs mit der Schüssel ihre Magie vorbereiten. Außerdem wird es helfen, etwas zu machen." die uns feindlich gesinnten Stadtbewohner."

Langsam reifte Wu Fang Chiens Plan. Gray sah, wie sich die Schlinge des mongolischen Mandarins um sie schloss. Es war eine seltsame, fantastische Falle. In den Vereinigten Staaten wäre die Situation lächerlich gewesen. Hier war es tödlich.

Wu Fang Chien hatte seine Vorbereitungen sorgfältig getroffen. Das Tempelfest hatte die Buddhisten aufgewühlt; die Ankunft der von den Priestern getragenen Bronzeschale würde die beiden weißen Männer in Mitleidenschaft ziehen; Die Entdeckung der Karten des verbotenen Gebiets der Gobi würde ihr Übriges tun.

Gray könnte die Karten zerstören. Aber dann hätte er keinen Leitfaden für den weiteren Weg, falls sie aus Liangchowfu fliehen sollten . Er war noch nicht bereit, alle Erfolgsaussichten zu zerstören.

Er suchte die Karten in einem ihrer Päckchen heraus und steckte sie ein.

„Dauert dieser Hokuspokus der Schale im Tempel immer vierundzwanzig Stunden?" fragte er Delabar.

"Stets."

„Nun, Wu Fang wird die Spielregeln nicht brechen wollen – nicht, wenn er die Karten so gut in der Hand hat. Professor, wir haben vierzehn Stunden Zeit, uns eine Vorgehensweise auszudenken. Wir haben hier genug Essen, um eine zuzubereiten ein oder zwei kleine Mahlzeiten. Außerdem

Wein – als Geschenk für die Stadtmandarinen – der uns davor bewahrt, zu durstig zu werden."

Delabar zuckte mit den gebeugten Schultern. Er sah krank aus. Seine Hand zitterte und Gray war klar, dass der Mann kurz vor dem Zusammenbruch stand.

"Was können wir tun?" fragte der Syrer klagend. „Außer die Karten zu zerstören, das würde uns belasten."

„Das werden wir nicht machen."

Es kommt eine Zeit, in der Müdigkeit die schwache Vitalität untergräbt. Delabar beschwerte sich, bettelte und fluchte. Aber Gray weigerte sich, die Papiere zu verbrennen, was über Erfolg oder Misserfolg ihrer Expedition entschied.

„Du bist krank, Delabar", sagte er bestimmt. „Du scheinst zu vergessen, dass wir auf einer Mission hier sind. Jetzt pass mal kurz auf. Ich habe mich gewissermaßen auf einen Schachzug von Wu Fang vorbereitet. Ich habe unseren Kulis das Vierfache ihrer Schulden bezahlt." Sie haben ihnen das Doppelte versprochen, wenn sie uns treu bleiben. Ich denke, dass sie es schaffen werden. Wenn ja, haben wir gute Chancen, mit unseren notwendigen Vorräten klarzukommen – Notrationen, Medikamente, ein paar Kochutensilien und Decken. Aber Wir können nichts anfangen, bis es dunkel ist. Schlafen Sie, wenn Sie können. Wenn Sie nicht können, machen Sie sich keine Sorgen."

Er warf dem Wissenschaftler einen neugierigen Blick zu – ein Blick voller gutmütiger Verachtung und Besorgnis.

„Dieser Wächter-des-Tor-Trick funktioniert in beide Richtungen", schloss er. „Wenn wir nicht rauskommen, wird niemand rein wollen."

Er nahm ein paar sparsame Schlucke des starken Weins, einen Schluck Brot und Reis und lehnte seinen Stuhl zurück an die Wand. Der Raum war heiß und eng, und er legte bald ein Nickerchen ein. Delabar schlief nicht.

Gray döste aus Gewohnheit leicht ein. Er war sich der Geräusche bewusst, die auf der Straße erklangen. Mehrmals wachte er auf, um dann wieder einzuschlafen und zu sehen, dass alles so war, wie es sein sollte. Ein- oder zweimal hörte er, wie Delabar zur Tür ging und hinausspähte, um zu sehen, ob der Priester noch auf seinem Posten war. Offensichtlich war er das, denn der Syrer bewahrte sein grübelndes Schweigen.

Als die Zeit verging, glaubte Gray, Delabar lachen zu hören. Er versicherte sich, dass er sich geirrt haben musste. Doch das Echo des Lachens blieb hartnäckig und bitter. Delabar muss gelacht haben.

Der Beamte fragte sich schläfrig, was der Grund für die Heiterkeit des anderen gewesen war – und setzte sich ruckartig auf. Er packte die Hand, die sich unter seinen Mantel stahl, und blickte in Delabars gerötetes Gesicht, das keinen Fußbreit von seinem eigenen entfernt war. Der Wissenschaftler zog sich lachend zurück. Diesmal war das Lachen unverkennbar.

Gray tastete in seiner Manteltasche herum und überzeugte sich davon, dass die Karten noch da waren.

„ Sie haben also die Nerven verloren, nicht wahr, Professor?" sagte er, nicht unfreundlich – und brach mit einem starren Blick ab. "Was zum Teufel--?"

Delabar stolperte von ihm weg, fiel auf das Bett und schaukelte vor Freude. Er stützte seinen Kopf auf seine Hände und brach in das Lachen aus, das Gray schon einmal gehört hatte. Dann legte er sich der Länge nach zurück und wedelte idiotisch mit den Händen.

Gray fluchte leise. Er bemerkte die Weinflaschen auf dem Tisch und holte sie auf. Er versicherte sich grimmig, dass einer leer war und der andere fast leer. Er selbst hatte von dem Schnaps nur einen Schluck getrunken.

Delabar hatte etwa zwei Liter starken Wein getrunken. Und Gray wusste, dass der Mann daran nicht gewöhnt war.

Der Wissenschaftler war betrunken, blind, hoffnungslos betrunken.

Der Raum war dunkel. Eine Kerze, die Delabar wahrscheinlich aus einer Laune heraus angezündet hatte, fiel auf den Boden. Außerhalb des Zimmers war es im Gasthaus sehr still.

Gray bedauerte, dass Delabar durch seinen Schlaf den Schnaps trinken konnte. Aber der Schaden war angerichtet. Sein Begleiter war als Kind hilflos. Er schaute auf seine Uhr. Es war nach acht. Soweit er sich erinnern konnte, begannen die Vorgänge im Tempel gegen zehn Uhr. Es blieben ihnen nicht ganz zwei Stunden Ruhe.

Delabar setzte sich auf und betrachtete ihn mit eulengleicher Weisheit.

„Trink, mein Freund", murmelte er, „du bist ein starker Mann, und es wird dir schwer fallen zu sterben, wenn du nicht betrunken bist. Du warst ein Narr, hierher zu kommen. Du bist ein Kind vor der alten Weisheit Chinas." . Die Geheimnisse der Mongolen waren schon da, bevor dein Gott die Erde sehen konnte. Warum hast du in sie hineingeschnüffelt?"

Es folgte ein Lachen, und Delabar griff vergeblich nach einer der Flaschen.

„Glaubst du, ich habe Angst vor Wu Fang Chien?" Das Gemurmel ging weiter. „Nein, ich habe keine Angst vor ihm. Er ist nur ein Diener des Sklaven Buddhas, der das Schicksal ist. Wir können nicht dorthin gehen, wo das Schicksal es verbietet – es uns verbietet."

Gray musterte ihn stirnrunzelnd.

„Schauen Sie vor die Tür", kicherte Delabar. „Schau – ich bin vor die Tür getreten, mein Freund. Und ich habe gesehen –"

Gray wartete nicht länger, ging zur Tür und öffnete sie. Zu seinen Füßen lag der Priester. Die schrägen Augen starrten zu ihm auf. Das Messer steckte im Hals des Mannes, und auf dem Boden hinter seinem Kopf bildete sich ein dunkler Kreis.

KAPITEL VIII

DELABAR BLÄTTER

Gray bückte sich und befühlte das Gesicht des Toten. Es war noch recht warm. Der Priester hätte sich erst vor ein paar Minuten umbringen können. Wahrscheinlich hatte Delabar während seiner betrunkenen Wanderung seinen Fuß über die Schwelle gesetzt.

Gray straffte die Lippen, richtete sich auf und überblickte das Gasthaus. Es war leer und dunkel, bis auf eine Laterne mit einem purpurroten Schirm, die über der Tür hing. Entweder hatten die Leute vor Ort den toten Buddhisten gesehen und waren geflohen, um die Nachricht zu verbreiten, oder sie hatten seit diesem Nachmittag einen großen Bogen um den Raum gemacht.

Er konnte nicht wissen, was tatsächlich der Fall war. Gray konnte es sich jedoch leisten, keine Zeit mit Spekulationen zu verschwenden. Er ging zurück in ihre Kammer, befestigte sein Gewehr an der Schlinge über seiner Schulter und riss Delabar auf die Füße.

„Es ist Zeit, dass wir hier rauskommen, Professor", sagte er, „wenn Sie unsere Sache noch nicht endgültig beglichen haben."

Der Mann murmelte und stolperte – er konnte sich kaum auf den Beinen halten. Er konnte Gray keine Hilfe leisten.

Sie durchquerten ungehindert den Hauptraum des Gasthauses und verließen das Gebäude auf der Rückseite. Der Stallhof war dunkel und offenbar leer. Grays Taschenlampe zeigte nur einen sanft aussehenden Esel, der an den Blättern einer Platane knabberte.

„Schätze, der Ort ist im Moment nicht gerade beliebt", dachte Gray.

Neben dem Stall, verborgen hinter den Misthaufen, fand er seine Wagen und Maultiere, angespannt, wie er es befohlen hatte. Ein Blick und ein Flackern seiner Lampe zeigten ihm, dass die überschüssigen Vorräte geladen waren. Er schob Delabar in den Stall und pfiff leise.

Ein Kuli kroch aus einem Haufen schmutzigen Strohs unter der Mauer hervor, an der mehrere Maultiere geduldig standen.

"Wo sind die anderen?" forderte Gray scharf.

Die anderen Männer, sagte der Kuli, seien gegangen.

„Warum werden die frischen Maultiere nicht geladen, wie ich es befohlen habe?"

Der Mann machte einen Kotau . „Ich hatte Angst. Dies ist ein böser Ort. Die Priester sagen, dass das schwarze Mal des Unglücks vom Himmel herabgestiegen ist –"

„Fünf *Taels* ", warf der Weiße scharf ein, „wenn du mir hilfst, die Maultiere zu beladen. Die Priester werden dich töten, wenn sie dich hier finden. Wenn du mit mir kommst, wirst du leben. Wähle."

Aus einem Viertel der Stadt erklang der dumpfe Klang der Tempelgongs. Der Kuli jammerte vor Angst und eilte zu den Maultieren.

Es ist keine leichte Aufgabe, im Dunkeln den Rucksack auf vier Pantoletten zu schnallen. Gray ließ Delabar, der durch den Kontakt mit der kühlen Außenluft eingeschlafen war, auf den Lehmboden des Stalls fallen. Er richtete seine Taschenlampe im Stroh so aus, dass der Strahl ihnen helfen würde, zu erkennen, worum es ging.

Wie erwartet stellte er fest, dass die anderen Kulis viele Geschäfte gestohlen hatten. Sie hatten jedoch die Dinge mitgenommen, die für sie am wertvollsten waren und die Gray am wenigsten brauchte – wie Kleidung, Kochutensilien und die schweren Kisten mit chinesischem Geld.

Letzteres war ein schwerer Verlust, aber Gray hatte eine Menge Gold in seinem Geldgürtel, und er wusste, dass Delabar die gleiche Menge besaß.

Die beiden Männer luden die restlichen Kisten auf die Tiere – die Lebensmittel, die Delabar in San Francisco gekauft hatte, mit Medikamenten und mehreren Decken, die von den Dieben übersehen worden waren.

Nachdem dies erledigt war, verließ Gray den Stall, um das Feld zu inspizieren. Im Hof des Gasthauses war es immer noch ruhig. Sogar die Straße auf der anderen Seite war ruhig. Er drehte sich um, half dem Kuli, Delabar rittlings auf ein Maultier zu setzen, und band die Füße des Wissenschaftlers unter dem Bauch des Tieres fest zusammen. Gray warf ihm eine Decke zu und gab das Zeichen, anzufangen.

Der Chinese ging am ersten Tier voran, denn Gray wollte ihm nicht außer Sichtweite trauen. Er folgte dem Maultier, das Delabar trug, und gab Anweisungen für ihren Kurs.

„Der beladene Wagen im Gasthaus wird für die Suchtrupps aus dem Tempel ein echtes Rätsel sein", dachte er. „Mit den Karren konnten wir Liangchowfu nie entkommen . Ich hoffe, mein Freund Mirai Khan hatte recht, als er sagte, hinter dem Tempel sei ein Loch in der Stadtmauer."

Es war eine dürftige Chance – sich in der Dunkelheit einen Weg durch die Gassen zu bahnen. Aber, wie Grey argumentierte, war es das Einzige, was zu tun war. Und zwei Dinge sprachen für sie. Das Gasthaus wurde zweifellos von vorne und hinten bewacht. Die Spione der Priester würden sehen, wie die Maultiere weggingen, und wahrscheinlich zu dem Schluss kommen, dass die Kulis sich mit ihnen auf den Weg machten – vor allem, weil die Wagen noch im Stallhof standen.

Außerdem würde sich die Aufmerksamkeit der Liangchowfu - Bevölkerung – oder des gefährlichsten Teils davon – auf den Tempel und die dort stattfindende Wahrsagerei konzentrieren.

Gray hatte richtig argumentiert. Indem er den stinkenden und schlammigen Nebenwegen folgte, die er und Delabar zuvor erkundet hatten, gelang es ihm, die Mauer zu erreichen, ohne aufzufallen.

Hier waren die Lichter weniger und die Bäume schützten sie. Der Kuli, der große Angst hatte, konnte Gray keine Auskunft über den Ort des Bruchs in der Stadtmauer geben. Es war natürlich sinnlos, zu den Stadttoren zu rennen, die bewacht werden sollten.

Gray strebte im langsamen Trab stetig voran und suchte die Wand nach Anzeichen einer Öffnung ab. Sie befanden sich inzwischen weit hinter dem Tempel, auf der anderen Seite des Gartens, den sie in der Nacht zuvor betreten hatten. Bisher hatten sie großes Glück gehabt, aber Grays Mut sank, als er vor sich Gebäude erblickte – eine Ansammlung strohgedeckter Hütten, offensichtlich im ärmeren Teil der Stadt. Noch immer war kein Bruch in der Steinbarriere zu erkennen.

„Mach weiter", flüsterte er dem Kuli zu, „und vergiss nicht, wenn wir entdeckt werden, wirst du dabei ertappt, wie du mir bei der Flucht hilfst."

Der Mann begann einen schnelleren Trab und blickte ängstlich über die Schulter. Der Klang der Tempelgongs war lauter und schwoll wütend im Wind an. Aus den Hütten vor ihnen kamen Stimmen, und Grey glaubte, auf der Straße, die sie verlassen hatten, Rufe zu hören.

Er fluchte leise. Wenn sie nur den Ausgang finden könnten, den er suchte! Sobald sie in der Ebene hinter Liangchowfu waren , waren ihre Fluchtchancen gut. Wenn Delabar nur nüchtern geblieben wäre –

Er wirbelte wachsam herum, als er das Geräusch von Pferdehufen hörte. Im schwachen Licht erschien neben ihm ein berittener Mann.

„Das war sehr gut gemacht, Exzellenz", flüsterte eine Stimme auf heiserem Chinesisch. „Ich weiß es, denn ich habe von den Misthaufen beim Stall des Gasthauses aus zugesehen. Einen der Männer, die geflohen waren, habe ich gefangen und das Geld genommen, das er trug."

„Mirai Khan", flüsterte Gray.

„Aye", gab der Kirgise selbstgefällig zu. „Ich habe geschworen, dass du mich wiedersehen würdest, und es ist geschehen. Ich habe Gespräche in der Stadt gehört. Ich wusste, dass die Priester – mögen sie ihr eigenes Feuer verschlucken – dich suchen. Also wartete ich, bis ich an dich dachte ließe sich nicht so leicht in die Falle locken. Siehe, es ist so geschehen. Wahrlich, mein Gedanke war ein wahrer Gedanke. Folge, wohin ich führe."

Er drängte sein Pony vor den Maultieren und winkte Gray an die Seite des kleinen Wohnwagens, weg von den Hütten. Dunkle Gesichter spähten aus den Fensteröffnungen auf sie. Aber der weiße Mann befand sich im Schatten der Mauer, und Mirai Khan schien in diesem Viertel von Liangchowfu eine zu vertraute Gestalt zu sein , um einen Kommentar hervorzurufen. Wahrscheinlich verkörperten die Maultiere den Charakter des Pferdediebes, der sich mit einer Ladung unrechtmäßig erworbener Beute in die Ebene zurückzog.

Sie gingen schweigend durch die Hütten, der Kuli war zu verängstigt, um etwas zu sagen. Delabar murmelte unter der Decke vor sich hin, aber die stolzierende Gestalt des Kirgisen mit dem Gewehr über dem Arm schien sie vor Ermittlungen zu schützen. Dennoch stieß Gray einen dankbaren Fluch aus, als sie in eine Schlucht eintauchten, durch die ein Bach floss.

Mirai Khan ritt vorwärts, offenbar direkt gegen die Wand. Aber hier teilte sich der bröckelnde Stein – eine Öffnung, die breit genug war, um einem Lasttier mit seiner Last den Durchgang zu ermöglichen, das im Bachbett lief.

Als man die Wand hinter sich ließ, wurde der Klang des Tempelgongs schwächer und verstummte ganz. Sie drängten in schnellem Trab voran, bis Gray , als er nach hinten blickte, sah, dass die Lichter von Liangchowfu verschwunden waren. Soweit er es anhand der Sterne erkennen konnte , vermutete er, dass Mirai Khan sie nach Nordwesten führte.

Als der Himmel hinter ihnen blasser wurde und der Morgenwind ihnen ins Gesicht schlug, erkannte Gray, dass sie sich in einem Hügelnest befanden. Es war kein Haus zu sehen. Es war Ödland, nur ab und zu klebte eine verkrüppelte Zeder an der Seite einer Lehmbank. Sie hatten mehr als ein Dutzend Meilen zwischen sich und Liangchowfu zurückgelegt .

Es war jetzt hell genug, um die Gesichter seiner Gefährten zu erkennen, und Gray stoppte die Kavalkade.

„Wir lassen die Maultiere etwas atmen", informierte er den Kirgisen, der ihn fragend ansah. „Ich werde mit meinem Freund sprechen."

Er führte das Tier, auf dem der Wissenschaftler ritt, ein paar Schritte zur Seite und warf die Decke weg, die Delabar umhüllte. Der Mann war aufgewacht, halb blau vor Kälte und mit verzögerter Durchblutung aufgrund seiner verkrampften Haltung und der Wirkung des Alkohols. Er blickte Gray aus trüben Augen an, ernüchtert von der Enthüllung der vergangenen Nacht.

Der Beamte löste das Seil, das Delabars Beine fesselte, setzte sich dann auf einen Stein und zündete sich seine Pfeife an.

„Professor", sagte er nachdenklich, „Sie wissen es nicht, aber ich habe in den letzten Stunden über Dinge nachgedacht. Und ich bin zu einer Entscheidung gekommen. Ich werde Ihnen sagen, was ich gedacht habe." , weil ich möchte, dass Sie verstehen, warum ich das tue.

Delabar schwieg und blickte ihn neugierig an.

„Zurück auf dem Dampfer", fuhr Gray fort, „haben Sie mir gezeigt, dass Sie Nerven haben – ziemlich viele. Nun ja, viele Männer haben sie . Unter den gegebenen Umständen kann ich Ihnen nicht die Schuld geben. Aber in Honanfu Ihre Nerven." hatte einen heftigen Ruck. Da hinten" – er deutete mit dem Kopf auf Liangchowfu – „hatten Sie einen schlimmen Anfall von Angst. Jetzt sind Sie voll dabei."

„Ich habe Hunger", beklagte sich der Wissenschaftler. „Warum hast du mich an das Maultier gefesselt?"

„Dieses Gefecht mit Wu Fang Chien", fuhr der Offizier fort und ignorierte die Frage, „war nur ein guter Vorgeschmack auf das, was uns in der Wüste Gobi möglicherweise bevorsteht. Es hat mir gezeigt, dass Sie nicht weitermachen können." Die Reise. Du wärst körperlich genauso krank, wie du jetzt geistig bist.

„Ich bin kein Pferd", schnappte Delabar. „Die buddhistischen Priester –"

vor den buddhistischen Priestern. Sie haben dir große Angst eingejagt „Wir haben uns mit ganzer Haut aus dem Ort vertrieben. In der Armee, in der ich eine Zeit lang diente, wurden Männer erschossen, die im Dienst betrunken waren."

„Das ist China, eine andere Welt", erwiderte der Mann trübsinnig.

„China oder nicht, es ist meine Pflicht, in die Wüste Gobi zu gehen und die Wusun zu finden, wenn ich kann. Das habe ich Van Schaick versprochen und einen Vertrag ausgearbeitet, den ich unterschrieben habe. Ich mache weiter. Sie, Professor, gehen zurück." an die Küste und in die Staaten. Sie können Van Schaick über unsere Fortschritte berichten.

Auf dem scharfen Gesicht des Syrers war eine Mischung aus Erleichterung und Besorgnis zu erkennen.

„Sie können sich darüber beschweren, dass ich Sie zurückgeschickt habe, wenn Sie möchten. Dafür werde ich Van Schaick Rechenschaft ablegen." Gray hob die Hand, als der andere versuchte zu sprechen. „Es wird dir gut gehen. Ich habe Mirai Khan befragt. Der Kuli kann dich zurück in den Norden von Liangchowfu führen , wo du einige Missionare treffen wirst. Wu Fang Chien wird im Westen nach uns suchen, nicht." im Osten. Du nimmst das Geld, das du bei dir hast, und zwei Maultiere mit der Hälfte der Vorräte. Versprich dem Kuli genug Gold, und er wird bei dir bleiben – da er auf dem Rückweg sicherer ist als auf dem Vorwärtsweg. Noch Fragen ?"

Es war eine lange Rede für Gray. Delabar musterte ihn und zitterte in der kalten Brise, die über die Ebene fegte. Not bringt die Stärke und Schwäche der Menschen zum Vorschein. In seinem Fall war es Schwäche. Dennoch schien es ihn merkwürdig zu beunruhigen, Gray zu verlassen. Vor zwölf Stunden hatte er seinen Begleiter angefleht, das Abenteuer in der Gobi aufzugeben.

"Warum tust du das?" er hat gefragt.

„Aus zwei Gründen. Ich möchte keinen kranken Mann in meinen Händen haben. Und – Sie haben versucht, die Karten zu zerstören. Es gibt noch einen anderen Grund –" Gray zögerte und brach ab. „Ich beanspruche nicht, Ihr Richter zu sein. Jeder Mensch folgt seinem eigenen Lebensweg. Aber Ihr und meiner passen nicht mehr zusammen. Auf Wiedersehen, Professor."

Er stand auf und klopfte die Asche aus seiner Pfeife. Delabar stieß einen alarmierten Ausruf aus.
„Angenommen, die Männer von Wu Fang Chien finden mich?"
„Bei mir bist du sicherer als hier."
Delabar starrte in die ruhigen Augen seines Begleiters und sein Blick veränderte sich. „Ich kann nicht zurück. Ich muss mit dir gehen."
„Ich habe mich verabschiedet. Dein Kuli weiß, was er zu tun hat. Wähle deine beiden Pantoletten."
„Nein. Mir geht es jetzt besser –"
Gray lächelte leicht.
„Das bezweifle ich. Ich habe dich beobachtet. Näher als du gedacht hast. Welche Pantoletten willst du?"
Delabar errötete und drehte sein Tier wieder zu der wartenden Gruppe. Er murmelte unsicher vor sich hin. Gray ging neben ihm. Einmal sprach er. „Über Buddhismus nachzudenken, Professor, ist eine schlechte Sache. Wie Wu Fang Chien sagte, ist es schlecht, verbotenes Gelände zu betreten. Nun, viel Glück, Delabar. Es ist besser, sich jetzt zu trennen – als später –"

Aber Delabar wurde außer Hörweite. Er sah Gray nicht noch einmal an, der weiterhin mit dem Kirgisen redete. Später bereute Gray, dass er Delabar nicht gesehen hatte.

Der Syrer verschwendete keine Zeit mit der Auswahl zweier Tiere und kehrte sofort um. Mirai Khan folgte der Kavallerie mit gerunzelter Stirn, als sie zwischen den Hügeln außer Sichtweite verschwand. Gray wedelte einmal mit der Hand, als er dachte, Delabar würde zurückblicken. Aber der Mann drehte sich nicht um und hüpfte über sein Tier, den Kopf zwischen den Schultern.

„Es ist schade", sagte Mirai Khan und strich nachdenklich über seinen grauen Bart, „die beiden Maultiere und so viel Geld zu verlieren. Wie auch immer, was sein wird, wird sein. Komm, ich kenne einen Davan in der Nähe, wo wir uns ausruhen können." Wir sind bereit, nachts weiterzumachen.

Er führte Gray einige Meilen entlang eines Schafpfades bis zu einer Schlucht weit in die Hügel hinein. Hier gab es einen Zedernhain und eine kleine Quelle. Während Grey ein Feuer entfachte, entlud Mirai Khan auf Anweisung des Weißen die beiden verbliebenen Maultiere.

„Wir haben wenig zu essen, Exzellenz", bemerkte er vielsagend.

„Öffne eine der Kisten", sagte Gray.

Plötzlich erschien Mirai Khan neben dem Feuer und trug einen schweren Gegenstand.

„Was für ein Essen ist das?" fragte er verächtlich. „Ich habe es probiert und der Geschmack ist eine Mischung aus Salz und saurem Wein."

Gray starrte das Objekt überrascht an. Es war einer der Kartons, dessen Deckel entfernt war. Es war mit einer Reihe langer Flaschen gefüllt. Bei einem davon wurde der Korken entfernt, und es verströmte einen beißenden Geruch. Gray hob es auf.

Es war eine Flasche einer sehr guten Essigsorte.

Hastig ging Gray zu den anderen Kisten und öffnete sie, nachdem er festgestellt hatte, dass die Verschlüsse und das Siegel intakt waren. Sie waren alle mit Essig gefüllt.

Gray stieß einen leisen, verwirrten Pfiff aus. Das waren die Kisten, die ihre Notrationen enthalten sollten, die Delabar in San Francisco gekauft hatte. Darauf stand der Name des Syrers.

Er fragte sich flüchtig, ob Wu Fang Chien ihr Gepäck manipuliert hatte. Aber die Kartons waren offensichtlich seit dem Verpacken nicht geöffnet worden. Außerdem war der Essig amerikanischer Herstellung und trug den Namen einer Firma aus San Francisco.

Gab es einen Fehler beim Versand der Bestellung? Es könnte sein. Dennoch hätte Delabar die Lieferung überprüfen sollen. Nein, der Syrer muss gewusst haben, was in den Kisten war. Er hatte sich für die beiden anderen Maultiere entschieden – wohlwissend, dass diese wenigen Kisten wertlos waren.

sie mir ansehen sollen, bevor ich Delabar gehen ließ", dachte Gray. „Er ist jetzt zu weit weg, um ihm zu folgen. Warum nun –"

Das war die Frage – warum? Delabar hatte der Expedition von Anfang an jedes Hindernis in den Weg gelegt. Sogar zum Kauf gefälschter Vorräte.

Delabar hatte nicht gewollt, dass Gray Erfolg hatte. Er hatte alle Mittel eingesetzt, um den Amerikaner von der Wüste Gobi fernzuhalten. Er hatte versucht, Gray das Gift seiner eigenen Angst einzuflößen. Er hatte versucht, die Karten zu beschlagnahmen, die den Standort von Sungan zeigten , die von entscheidender Bedeutung waren.

Delabar war Grays Feind gewesen. Warum?

Gray hatte vieles davon erraten, als er den anderen zurück an die Küste befahl. Aber er wusste nicht die Antwort auf dieses „Warum?" In den folgenden Tagen grübelte er viel darüber und gewann etwas Licht aus seinen Überlegungen.

Es dauerte lange, bis er die Antwort auf die Frage „Warum" wusste. Es kam erst, als er die Wüste erreicht hatte und den *Liu Sha sah* . Erst nachdem er Mary Hastings getroffen und die Wachen von Sungan gesehen hatte . Erst als er die Erklärung für vieles erfahren hatte, von dem er sich noch keine Ahnung hatte.

KAPITEL IX

DER *LIU SHA*

Mirai Khan stimmte Gray zu, dass es sinnlos wäre, bis zur Dunkelheit dort zu bleiben, wo sie waren. Sie hatten kein Essen. Trotz des Risikos einer Entdeckung müssen sie weitermachen.

„Wenn wir schlafen", stimmte der Jäger zu, „werden wir mit leeren Bäuchen aufwachen und unsere Kraft wird geringer sein als jetzt. Die Zeit wird kommen, in der wir Fleisch brauchen werden; und hier gibt es keines. Im Westen sehen wir vielleicht einen Dorf oder erschieße eine Gazelle.

Ohne weitere Verzögerung spannten sie die Maultiere ab und packten den kleinen Rest von Grays Ausrüstung – ein Zelt und seine persönliche Ausrüstung – auf ein Tier. Der Amerikaner bestieg den anderen, nicht ohne Protest des Tieres, das Wasser und Futter witterte.

Mit Mirai Khan auf seinem struppigen Pony machten sie sich auf den Weg nach Westen aus den Hügeln in die Ebene. Sie befanden sich nun in der mongolischen Ebene – einer kargen Hochebene aus braunen Hügeln und steinigen Tälern. Es waren keine Hütten zu sehen.

Sie hatten das wimmelnde China hinter sich gelassen und drangen in die Außenbezirke Zentralasiens und der Wüste Gobi vor. Ein stetiger Wind wehte ihnen im Rücken. Der blaue Himmel über uns war wolkenlos.

Gray hatte die nutzlosen Essigkisten zurückgelassen. Und während er ging, rätselte er über das Rätsel von Arminius Delabar. Es war ein Rätsel. Van Schaick und Balch hatten wenig über den Mann gesagt, denn sie hatten es eilig gehabt, Gray auf die Reise zu schicken. Er erinnerte sich, dass sie sagten, Delabar sei gebürtiger Syrer oder Perser, ein begeisterter Reisender, der die meisten Winkel der Erde bereist hatte, und – der einzige Mann in Amerika, der Chinesisch, Türkisch, Persisch und Russisch sprechen konnte, die vier Sprachen a Wissen darüber, was auf ihrer Expedition notwendig sein könnte, und wer sich gründlich mit der Anthropologie und der Geschichte Zentralasiens auskannte.

Aus diesem Grund hatte Gray viel auf sich genommen, als er Delabar zurückschickte. Aber er hatte es richtig gemacht. Die Essigkisten haben es bewiesen.

Gray hatte einen ruhigen, logischen Verstand, der langsam, aber normalerweise genau zu Entscheidungen kam. Er überlegte nun mehrere Dinge.

Er vermutete, dass Delabar nicht freiwillig an der Expedition teilgenommen hatte. Sogar auf dem Dampfer hatte er Angst vor der Gobi gezeigt. Warum? Er muss etwas über die Wüste gewusst haben , das er Gray nicht erzählt hat. Was war das? Gray wusste es nicht.

Dies führte zu einer weiteren Frage. Warum war der Mann überhaupt gekommen, wenn er Angst hatte? Er könnte sich geweigert haben, anzufangen. Stattdessen hatte er absichtlich eine Ladung wertloser Vorräte gekauft; Er hatte nach besten Kräften an Grays Gedanken gearbeitet.

Gray vermutete, dass Delabar gekommen war, weil er verhindern wollte, dass er – Gray – die Gobi erreichte. Aber Delabar hätte seine Einwände möglicherweise vorbringen, bevor sie San Francisco verließen. Warum hatte er das nicht getan?

Möglicherweise, weil Delabar, so argumentierte Gray, gedacht hatte, Van Schaick und Balch würden einen anderen Mann engagieren, wenn er Gray daran hinderte, die Mission zu beginnen.

Gray überprüfte den Umfang seiner bisherigen Überlegungen. Er war zu dem Schluss gekommen, dass Delabar nicht ihn, sondern jeden Amerikaner daran hindern wollte, die Reise in die Gobi anzutreten. Und um das zu tun, war der Syrer selbst gekommen, obwohl er Angst hatte.

Ja, Delabar hatte sicherlich Angst gehabt. Von was? Zum einen von Wu Fang Chien; auch die Buddhisten. Nach ihrem Erlebnis im Tempel war er im Gasthaus in Liangchowfu am Rande eines Zusammenbruchs gewesen
.

Gray erinnerte sich an eine Reihe von Dingen, die er damals übersehen hatte: Delabars Vorwand, in Shanghai Vorräte einzukaufen. Der Wissenschaftler war viele Stunden von ihm abwesend gewesen, hatte aber nichts gekauft. Dann der Vorfall mit dem chinesischen Verwalter auf dem Flussdampfer auf dem Jangtse . Etwas war über Bord geworfen worden, das ein vorbeifahrendes Dschunken aufgelesen hatte. Handelte es sich dabei um Informationen über Grays Route? Es war mehr als möglich.

Und der Angriff auf Honanfu . Woher wussten die Chinesen, dass Gray ein Gewehr unter seinem Bett hatte – es sei denn, Delabar hatte sie darüber informiert? Delabar hatte Angst vor dem Angriff gehabt. Vielleicht, weil es fehlgeschlagen ist.

Schließlich hatte Delabar in Liangchowfu versucht, die wichtigen Karten zu stehlen. Gelingt ihm das nicht, ist der Mann im wahrsten Sinne des Wortes zusammengebrochen. Und – Gray pfiff leise – es könnte Delabar gewesen sein, der die Informationen gegeben hat, die dazu geführt haben, dass McCann, den Gray brauchte, in Los Angeles aufgehalten wurde.

Niemand außer Van Schaick und Balch hatte gewusst, dass Gray nach McCann geschickt hatte.

Es war einigermaßen klar, dass Delabar versucht hatte, Gray zurückzuweisen. Als der Amerikaner ihn stattdessen zurückbeorderte, hatte der Mann dagegen protestiert. Offensichtlich hatte er davor Angst. Dennoch war er sicherer als hier bei Gray. Delabar hatte in einem unvorsichtigen Moment gesagt, dass er Angst habe, von Wu Fang Chien erwischt zu werden. Warum?

Welche Beziehung hatte Delabar zu Wu Fang Chien? Im betrunkenen Zustand hatte er gesagt, dass der Mandarin nur ein Sklave eines unbekannten Herrn sei. Wer war der Meister? Offensichtlich ein Mann, der in Zentralasien große Macht besitzt – wenn überhaupt ein Mann.

Das hatte Delabar, der Meister von Wu Fang Chien, befürchtet. War Delabar auch ein Sklave? Gray lachte. Seine Argumentation ging über die Grenzen der Logik hinaus. Aber er war überzeugt, dass sein verstorbener Begleiter nicht Van Schaick, sondern einem anderen gedient hatte; dass er diesen anderen fürchtete; und dass seine Angst zugenommen statt abgenommen hatte, als Gray ihn zurückbefahl.

Gray blickte auf, als Mirai Khan sich mit einem warnenden Zischen umdrehte. Der Kirgise hatte sein Pferd im Zaum gehalten und Gray tat es ihm gleich.

Ein kurzer Anstieg lag vor ihnen. Dabei hatte der Jäger offenbar etwas gesehen, das ihn erregte.

"Sehen!" er knurrte. „Nehmen Sie die Fenster der Fernsicht und schauen Sie.“

Es dauerte einen Moment, bis der Amerikaner rätselte, bis ihm klar wurde, dass sein Begleiter das Fernglas meinte, das er über der Schulter trug. Er stieg ab und kroch mit Mirai Khan auf den Gipfel der Anhöhe. Durch die Brille konnte er auf Anweisung des Jägers ein Paar Gazellen erkennen, die sich in einiger Entfernung langsam über die Ebene bewegten.

Sofort wurde Mirai Khan zu einem Wunder an Aktivität. Er band die Bestien an eine verkümmerte Tamariske, lud seine lange Muskete, schnitt sich einen Stock in die Form eines Schritts, schlug auf eine Seite des Pfades zu und winkte dem Amerikaner zu, ihm zu folgen.

Die Gazellen waren auf der anderen Seite des Weges auf der Suche nach Nahrung, und Mirai Khan trottete stetig auf der Leeseite von ihnen, wobei er sich hinter schützenden Hügeln hielt. Es war eine lange Zeit.

Von Zeit zu Zeit blieb Mirai Khan stehen und blickte die Tiere an. Dann drängte er vorwärts. Gray war nicht so schnell müde; Aber er hatte schon lange keine Nahrung mehr zu sich genommen und stolperte, als er dem zähen Kirgisen nachlief, der vor Begeisterung für die Jagd brannte.

„Allah hat uns heute Nacht Fleisch für unseren Topf gegeben", flüsterte er Gray zu, „wenn wir klug sind und die Tiere nicht Wind von uns bekommen."

Gray verstand, wie wichtig ihre Suche war. Ihre Schatten auf dem Sand wurden schnell länger, und die Sonne senkte sich wie ein rotes Kohlenbecken über den Horizont vor ihnen. Wenn sie keine Gazelle erlegten, hätten sie in dieser Nacht nichts zu essen, und – beide Männer waren vom Hunger geschwächt.

Mirai Khan verfolgte seine Beute mit der Geschicklichkeit langjähriger Erfahrung und drängte geduldig voran, bis der Wind von den Gazellen zu ihnen wehte. Doch am Rande der Gobi bricht schnell die Dunkelheit herein. Der Himmel hatte sich von Blau zu Lila verändert, als Mirai Khan sich in den Sand warf und begann, zum Gipfel einer Anhöhe zu kriechen, wobei er seinen Stock vor sich her schob.

Gray folgte ihm und erkannte die Gazellen etwa hundertfünfzig Meter vor ihnen beim Fressen. Die hellbraunen und weißen Körper waren auf der braunen Ebene kaum zu erkennen, aber Mirai Khan ordnete seinen Stock und legte die Muskete vorsichtig darauf.

Gray, der neben ihm ausgestreckt lag, wagte eine Vermutung über die Entfernung. Der Jäger berührte ihn warnend.

„Geben Sie mir die Chance, Exzellenz", flüsterte er. „Wenn ich nicht töten kann – selbst aus dieser Entfernung –, kann es kein anderer Mann."

Er sprach ein kurzes Gebet, zielte und hielt seine lange Waffe mit ruhiger Hand. Er hatte seine Schaffellmütze abgenommen und sein weißes Haar und seine buschigen Augenbrauen ließen ihn wie einen scharfäugigen Raubvogel aussehen.

Gray wartete und beobachtete die Gazellen. Als Mirai Khan den ersten Schuss für sich beansprucht hatte, gefiel ihm Grey, warf aber gleichzeitig eine Patrone in das Patronenlager seiner eigenen Waffe.

Die Gazellen hatten etwas Besorgniserregendes gesichtet oder gerochen, denn sie entfernten sich schneller von den Jägern. Mirai Khan feuerte und fluchte düster. Beide Tiere waren unverletzt, hatten einen schnellen Lauf begonnen und glitt in die Dämmerung davon.

Gray hatte das Spiel selbst im Visier, und als der Kirgise den schwierigen Schuss verfehlte, drückte der Amerikaner den Abzug.

Eine Staubwolke auf dieser Seite der flüchtenden Tiere verriet ihm, dass seine Höhe falsch war. Ruhig hob er sein Visier und feuerte erneut, als die Gazellen im Auge der Sonne auf einem Hügel auftauchten.

Das Tier, auf das er gezielt hatte, stolperte und sank zu Boden. Bei schlechtem Licht war es ein schwieriger Schuss aus dreihundert Metern Entfernung gewesen, aber Gray war ein erfahrener Schütze und kannte seine Waffe.

Ein wilder Schrei ertönte aus Mirai Khan. Er warf sich Gray zu Füßen und küsste seine Schuhe.

„Ein Wunder, Exzellenz!" er plapperte freudig. „Das war ein Schuss unter Tausenden. Ja, ich werde es den Jägern der Wüste erzählen, aber sie werden es nicht glauben. Wahrlich, ich habe so etwas noch nicht gesehen. Bei den Bärten meiner Väter, ich schwöre es! Das habe ich Nun, als ich dir von Liangchowfu aus gefolgt bin –"

Er brüllte immer noch vor Jubel, eilte zu dem erlegten Tier und zückte sein Messer.

Bei Einbruch der Dunkelheit hatten die beiden in einer Schlucht in der Nähe der angebundenen Tiere ihr Lager aufgeschlagen. Mirai Khan hatte einen Brunnen gegraben, da er wusste, dass man auf diese Weise Wasser finden konnte, und kochte über einem lebhaften Feuer aus Tamariskenwurzeln ein Gazellensteak.

Gray breitete eine Decke im Sand neben dem Feuer aus und beobachtete das Flackern der Flammen. Die Schlucht verbarg sie vor der Beobachtung. Mittlerweile war er sich einigermaßen sicher, dass sie jedem Verfolger entkommen waren, den Wu Fang Chien aus Liangchowfu geschickt hatte – falls einer geschickt worden war.

Mirai Khan hat enorm viel vom Steak gegessen. Als der Hunger der beiden gestillt war und die Pfeife des Weißen brannte, wandte er sich nachdenklich an den Kirgisen.

„Haben Sie schon einmal von der Stadt Sungan gehört ?" , fragte er.

Mirai Khan, so Gray, war ein Mohammedaner, ein Fatalist, ein geschickter Pferdedieb und ein Bewohner am Rande der Gobi, wo das Leben aus Not gewonnen wurde. Er war ein Mann der *Jurten* oder Zelte, ein Nomade, der von den Moscheen Bucharas bis in die Außenbezirke Chinas lebte. Irgendwo hatte Mirai Khan vielleicht einen *Aul* mit einer Schafherde, einem Hund und sogar einer Frau und Kindern.

Der Kirgise warf ihm einen scharfen Blick zu und schüttelte den Kopf.

„Ich habe den Namen gehört", antwortete er. „Es wurde von meinem Vater gesprochen. Aber Sungan habe ich noch nie gesehen."

„Es ist eine Stadt, die einen Wochenritt von Ansichow entfernt liegt ", beharrte Gray, „in der Wüste Gobi."

„Das liegt im Sand", überlegte Mirai Khan. „Dort ist kein Wild zu finden, Exzellenz. Warum sollte ein Mann an einen solchen Ort gehen?"

"Warst du schon dort?"

„Geht ein Pferd in den Treibsand?"

„Haben Sie andere gekannt, die dorthin gegangen sind?"

„Ja, das kann sein."

„Was hatten sie über die Wüste zu sagen?"

„Es ist ein böser Ort."

Der Kirgise nickte schläfrig. Nachdem er reichlich gegessen hatte, war er bereit für seine Decke.

„Warum nannten sie es einen bösen Ort?"

„Woher soll ich wissen, wer nicht dort gewesen ist?" Mirai Khan gähnte und streckte seine stämmigen Arme und Beine aus, wie ein Hund sich streckt. „Es liegt an der Blässekrankheit, sagen sie."

Gray blickte schnell von seiner Inspektion des Feuers auf. Er hatte diesen Satz schon einmal gehört. Delabar hatte es benutzt.

„Was ist die blasse Krankheit?" fragte er geduldig. Mirai Khan hörte auf zu gähnen.

„Draußen im Sand, im *Liu Sha* , hängt die blasse Krankheit. Sie liegt in der Luft *liu sha* und kehrte nicht zurück.

"Warum?"

"Es ist verboten."

„Von den Priestern des Propheten?"

„Nicht so. Warum sollten sie sich mit einer bösen Sache befassen? Ist es nicht das Gesetz des Korans, dass ein Mensch nicht berühren darf, was unrein ist? Die Rattenpriester Chinas, die den bronzenen Gott verehren, haben uns aus der Region gewarnt." Ich habe die Karawanenhändler sagen hören, dass Männer aus China geholt und in den Sand gebracht werden, die *Liu Sha* .

Gray runzelte die Stirn. Mirai Khan sprach offen und ohne die Absicht, ihn zu täuschen. Aber er sprach auf die Art seiner Art – in Gleichnissen.

„Dreimal, Mirai Khan", sagte er, „du hast *Liu Sha gesagt* . Was bedeutet das?"

Der Kirgise hob etwas Sand mit seiner vernarbten Hand auf und siebte ihn durch seine Finger auf den Boden.

„Das ist es", erklärte er. „Wir nennen es in meiner Sprache *Kara Kum* – dunkler Sand. Doch die *Liu Sha* sind nicht der Sand, den man anderswo findet. Es sind die marschierenden Sande."

Gray lächelte. Auf seiner Suche nach Informationen schritt er von einem Rätsel zum nächsten voran.

„Du meinst den Staub, der sich mit dem Wind bewegt", riskierte er.

Mirai Khan leugnete entschieden und kehlig. „Nicht so. Es ist der Wille Allahs, der den Sand bewegt. Es war einmal eine Stadt, die sündigte –"

„Und ein heiliger Mullah." Gray erinnerte sich an die Legende, die Delabar über den Dampfer erzählt hatte. „Er allein ist dem Staub entkommen, der vom Himmel fiel. Es ist lange her. Das ist also dein *Liu Sha* !"

Die Schlitzaugen des Jägers weiteten sich vor Erstaunen. „Beim Bart meines Vaters! Bist du ein Koranleser, um solche Dinge zu wissen? Ja, es ist so. Der *Liu Sha* kam wegen einer Sünde, und zweifellos ist das der Grund, warum der Ort immer noch bewohnt ist." eine Seuche. Die chinesischen Priester bringen Männer dorthin – Männer, die bereits im Schatten des Todes sind."

„Dann, Mirai Khan, muss es eine Stadt oder ein Lager geben, wenn dort viele Männer leben."

„Ich habe es nicht gesehen. Und diejenigen, die mit mir gesprochen haben, auch nicht."

„Aber du warst nicht dort?"

„Wie sollte ich – wenn ich sehe, dass der Ort von einer Sünde bewohnt ist? Kein Mohammedaner wird dorthin gehen."

„Was ist das für eine Krankheit – die blasse Pest?"

„Ich weiß es nicht. Aber viele Meilen lang, ja, die Zeitspanne eines Wochenritts, wird aus Angst davor kein Mann seine *Jurten mitbringen.* "

Gray gab es achselzuckend auf. Der Kirgise sprach Rätsel, verdrehte Erinnerungen an Legenden und zweifellos übertriebene Geschichten. Während Mirai Khan gemütlich schnarchte, ging der Amerikaner in Gedanken noch einmal durch, was er gesagt hatte.

Die Nacht war kalt geworden, und er warf das letzte Holz auf das Feuer und stopfte sich die Decke um die Füße. In ihrem Lager herrschte völlige Stille, bis auf das gelegentliche Flackern der Flammen.

Mirai Khan hatte positiv gesagt, dass er in der Gobi keine Stadt gesehen, in die Gray unterwegs war, noch von einer gehört hatte. Der Amerikaner wusste, dass, wenn es auf der riesigen Ebene der Gobi Gebäude gäbe , diese kilometerweit sichtbar wären. Selbst wenn die Kameraden von Mirai Khan sich von dem Ort ferngehalten hätten, den sie für ungesund hielten, hätten sie die Gebäude irgendwann einmal gesichtet.

Dennoch hatte Brent erklärt, dass er die Gipfel von Türmen sah. Fantasie vielleicht. Obwohl Missionare in der Regel nicht zu Fantasien neigten.

Hier gab es einen Widerspruch. Dann gab es noch die *Liu Sha* . Zweifellos nur eine Legende. Zentralasien war voller Geschichten über einstige Größe.

Aber eines war klar. Die chinesischen Priester kamen an diesen Ort in der Wüste. Und die Legende von der Pest könnte dazu dienen, die Mohammedaner von diesem Ort fernzuhalten. Seit der letzten Rebellion hatten Mohammedaner und Chinesen häufig zu den Waffen gegeneinander gegriffen – sie hatten nie ein freundschaftliches Verhältnis zueinander gehabt. Offensichtlich waren die Buddhisten aus irgendeinem Grund bestrebt, diesen Teil der Wüste für sich zu behalten.

Sie schützten es sogar vor Eindringlingen – wie Brent herausgefunden hatte.

Und Brent war an einer Krankheit gestorben. Was war die blasse Krankheit? Wurden die davon betroffenen Menschen in die Gobi gebracht – den trostlosesten Landstrich auf der Erdoberfläche?

Gray nickte schläfrig. Auf die Rätsel gab es keine Antwort. Er beschloss, die Wahrheit selbst herauszufinden. Erschöpft von den Anstrengungen schlief er bald ein. Stille hielt das Lager, die grüblerische Stille großer Räume, die Schwelle der Unendlichkeit, die sich vor dem Wanderer in der Gobi öffnet. Der Wind wirbelte den Sand zu winzigen Spiralen auf, die wie Staubgespenster über die Schlucht hüpften und tanzten und die

Decken der schlafenden Männer und die rauen Mäntel der Maultiere puderten.

Entlang des Gipfels des Bergrückens huschte ein Schatten über die Sterne. Es zögerte, sich windabgewandt von der Glut des Feuers zu halten, und der Schakal kroch weiter. Die Mondsichel bewegte sich langsam über uns, warf ein dunstiges Halblicht auf die Sandoberfläche und ließ die gebleichten Knochen einer Antilope erkennen.

Die Nacht hatte die mongolische Steppe erobert.

KAPITEL X

DER MEM-SAHIB SPRICHT

Fast eine Woche später sichteten Gray und Mirai Khan die Karawane an der Grenze der Gobi. Der Tag war regnerisch. Als der Regen nachließ, deuteten die Kirgisen auf eine Gruppe von *Jurten* , die eine Meile entfernt von Kamelen und Ponys umgeben waren.

Gray betrachtete das Lager durch seine Brille und stellte fest, dass die Karawane aus einer beträchtlichen Anzahl von Männern bestand und dass die *Jurten* für die Nacht aufgebaut wurden. Der Regen begann erneut und versperrte ihm die Sicht.

Es war dann später Nachmittag. Beide Männer waren müde. Sie waren von Liangchowfu aus stetig vorgedrungen , hatten das Wild getötet, was sie brauchten, und gelegentlich Ziegenmilch oder Trockenfrüchte von einem Hirten am Wegesrand gekauft. Die wenigen Dörfer, denen sie begegneten, mieden sie. Gray hatte weder Wu Fang Chien noch die Ängste von Delabar vergessen.

„Es sind kirgisische *Jurten* ", sagte Mirai Khan, als der Amerikaner beschrieb, was er gesehen hatte. „Und es ist eine Karawane auf dem Marsch, sonst hätten wir Schafe gesehen. Viele Stämme nutzen unsere *Jurten* . Sie werden in der Zeit ab- und wieder aufgebaut, die ein Mann braucht, um eine Pfeife zu rauchen. Aber diese Leute sind keine Kirgisen. Meine Güte." Verwandte haben nicht den Reichtum, so viele Kamele zu besitzen.

„Was glauben Sie, was sie sind?"

„Chinesische Kaufleute, Exzellenz, oder vielleicht turkestanische Händler aus Kaschgar ."

Mirai Khans Respekt vor seinem Begleiter war in den letzten Tagen gewachsen. Grays präzises Schießen erweckte seine Bewunderung und die Standhaftigkeit des Mannes überraschte ihn.

Gray seinerseits vertraute den Kirgisen. Wenn Mirai Khan vorgehabt hatte, ihn auszurauben, hatte er jede Menge Gelegenheiten dazu gehabt. Aber der Kodex des Kirgisen erlaubte ihm nicht, jemanden zu bestehlen, der sein Brot und Salz mit ihm teilte.

„Wenn sie Chinesen sind", dachte der Amerikaner, „wird es nicht klug sein, zu ihrem Lager hinaufzureiten. Was sagst du, Mirai Khan?"

Der Kirgise paffte ruhig an seiner lärmenden Pfeife.

„Dies. Es ist die Stunde des Sonnenuntergangsgebetes. Wenn das beendet ist, werden Sie und ich absteigen, Exzellenz, und das Lager aufspüren. Durch die Gunst Gottes werden wir dann erfahren, ob diese Leute Chinesen oder Turkmenen sind. Wenn das letzte ist, dann wir." Ich werde in einem trockenen *Aul schlafen* , was gut ist, denn meine Knochen mögen die Feuchtigkeit nicht.

Daraufhin nahm Mirai Khan seine Pfeife heraus und kniete im Sand, mit dem Gesicht nach Westen, wo sich die heilige Stadt seines Glaubens befand. Er war so arm, dass er nicht einmal einen Gebetsteppich besaß. Gray sah zu, nachdem er die drei Tiere angebunden hatte.

„Denken Sie daran", sagte er streng, als Mirai Khan das Gebet beendet hatte, „es darf kein Diebstahl von Tieren aus dem Lager stattfinden, was auch immer es sein mag."

Die Schwäche der Kirgisen für Pferdefleisch war ihm wohlbekannt. Der Jäger stimmte bereitwillig zu und sie machten sich im Schutz des Regens auf den Weg. Als sie die Hälfte des Weges zur Karawane zurückgelegt hatten, verbarg sie die plötzliche Dämmerung der Gobi.

Geleitet vom gelegentlichen Wiehern eines Pferdes oder dem harschen Brüllen eines Kamels kroch Mirai Khan vorwärts und schnüffelte wie ein Hund in der Luft. Mehrere Lichter tauchten aus dem Nebel auf und Gray übernahm die Führung.

Er konnte Gestalten erkennen, die durch die beleuchteten Eingänge der kuppelförmigen Filzunterstände gingen. Er trat zur Seite und erreichte die Kamele, die offenbar ohne Beobachter im Kreis ruhten.

Mirai Khan war in der Dunkelheit nicht mehr zu sehen, und Gray ging langsam zwischen den Kamelen hindurch und versuchte, einen klaren Blick auf die Männer der Karawane zu erhaschen. Die wenigen, die er sah, waren zweifellos Diener, aber ihre Kleidung war ungewohnt.

Gray konnte fast das Innere einer der *Jurten erkennen* , beleuchtet von Kerzen, mit Seidenvorhängen und einer Reihe von Kissen auf dem Boden. Er erhob sich zu seiner vollen Größe, um eine bessere Sicht zu erhalten, und hielt inne, als er sah, wie eine der Gestalten auf ihn blickte.

Die Kamele bewegten sich unruhig. Gray hätte schwören können, dass er in seiner Nähe einen gedämpften Ausruf hörte. Er drehte den Kopf und eine Gestalt erhob sich vom Boden und packte ihn.

Gray befreite sich von dem Mann und schlug zu. Der Neuankömmling glitt ihm unter den Arm und erwischte ihn an den Knien. Andere Gestalten sprangen zwischen den Kamelen hervor und schlangen sich mit schlanken Armen um den Amerikaner.

„Pass auf, Mirai Khan!" er weinte auf Chinesisch. „Das sind Feinde."

Ein mächtiger weißer Mann, der mit seinen Fäusten umgehen kann, kann es mit einem runden halben Dutzend unbewaffneter Mongolen aufnehmen – wenn er einen sicheren Stand hat und erkennen kann, wo er zuschlagen muss. Gray wurde von mindestens vier Männern festgehalten; Sein Gewehr, das mit einer Schlinge an der Schulter befestigt war, behinderte ihn. Er wurde sofort auf die Erde geworfen.

Sein Gesicht war in den Sand gegraben und seine Arme waren auf dem Rücken verschränkt. Er hörte, wie seine Gegner in einer fremden Sprache plapperten. Kaltes Metall berührte seine Handgelenke. Er spürte das Klicken eines Metallverschlusses und erkannte, dass ihm Handschellen angelegt worden waren.

Er fragte sich vage, wie es zu Handschellen in einer zentralasiatischen Karawane kommen konnte, als er unsanft auf die Füße gezogen wurde. Im Dunkeln konnte er die Männer, die ihn festhielten, nicht erkennen. Aber sie gingen auf eines der Zelte zu – dasselbe, in das er hineinschauen wollte.

Gray leistete notgedrungen keinen weiteren Widerstand. Er war voll damit beschäftigt, Sand aus seinem Mund zu spucken und zu versuchen, ihn aus seinen Augen zu schütteln.

So geschah es, dass er, als er in der beleuchteten *Jurte stand*, vom Staub und dem plötzlichen grellen Licht fast blind war. Er hörte aufgeregte einheimische Kehllaute und dann –

„Warum, es ist ein weißer Mann."

Es war die Stimme einer Frau und sie sprach Englisch. Außerdem war die Stimme klar, sogar musikalisch. Es spiegelte echte Überraschung, einen Anflug von Mitleid – vielleicht inspiriert von seinem beschädigten Aussehen – und nicht wenig Verwirrung wider.

„Ja, *Chota Missy* ", wiederholte ein Mann in seiner Nähe, „aber das wussten wir im Dunkeln nicht. Und er schrie in einer anderen Sprache."

Gray überlegte, dass seine Warnung an Mirai Khan zum ungünstigen Zeitpunkt gekommen war. Der Sand brannte noch immer in seinen Augen. Aufgrund der Handschellen, die seine Handgelenke auf dem Rücken fesselten, war es ihm nicht möglich, die Hände zu benutzen, um sich davon zu befreien. Um nichts in der Welt hätte Gray um Hilfe in seiner Notlage gebeten.

Er zwinkerte schnell und konnte die anderen im Zelt sofort deutlich sehen. Er stellte fest, dass die Männer, die ihn hierher gebracht hatten, schlanke, dunkelhäutige Kerle waren . Aufgrund ihrer sauberen Kleidung und der kleinen, verzierten Turbane, die über der rechten Schulter hingen, vermutete er, dass es sich bei ihnen um indianische Ureinwohner handelte – höchstwahrscheinlich um Sikhs. Das überraschte ihn, denn er war darauf vorbereitet, gegen Dunganer oder Turkmenen anzutreten.

Ein tragbarer Ofen sorgte neben einem abnehmbaren Tisch für angenehme Wärme. Der raue Filzbezug der *Jurte* war hinter Vorhängen aus gestreifter Seide verborgen. Gray starrte; Er hatte kaum damit gerechnet, in der Nomadenunterkunft eine solche Einrichtung vorzufinden.

Der Tisch war mit einem sauberen Tuch bedeckt. Dahinter hing ein Segeltuchvorhang, der offenbar dazu gedacht war, eine Ecke vom Rest des Zeltes abzutrennen, vielleicht zum Schlafen. Vor der Trennwand, hinter dem Tisch, stand ein bequemer Dampferstuhl. Und auf dem Stuhl saß eine junge Frau, die ihn aus großen, grauen Augen beobachtete.

Er hatte seit Monaten keine weiße Frau mehr gesehen. Aber sein erster Blick verriet ihm, dass das Mädchen auf dem Stuhl überdurchschnittlich hübsch war – dass man sie sogar in Washington oder Paris als hübsch ansehen würde. Sie war ordentlich gekleidet, trug einen hellbraunen Gehrock, eine weiße Taille und einen Schal über ihren schlanken Schultern.

Sie betrachtete ihn schweigend, das Kinn auf die Hand gestützt, und ein leichtes Stirnrunzeln runzelte ihre glatte Stirn. Das bronzefarbene Haar war tief in den Nacken gesteckt, auf eine Weise, die Grey gern sah – aus der Ferne, denn in Gegenwart von Frauen war er schüchtern.

Die Augen, die in ihn blickten, waren klar und schienen freundlich zu sein. Gerade jetzt waren sie skeptisch. Die kleine Nase ragte aus einem Mund empor, der über gleichmäßigen Zähnen geöffnet war. Sie hatte einen starken Sonnenbrand, sogar am Hals und an den Armen. Normalerweise legen Frauen großen Wert darauf, ihre Haut vor der Sonneneinstrahlung zu schützen.

In dem braunen Gesicht war der Ausdruck von Stolz zu erkennen, und der Kopf ruhte aufrecht auf starken, jungen Schultern. Gray kannte sich mit Pferden aus. Und diese Frau erinnerte ihn an ein Vollblut. Später sollte er feststellen, dass seine Einschätzung ihres Stolzes richtig war; Im Moment war er kaum in der Stimmung, andere und stärkere Schlussfolgerungen bezüglich des Mädchens zu ziehen.

Er errötete und hoffte, dass es nicht unter dem Sand zu sehen war.

„Richtig", gab er mit einem reumütigen Lächeln zu. „Unter dem Schlamm und Dreck bin ich zufällig ein Arier."

"Ein Engländer?" sie fragte schnell, fast skeptisch: „Oder amerikanisch?"

„Amerikaner“, gab er zu. „Mein Name ist Robert Gray.“

Ihr Blick flackerte bei diesen Worten neugierig. Er war nicht zu unglücklich, um sich zu fragen, wer sie war. Was machte eine weiße Frau in diesem Abschnitt der Gobi? Eine weiße Frau, die Herrin oder besser gesagt Herrin einer großen Karawane war und sich in ihrer Umgebung ganz zu Hause zu fühlen schien?

Er fragte sich, warum er rot geworden war. Und warum er sich unter ihrem ruhigen Blick so unwohl fühlte. Zu seiner völligen Überraschung löste sich das Stirnrunzeln von ihrer Stirn und ihre Lippen öffneten sich zu einem kurzen Lächeln, das sich in ihre Augen schlich. Dann meinte sie es wieder ernst. Aber er stellte fest, dass sein Puls in Handgelenk und Hals pochte.

„Wo hast du dieses *Feringhi gefunden* , Ram Singh?“ sie fragte neugierig.

„Unter den Kamelen, *mem-sahib* “, antwortete prompt der Mann, der zuvor gesprochen hatte. „Sein Diener machte sich unterdessen mit unseren Pferden auf den Weg.“

Gray sah sich um. Am Ende der Gruppe stand Mirai Khan, die Arme an die Seite gefesselt und sein bärtiges Gesicht zeigte Spuren eines Kampfes. Der Kirgise machte einen verlegenen Gesichtsausdruck und mied seinen Blick.

„Der Diener“, erklärte Ram Singh mit strenger Missbilligung, „hatte zwei der Ponys losgebunden. Eines hatte er bestiegen, als wir ihn festnahmen. Sagte ich nicht, dass die Ebene voller Pferdediebe war?“

Gray starrte Mirai Khan böse an.

„Habe ich dich nicht gewarnt“, fragte er wütend, „dass es keinen Tierdiebstahl geben dürfe?“

Der Kirgise wand sich unruhig in seinen Fesseln.

„Ja, Exzellenz. Aber die Ponys schienen unbewacht zu sein, und Sie brauchten eines zum Reiten. Wenn diese verfluchten Sikhs nicht nach Pferdedieben Ausschau gehalten hätten, wären wir freigelassen worden.“

Der Offizier fluchte leise und begann zu begreifen, in welche wenig beneidenswerte Lage Mirai Khan ihn gebracht hatte. Der Raub einer Karawane war in diesem Land kein leichtes Vergehen. Und die Pferde hatten der Frau gehört!

Gray schob seine gefesselten Hände schweigend weiter außer Sichtweite und wünschte sich, irgendwo anders hin zu sein, nur nicht hier. Bedeckt mit dem Schmutz einer einwöchigen Wanderung durch die Ebene, mit einem Stummelbart am Kinn, mit sandgetränkten Augen und ohne Hut, muss er wie ein Pferdedieb aussehen – und Mirai Khans Aussehen trug nicht zum Selbstvertrauen bei.

"Ist das wahr?" fragte das Mädchen. Wieder schien der elfenhafte Geist der Belustigung in den grauen Augen zu tanzen.

„Jedes Wort", sagte er offen. Auf der Suche nach Worten zur Erklärung packte ihn seine Schüchternheit. „Das heißt, Mirai Khan hat zweifellos deine Ponys mitgenommen, aber ich wusste nicht, was er vorhatte –"

Er brach ab und verfluchte im Geiste seine Unbeholfenheit. Es ist nicht einfach, sich mit einer selbstbeherrschten jungen Dame, die ein Paar schädlicher, kühler, grauer Augen besitzt, gleichmäßig zu unterhalten. Vor allem, wenn man von misstrauischen und effizienten Dienern misshandelt und gefesselt wird.

„Warum bist du nicht direkt zur *Jurte gekommen* ?" sie beobachtete zögernd.

„Weil ich dachte, du wärst vielleicht – ein Chinese."

„Ein Chinese!" Der kleine Kopf saß neugierig schräg. „Aber das bin ich nicht, Captain Gray. Warum sollte ich das sein? Warum sollten Sie die Chinesen nicht mögen?"

Zwei Dinge in ihrer Rede interessierten Gray. Sie schien eine Engländerin zu sein. Und sie hatte ihm seinen Armeerang gegeben, obwohl er selbst ihn nicht erwähnt hatte. Sicherlich konnte an seinem Aussehen nichts auf den Gottesdienst schließen lassen.

„Ich habe Grund, einen Chinesen nicht zu mögen", entgegnete Gray. „ Also war ich gezwungen, Vorsichtsmaßnahmen zu treffen", stolperte er und versuchte dann, seinen Fehler zu beheben. „Wenn ich gewusst hätte, dass du der Besitzer der *Jurte bist* , wäre ich direkt hierher gekommen."

Zu spät wurde ihm klar, dass er seinen Fehler nur noch schlimmer gemacht hatte. Die Brauen des Mädchens hoben sich, auch die Nase – nur ein wenig.

„Warum sollten Sie so vorsichtig sein, Mr. Gray?"

Der Ziviltitel wurde deutlich betont. Noch vor einer Minute hatte sie ihn mit „Kapitän" angesprochen. „Sicherlich" – das war schlicht ironisch – „sind die Chinesen harmlos?"

Gray dachte grimmig an Liangchowfu .

„Manchmal", sagte er, „sind sie – neugierig." Das Mädchen warf ihm einen Blick zu. Sicherlich hat sie das nicht als persönliche Anspielung aufgefasst? Gray verstand Frauen nicht. „Miss" – er zögerte – „ *Memsahib* " – sie starrte sie an – „Sehen Sie, ich habe die in meinem Pass genannten Grenzen überschritten." Unter solchen Umständen war er nicht bereit, die ganze Wahrheit über seine Mission und seinen Rang zu sagen. Also ging er einen Kompromiss ein. Was sich als Fehler herausstellte. „Und der Gouverneur von Liangchowfu will mich unbedingt abwehren."

„Wirklich? Vielleicht denkt der Beamte", und sie warf einen flüchtigen Blick auf Mirai Khan, „denkt, dass Sie keine gute Gesellschaft leisten. Können Sie mir Ihren Pass zeigen? Das müssen Sie nicht, wissen Sie."

Nein, das musste er nicht. Aber in seiner gegenwärtigen Notlage hatte er das Gefühl, dass eine Weigerung ein Fehler wäre. Er griff nach den Papieren in seiner Brusttasche und wurde von den Handschellen kontrolliert. Er warf Ram Singh einen wütenden Blick zu. Der Eingeborene sah ihn selbstzufrieden an. Es war ein unangenehmer Moment.

„Ram Singh!" Das Mädchen sprach scharf. „Haben Sie dem weißen Mann die Hände gefesselt?"

Der Sikh grunzte unverbindlich . Sie zeigte auf Gray.

„Seine Hände lösen. Soll ein Weißer gefesselt werden wie ein Pferde stehlender Kirgise?"

Widerwillig gehorchte Ram Singh und stand wachsam daneben. Gray tastete mit steifen Fingern in seiner Tasche herum und holte seinen Pass hervor. Das überflog das Mädchen neugierig.

„Ich möchte mich entschuldigen", wagte Gray, „für Mirai Khans Angriff auf Ihre Pferde. Er hat entgegen den Anweisungen gehandelt. Aber ich nehme die Schuld für das auf mich, was er getan hat."

Er sprach förmlich, sogar steif. Die Frau auf dem Stuhl warf ihm einen schnellen Blick zu und musterte ihn unter gewölbten Brauen. Er verspürte den großen Wunsch, dass er von dem Stigma der Schuld vor ihr befreit würde. Und wie ein Mann vertraute er auf formale Erklärungen.

Sie schien seine Worte nicht zu beachten. Sie gab seine Papiere zurück und biss sich nachdenklich auf die Lippe. Er hätte viel dafür gegeben, zu wissen, woran sie dachte, aber das strahlende Gesicht des Mädchens war unleserlich.

„Ram Singh", befahl sie abwesend, „das Gewehr *des Sahib* muss mit Sand gefüllt werden. Sorgen Sie dafür, dass es gereinigt wird. Bringen Sie ihn zum Lagerzelt, wo er den Sand aus seinen Augen waschen kann. Werden Sie hierher zurückkommen, Captain Gray?" Ich würde so gerne mit dir reden.

Während Gray sich dankbar wusch und die Eingeborenen seinen Mantel und seine Schuhe bürsteten, waren seine Gedanken bei dem Mädchen in der *Jurte* . Er sagte sich wütend, dass er kein Mitleid mit ihm haben wollte. Wie eine Frau, dachte er, hatte sie Mitleid mit seinem Unbehagen. Natürlich musste sie ihn vor den Eingeborenen anständig behandeln.

Damit hatte er mehr Recht als Unrecht.

KAPITEL XI

SIR LIONEL

Als Gray zur *Jurte zurückkehrte* , fand er den mit Silber und Porzellan gedeckten Tisch vor , auf dem sich eine beträchtliche Menge Curryreis, Hammelfleisch und Tee befanden. Dies erinnerte ihn daran, dass er hungrig war, da er seit vierundzwanzig Stunden nichts gegessen hatte. Er bemerkte nicht, dass das Haar des Mädchens hübscher wirkte oder dass sie den Schal gegen die Jacke ihres Kleides ausgetauscht hatte.

„Du magst deinen Tee stark?“ sie fragte höflich.

Trotz seines Hungers fühlte sich Grey unbehaglich, als er unter ihrem kühlen Blick nur sparsam aß. Sie ging unverbindlich auf seine Wünsche ein. Er wünschte, sie würde noch etwas sagen oder dass Ram Singh aufhören würde, ihn wütend in den Nacken zu starren wie ein Falke, der bereit ist, sich auf seine Beute zu stürzen.

Das Essen erfrischte ihn jedoch. Seine Neugier auf seine Gastgeberin wuchs. Er hatte im Lager keinen anderen Weißen gesehen. Es war kaum möglich, dass die Engländerin allein in die Gobi gekommen war. Wohin war sie unterwegs? Und warum wohnte sie in einer kirgisischen *Jurte* , wenn der Wohnwagen doch mit europäischem Luxus ausgestattet war?

Als die Eingeborenen die Teller entfernt hatten, holte er aus Gewohnheit seine Pfeife heraus und tastete nach Streichhölzern. Dann überlegte er, dass er im Zelt der Frau nicht rauchen sollte.

Am liebsten hätte er ihr für ihre Gastfreundschaft gedankt, ihr sein Bedauern über die Taktik von Mirai Khan versichert und ihr einige der Fragen gestellt, die ihm durch den Kopf gingen. Vor allem, wenn sie wirklich allein in der Wüste wäre. Doch während er nach Worten suchte, sprach sie schnell.

„Ich habe noch nie einen Gefangenen gemacht, Captain Gray. Einen weißen Mann also. Ich glaube, das Richtige ist, Sie zu befragen. Das passt am besten, denn ich bin von Natur aus ungewöhnlich neugierig.“

Er hatte ein Streichholz herausgezogen, zündete es geistesabwesend an und löschte es dann. Sie nahm die Aktion stillschweigend zur Kenntnis.

„Sie sind ein Armeeoffizier?“

„In der Reserve. Jetzt natürlich unabhängig agieren.“

"Schauspielkunst?" Sie lächelte leicht und hielt ihm etwas hin. „ Sie sind also ein Großwildjäger? Ich wusste nicht, dass dies ein gutes Land für so etwas ist."

„Das ist es nicht", gab er unverblümt zu. „Das heißt – nicht im gewöhnlichen Sinne. Aber ich habe bereits einige Trophäen eingesackt. Mirai Khan ist mein Führer –"

„Bitte rauchen Sie", sagte sie und er sah, dass sie ihm eine Schachtel Streichhölzer anbot. Einer der Diener zündete ein Licht an.

„Ich bin daran ziemlich gewöhnt. Mein Onkel, Sir Lionel, raucht viel schlimmeren Tabak als Ihrer."

Grey betrachtete sie über seine Pfeife hinweg.

„Würde es Ihnen etwas ausmachen, mir zu sagen " , fragte er ernst, „Miss Nichte von Sir Lionel, was Sie mit mir machen werden? Ich bin sozusagen Ihr Gefangener. Ihre Patrouille unter Ram Singh hat mich innerhalb Ihrer Linien gefangen genommen."

Das Mädchen nickte nachdenklich. Gray fragte sich, ob er ein Lachen in den zurückhaltenden Augen gesehen hatte. Er entschied, dass er sich geirrt hatte.

„Sie sind ein Offizier, Captain Gray. Sie wissen, dass alle Gefangenen genau befragt werden. Ich habe noch zwei weitere Fragen, bevor ich über Ihren Fall entscheide. Sind Sie wirklich allein? Und wohin gehen Sie?"

„Das bin ich", stellte Gray methodisch fest. „ Ansichow ."

„Wirklich? Ich gehe dorthin. Ich sollte dich als meinen Gefangenen Sir Lionel vorstellen, aber er ist müde und schläft und lässt mich bei Ram Singh zurück."

„Wer ist ein ausgezeichneter Vormund, Fräulein Nichte –"

„Mary Hastings", sagte das Mädchen schnell. „Ich habe keinen Grund, meinen Namen zu verbergen." Gray dachte, sie betonte das *Ich* . „Mein Onkel, Sir Lionel Hastings, ist Leiter der British Asiatic Society in Indien. Er ist auf dem Weg in die Gobi."

Gray starrte sie an. Die British Asiatic Society! Dann muss dies die Expedition auf der Suche nach dem Wusun sein. Van Schaick hatte gesagt, dass es von Indien aus starten würde.

„Ich habe Sir Lionel angefleht, mich mitzunehmen", fuhr Mary Hastings ruhig fort, „und er findet mich sehr nützlich. Ich schreibe seine Beobachtungen auf, führe das Tagebuch der Expedition und zeichne die Karten. Das gibt ihm Zeit für Wichtigeres." arbeiten."

„Aber die Wüste –" Grey brach ab.

„Die Wüste ist kein Ort für eine Frau. Ich nehme an, das haben Sie gemeint. Aber ich warne Sie, Captain Gray, ich bin keine gewöhnliche Frau. Sir Lionel ist mein einziger Verwandter, und wir sind seit Jahren zusammen gereist. Er tat es sagen, dass er mit einem gewissen Widerstand seitens der chinesischen Behörden gerechnet habe. Aber ich habe mich geweigert, zurückgelassen zu werden." Das runde Kinn hob sich hartnäckig. „Dies ist die wichtigste Arbeit, die mein Onkel unternommen hat, und um diese Jahreszeit wird er immer von Fieber heimgesucht."

Gray war insgeheim neidisch auf Sir Lionel. Was für eine Verbündete wäre dieses Mädchen! Doch in ihrer gegenwärtigen Position war sie wahrscheinlich seine ärgste Feindin. Er blickte auf, musterte sie und begegnete ihrem Blick. Einen langen Moment lang suchten die schiefergrünen Augen des Mannes ihre. Sie erinnerten ihn an die Wasseroberfläche, die manchmal bis in die unendliche Tiefe ruhig und dann stürmisch war.

Für einen anspruchsvollen Mann war Gray kaum in der Lage, Mary Hastings zu verstehen.

„Um die Aufmerksamkeit der Chinesen zu vermeiden", fuhr sie fort und blickte nach unten, „sind wir aus Burma entlang der tibetischen Grenze gekommen brauchbare Eingeborenenhütten – die schnell ab- und wieder aufgebaut werden können – entgehen wir einer Befragung."

Das war also die Erklärung für die ungeschickten *Jurten* .

„Sie hatten nicht ganz so viel Glück, Captain Gray? Merkwürdig, nicht wahr – wenn Sie nur ein Großwildjäger sind?"

Es lag ihm auf der Zunge, eine reine Brust daraus zu machen und zu sagen, dass auch er Sungan suchte . Aber es schien absurd, ihr zu gestehen, dass das einzige Mitglied der amerikanischen Expedition unter den Kamelen der Hastings-Karawane gefunden worden war. Vielleicht wurde er unbewusst von seinem Wunsch nach freundschaftlichen Beziehungen beeinflusst – auch wie derzeit mit Mary Hastings.

Jeder Moment ihres Gesprächs bereitete ihm große Freude – mehr, als ihm bewusst war. Er dachte darüber nach, wie glücklich es war, dass er der anderen Expedition begegnet war. Das war nicht ganz verwunderlich, da sie beide zur gleichen Zeit gestartet waren und Ansichow der gemeinsame Ausgangspunkt in die Gobi war.

„Würden Sie mir sagen ", wich er aus, „wie Sie dazu kamen, mich Captain Gray zu nennen, bevor Sie meine Papiere sahen?"

Mary Hastings lächelte freundlich.

„Das war eine ausgezeichnete Vermutung, nicht wahr? Aber jetzt bin ich mit meinen Fragen ganz fertig." Sie hielt inne und runzelte ihre Stirn in unheilvollem Nachdenken. „Ich denke, ich werde mich nicht mit einem Gefangenen belasten. Sie sind völlig frei, Kapitän Gray. Sie und Mirai Khan. Zweifellos möchten Sie zu Ihrer Karawane zurückkehren."

Gray dachte an die beiden wartenden Maultiere und die regennasse Decke, aus der sein Outfit bestand, und erwähnte es ihr lachend.

„Sie sind sehr nett", sagte er und stand auf.

„Captain Gray", sagte sie impulsiv, „es regnet wieder. Wenn Sie die Nacht bei uns verbringen möchten, kann Ram Singh Ihnen sicher ein Feldbett und eine Decke ersparen. Mirai Khan kann morgens Ihre Ausrüstung abholen, und Sie auch." kann mit uns nach Ansichow weitergehen . Es ist nur eine Tageswanderung."

Gray zögerte, dann nahm sie ihr Angebot dankbar an.

„Sie finden Ihr Gewehr auf Ihrem Feldbett. Ram Singh hat es selbst gereinigt. Es brauchte es. Er sagte, es sei ein 30-30-Modell, aber dann verwenden Sie es wahrscheinlich für Großwild, weil Sie daran gewöhnt sind." Mit einem fragenden Lächeln streckte sie ihre Hand aus. Gray nahm es unbeholfen in seinen festen Griff und ließ schnell ihre Finger los, damit er sie nicht zu lange festhielt. Sie nickte.

„Gute Nacht, Captain Gray."

Erst als er das Zelt verlassen hatte, wurde ihm klar, dass er zugegeben hatte, dass er nach Ansichow unterwegs war . Und Ansichow meinte die Gobi.

Nach seiner Abreise blieb Mary Hastings noch eine Weile in ihrem Zelt. Sie hatte den einheimischen Diener entlassen. Sie dachte nach und es schien ihr zu gefallen. Aber das Nachdenken mit dem Mädchen erforderte Kameradschaft und Gespräche.

Abrupt verließ sie ihren Stuhl und trat durch die Zelttür. Draußen nieselte es immer noch; Dennoch rissen die dichten Wolken im Westen auf. Mary bemerkte dies und sprang zum Eingang der *Jurte* , *die* ihr am nächsten war.

„Ich bin es, Onkel Singh", rief sie, nicht ganz grammatikalisch. "Kann ich reinkommen?"

„Natürlich", antwortete sofort eine freundliche Stimme. „Stimmt irgendetwas nicht?"

Ein Mann setzte sich auf das Feldbett, zündete eine Taschenlampe am Kopfende des Bettes an und warf einen Blick auf eine kleine Uhr. Er war ein großer, hagerer Mensch mit der Statur eines Athleten, Poloschultern und der hohen Stirn eines Gelehrten.

Er war weit über das mittlere Alter hinaus, hatte ein gelbbraunes Gesicht, tiefe Vertiefungen unter den Wangenknochen und sein spärliches Haar passte zu seinem Gesicht, außer an den Stellen, an denen es weiße Strähnen aufwies.

Das Mädchen machte es sich gemütlich am Fußende des Bettes und saß im Schneidersitz.

„Sie haben tief und fest geschlafen, *Sher Singh* ", bemerkte sie vorwurfsvoll und gab dem Mann seinen einheimischen Nachnamen, „und das bedeutet, dass es Ihnen nicht gut geht. Ich habe Neuigkeiten." Sie hielt triumphierend inne und begann dann spontan zu reden.

„Solche Neuigkeiten. *Aie*. Kapitän Robert Gray ist hier, in Ram Singhs Zelt. Er ist allein, mit einem Diener. Er ist ein großer Mann, nicht schlecht aussehend, aber ungeschickt – sehr. Er steht so sehr auf seiner Würde. Wirklich „Es war ziemlich lächerlich" – sie lachte angenehm – „und ich wurde sehr gut unterhalten. Er wurde von den Sikhs hereingebracht, nachdem er versucht hatte, unsere Ponys zu stehlen –"

„Wir heben unsere Pferde!" Sir Lionel saß kerzengerade da und wurde rot. „Na, der Schurke –"

„Ich meine, sein Diener war es. Captain Gray war unschuldig, aber ich war nicht geneigt, ihn so einfach davonkommen zu lassen –"

Marys Vorstellung von wichtigen Nachrichten befriedigte nicht den Wunsch des Forschers nach Fakten. Ein besonders eifersüchtiger Ausdruck schlich sich in das offene Gesicht des Mannes.

„Hat er einen gut ausgestatteten Wohnwagen?"

„Zwei Maultiere, eine Waffe und eine Decke."

„Wie außergewöhnlich!" Sir Lionel starrte seine Nichte an. „Keine Kamele?"

"Nicht eins." Mary gähnte und begann mit einem Blick auf die Uhr, ihr schweres Haar zu lösen. Es war sehr spät. Ihre Finger arbeiteten geschickt, während Sir Lionel ihre Worte abwägte. Im Gegensatz zu seiner Nichte war er ein Individuum mit langsamen geistigen Prozessen, vielleicht zu sehr durch Routine geschult.

„Mary! Wie haben Sie – äh – sich Captain Gray gegenüber verhalten?"

„Ich habe ihn gefangen genommen." Das Mädchen lächelte verschmitzt. „Er war so gedemütigt, Onkel Singh."

„Ich hoffe", bemerkte Sir Lionel streng, „Sie haben ihn vor unserer Identität gewarnt."

„Eher. Aber er hat angedeutet, dass er es auf ein großes Spiel abgesehen hat."

Sir Lionel griff nach dem Lampenständer, holte sich eine Zigarette und zündete sie an. Seine Augen wurden zielstrebig hart.

„Ich werde sofort nach Ansichow *aufbrechen*. Ich muss alle verfügbaren Kamele aufkaufen. Wenn du dich in dein Zelt zurückziehst und meinen *Syce* *schickst* —"

„In der Tat, nein." Sie runzelte besorgt die Stirn. „Du hast noch nicht geschlafen."

Sir Lionel ergriff ihre Hand.

„Nein, Mary. Du musst dir bewusst sein, was diese Expedition für mich bedeutet. Ich muss der Erste in Ansichow und in der Gobi sein. An ein Scheitern ist nicht zu denken. Liebes Mädchen, ich habe meinen Ruf in die Würfelschale geworfen – "

"Ich weiß." Sie tätschelte leicht seine Hand und ihr Blick war ernst. „Nur ich wünschte, du würdest mich ein bisschen mehr helfen lassen." Sie schüttelte die Locken ihres bronzefarbenen Haares ab und legte eine kleine Hand fest auf seine Lippen. „Ich weiß, was du sagen willst – dass du so freundlich und nachsichtig bist, mich überhaupt kommen zu lassen. Als könnte ich in Simla zurückgelassen werden , als du auf deine größte Jagd gingst, Onkel Singh. Nun", seufzte sie. „Wenn Sie Kamele kaufen müssen, werden Sie das tun. Aber" – sie wurde heller – „überlassen Sie bitte den wandernden Amerikaner mir. Ich habe ihn zuerst gesehen."

Sir Lionel entfernte die Hand, die seine Rede einschränkte, und runzelte bedeutungsvoll die Stirn. Mary strahlte und drehte ihr Haar zu zwei Zöpfen.

"Maria!" Er sagte ernst: „Bitte ärgern Sie Captain – ah – Gray nicht. Wir müssen völlig fair zu ihm sein, wissen Sie."

„Natürlich", versicherte sie ihm tugendhaft. „Habe ich das nicht getan? Vielleicht denkt er nicht so, wenn er erfährt, wie du Kamele gekauft hast, als ich ihm eine Schlafgelegenheit angeboten habe. Er wird sich für immer davor fürchten, dass die Griechen Geschenke bringen –"

„ *Oolu ka butcha !* " (Kind einer Eule!)

„Aber er sollte nicht versuchen, mich zu täuschen, oder, Onkel? Ich schätze, es wird ihm ziemlich schlecht gehen. Er scheint hier etwas außerhalb seiner Umgebung zu sein.“

Sie nickte entschieden.

„Es ist ganz und gar seine eigene Schuld, dass er dorthin gekommen ist, wo er nichts zu suchen hat, und meinem *Sher Singh das vorenthalten will*, wofür Sie ein Leben lang gearbeitet haben.“

„Nur seine Pflicht, Mary.“

„Aber er wird dich in deinem Leben nicht behindern.“

Sie verstummte und lächelte nicht mehr. In dem Blick, den sie dem hageren Engländer zuwarf, lag eine große Zärtlichkeit. Sir Lionel war ihr Held, und da ihm Vater und Mutter fehlten, hatte das Mädchen die ganze Wärme der Zuneigung dem Entdecker geschenkt.

Sie sagte leise gute Nacht und schlüpfte aus dem Zelt. In dieser Nacht schlief sie leicht und war mit dem ersten purpurroten Streifen im Osten unterwegs.

KAPITEL XII

EINE BOTSCHAFT AUS DEN JAHRHUNDERTEN

In seinem gemütlichen Quartier schlief Gray zum ersten Mal seit vielen Nächten gut und spürte die Reaktion auf die ständige Wachsamkeit, zu der er und Mirai Khan gezwungen worden waren. Als er am Morgen herauskam, war die Sonne bereits hoch und die Männer brachen unter der Leitung von Ram Singh, der ihn kühl begrüßte, das Lager ab.

Als er sich nach Miss Hastings erkundigte , stellte er fest, dass sie sich ihrem Onkel auf einem Kamel mit einem einzigen Diener angeschlossen hatte. Er musste mit der Karawane mitfahren, nachdem er Mirai Khan zurückgeschickt hatte, um die Tiere zu holen. Ram Singh erwies sich als zurückhaltender Begleiter und Gray war froh, als sich am späten Nachmittag die flachen Dächer der Stadt über den Sandkämmen abzeichneten.

Die Karawane machte am Rande der Stadt halt, wo der Engländer sein Lager aufgeschlagen hatte. Der Ort war eine einsame Siedlung, bevölkert von strammen Dunganen und einigen Chinesen, die sich um die Bedürfnisse der Kaufleute kümmerten, die von Liangchowfu nach Kaschgar und in die Städte Turkestans zogen. Gray sah weder das Mädchen noch ihren Onkel und erfuhr, dass sie dem *Amban* – dem Gouverneur – von Ansichow einen feierlichen Besuch abgestattet hatten .

Er machte sich auf die Suche nach Mirai Khan. Das Treffen mit den Hastings hatte ihn in eine heikle Situation gebracht. Trotz seiner eigenen Not beschloss er, dem Engländer seine Mission zu gestehen, da er zu dem Schluss gekommen war, dass dies das einzig Faire sei. Er konnte keine Hilfe von den Leuten annehmen, die zwangsläufig seine Rivalen bei der Suche nach den Wusun sein würden.

Er dachte reumütig darüber nach, dass Van Schaick ihn gedrängt hatte, den Ort in der Gobi vor der Expedition aus Indien zu erreichen. Van Schaick und Balch rechneten damit, dass er das tun würde – ohne zu wissen, dass Delabar gegen ihn gearbeitet hatte.

So wie es aussah, hatten beide Parteien gleichzeitig die Stadt am Rande der Gobi erobert. Aber die Hastings verfügten über eine umfangreiche Ausrüstung, die für diesen Zweck gut ausgewählt war und sofort einsatzbereit war. Gray hatte nur Mirai Khan und zwei Maultiere. Er musste Kamele und Träger anheuern, um sich mit den verfügbaren Vorräten einzudecken und einen Führer zu besorgen.

Dies würde Zeit und einen Großteil seines kleinen Geldvorrats kosten. Wenn er darüber hinaus Sir Lionel sein Vorhaben klar darlegte, war es wahrscheinlich, dass der Engländer sofort losfuhr und ihm so vier oder fünf Tage Vorsprung verschaffte. Gray wusste aus Erfahrung, dass es sinnlos war, Chinesen zu einer Transaktion zu zwingen. Und er war sich nicht sicher, ob Mirai Khan in die Wüste gehen würde.

Der Kirgise hatte ihm bisher treu gedient, so gut er konnte. Aber Mirai Khan hatte gesagt, dass die Stammesangehörigen diesen Teil der Wüste meiden. Dann gab es noch den *Amban* . Es war mehr als möglich, dass Wu Fang Chien Ansichow die Nachricht geschickt hatte, er solle Gray aufhalten.

Es war eine schwierige Situation und Gray grübelte düster darüber nach, als er Mirai Khan in der Basarstraße der Stadt traf. Der Kirgise, der über irgendetwas aufgeregt zu sein schien, winkte ihn in einen der Stände, nachdem er vorsichtig die Straße auf und ab geschaut hatte.

„Hören Sie, Exzellenz", flüsterte er. „Hier habe ich einen Mann gefunden, der weiß, was Sie interessieren wird. Er war viel in der Wüste und hat Schriften und wertvolle Dinge ausgegraben, die er verkaufen wird – zu einem guten Preis. Sein Name ist Muhammed Bai."

Gray warf einen Blick in die Kabine und sah eine gebeugte Gestalt auf den Teppichen knien. Es war ein alter Turkmene mit Brille und fleckigem Turban. Muhammed Bai salamed und bedeutete seinem Besucher, Platz zu nehmen. Gray musterte ihn mit einigem Interesse. Es war durchaus möglich, dass der Mann über einige wertvolle Informationen verfügte. Mirai Khan hatte eine Art, Dinge schnell herauszufinden.

„Wird die Exzellenz beruhigt sein?", plapperte der Turkomane und blickte ihn wohlwollend an, „während sein Diener ihm bestimmte unschätzbare Schätze zeigt, die er aus dem Sand zwischen den Ruinen gegraben hat. Mirai Khan hat gesagt, dass die Exzellenz die Ruinen sucht."

"Du warst da?" fragte Gray vorsichtig. Er kannte den Hang des Zentralasiaten zur Übertreibung.

„Ohne Zweifel. Weit, weit im Westen war ich. Zu den Ruinen im Sand. Andere Exzellenzen haben von Zeit zu Zeit danach gefragt, aber außer mir, Muhammed Bai, war niemand dort."

„Wie sind die Ruinen?"

Der Kaufmann wedelte beredt mit seiner dünnen Hand. „Türme aus Stein, groß und hoch, die wie Wegweiser hervorragen. Mein Vater kannte sie. Einer der Sultane seines Stammes grub dort nach Schätzen. Er fand Gold. Ja, er verriet mir den Ort. Ich ging auch hin und gegraben. Schauen Sie –"

Mit der Geste eines *Kenners,* der ein Meisterwerk zur Schau stellt, zog der Turkmene einige Gegenstände unter einem Seidenteppich hervor. Gray starrte sie an. Es handelte sich um seltsame Stücke aus Silber und Emaille, die vom Alter fleckig waren. Diese breitete Muhammed Bai vor ihm aus.

„Sie kamen aus den Ruinen. Die Exzellenz ist zweifellos ein Mann der Weisheit. Ich muss ihm nicht sagen, wie alt diese Dinge sind. Es ist nicht bekannt, welchen Wert sie haben. Aber ich werde das Grundstück für sehr wenige *Taels verkaufen* – zehn *Taels* . "

Neugierig befingerte der Amerikaner die Fragmente. Sie bedeuteten ihm nichts. Sie könnten die Relikte einer alten Zivilisation sein. Muhammed Bai beobachtete ihn aufmerksam und schob ihm ein Stück Pergament unter die Augen.

„Hier ist ein größerer Schatz. Die Exzellenz wird den Wert davon auf einen Blick erkennen. Andere ausländische Händler haben darum gebeten, diesen zu kaufen. Aber ich habe ihnen gesagt, dass ein hoher Preis gezahlt werden muss. Wer würde einem Hund einen heiligen Gegenstand verkaufen?" Sehen Sie, die seltsame Schrift –"

Gray hielt das Pergament ins Licht. Es war ein kleines Laken, stark verschmutzt. Es war mit einer schönen Schrift in ihm unbekannten Schriftzeichen bedeckt. Er wünschte, Delabar wäre hier, um ihm die Bedeutung zu erklären. Wenn es aus diesem Abschnitt der Gobi stammte, könnte es etwas Licht auf den Wusun werfen.

„Mirai Khan, mein Freund, sagte, dass die Exzellenz nach Neuigkeiten über das alte Volk gesucht habe. Hier ist eine solche Schriftrolle, wie sie woanders vielleicht nicht zu finden ist. Vielleicht ist sie von unschätzbarem Wert. Ich weiß es nicht."

"Kannst du es lesen?"

„Kann ein Diener wie ich alte Weisheiten lesen?" Muhammed Bai hob beredt seine Hände. „Aber ich werde verkaufen –"

Er blickte auf, als ein Schatten über den Stand fiel. Gray sah, dass Mary Hastings im Eingang stand. Neben ihr stand ein großer, gut gekleideter Mann. Er stand auf.

„Das ist mein Onkel, Major Hastings, Captain Gray", lächelte sie. „Wir haben gehört, dass Sie auf dem Basar waren. Kaufen Sie Kuriositäten, die Sie zu Ihren Trophäen mitnehmen können?"

Sir Lionel erwiderte die Verbeugung des Amerikaners höflich und blickte neugierig von Muhammed Bai zu ihm. Dann fiel sein Blick auf das

Pergament. Er beugte sich vor und stieß einen scharfen Ausruf des Interesses aus.

„Woher kam das?" fragte er Muhammed Bai im Dialekt des westlichen Schensi.

Der Turkmene blickte mit gerunzelter Stirn zu ihm auf und sah aus wie eine alte, graue Henne, die einen ihrer Brut bewacht . „Aus der Wüste dort drüben. Ich, Muhammed Bai –"

„Welche Sprache ist die Schrift?"

„Woher soll ich das wissen, Exzellenz?"

„Das wäre schwer zu sagen." Sir Lionel runzelte nachdenklich die Stirn. „Die Zeichen auf dem Pergament sind sicherlich nicht die Keilschrift von Behistun ; sie sind auch kein Dialekt des älteren Kaschgarien oder Chinesisch. Diese beiden Sprachen sind die einzigen, die wir hier erwarten würden, außer möglicherweise –"

Er brach ab und blickte Gray neugierig an.

„Haben Sie Anspruch auf dieses Manuskript, Sir? Planen Sie, es zu kaufen?"

Gray zögerte und spürte den kühlen Blick des Mädchens auf sich. Sollte er das Pergament kaufen, wäre es für ihn nutzlos, da er die Schrift nicht interpretieren konnte. Wenn er es andererseits Sir Lionel überlassen würde, könnte sich das Pergament als Hilfsmittel für die englische Expedition erweisen. Dies musste er natürlich verhindern.

„Ich werde es kaufen", schloss er und fügte schnell hinzu, „als Kuriosität."

„Um Ihre Großwildtrophäen zu erweitern?" fragte Mary Hastings ruhig.

Während er über eine Antwort nachdachte, reichte ihm Sir Lionel das Pergament.

„Es könnte als Kuriosität dienen, Captain Gray. Aber fairerweise muss ich Sie warnen. Die Schrift ist eine Fälschung, geschickt gemacht. Sehen Sie, es ist meine Lebensaufgabe, die alten Sprachen Zentralasiens zu beherrschen. Das ist übernommen aus einer Inschrift, die Muhammed Bai zweifellos gesehen hat. Das Pergament ist geschickt gefärbt, um gealtert zu wirken. Aber die schwarze Tinte ist frisch aufgetragen."

Gray lächelte grimmig, während der Turkmene die weißen Männer anstarrte und versuchte zu erraten, was sie sagten.

„Und diese Silberstücke?" Der Amerikaner deutete auf die Reliquien, die auf dem Teppich lagen.

„Sind wertlos, außer – als Kuriositäten. Als Jäger, Captain Gray, gehe ich davon aus, dass die Echtheit der Gegenstände Ihren Wunsch, sie zu kaufen, nicht beeinträchtigen wird."

Sir Lionel sprach trocken und das Mädchen musterte ihn mit offener Belustigung.

„Mein Onkel hat von Muhammed Bai gehört", erklärte sie freiwillig. „Er ist ein alter Betrüger, der seinen Lebensunterhalt mit dem Verkauf falscher Manuskripte an Reisende in Khotan und Kaschgar verdient . Vielleicht hatte er gehört, dass wir nach Ansichow kommen würden . Ich glaube eher, dass Ihr geschätzter Kirgise mit Muhammed Bai im Bunde ist."

Mirai Khan verstand, was sie sagte – da sie nur geringe Englischkenntnisse hatte – und zog sich diskret in die Basargasse zurück. Gray dachte über die seltsame Ethik Zentralasiens nach, die es einem Diener erlaubte, durch Tricks Geld von seinem Herrn zu nehmen, während er ihm dennoch treu diente. Es war eines der Rätsel der asiatischen Ethik – denen er schon einmal begegnet war. Er wusste, dass das Mädchen wahrscheinlich Recht hatte.

Er warf das Geld für das Pergament weg und steckte es ein, da er gesagt hatte, dass er es kaufen würde. Sir Lionel überprüfte ihn, als er aufstand.

„Dieses Manuskript ist – interessant", bemerkte er nachdenklich. „Denn Muhammed Bai muss ein Vorbild gehabt haben, nach dem er diese Schrift kopieren konnte. Die Schriftzeichen ähneln ein wenig dem Sanskrit , aber sie lassen auf das Tocharische schließen, mit dem dieser Mann nicht vertraut sein kann." Er drehte sich scharf zu dem blinzelnden Händler um. „Sag mir, Verfasser falscher Briefe", sagte er auf Türkisch, „wovon hast du diese Briefe abgeschrieben?"

Im Gesicht des großen Engländers lag etwas Begieriges und Bedrohliches, das Muhammed Bais Dementi erstickte.

„Es ist wie gesagt, Exzellenz. Die Schriften wurden in der Wüste gefunden."

"Wo?"

„Eine Woche Fahrt von hier nach Westen."

„In der Nähe von Sungan – was? Wie hast du sie gefunden?"

Der Turkmene schwieg mürrisch. Sir Lionel ließ eine Münze auf den Teppich fallen. Es war Gold.

„Ah, die Exzellenz ist großzügig wie ein Prinz des königlichen Hauses!" rief Muhammed Bai. „Auf einem Stein – einem Grenzstein an der von mir genannten Stelle – habe ich die Schriften gefunden. Sehen Sie, hier ist der Stein."

Er rappelte sich auf, verneigte sich und eilte zum hinteren Teil des Standes. Er warf einige Teppiche von der Spitze eines Stapels ab und brachte ein etwa einen Meter hohes und einen Fuß dickes Stück braunen Sandsteins zum Vorschein. Auf der Oberfläche des Steins sah Gray Zeichen eingraviert, Zeichen, die ihm fremd waren.

Aber nicht für Sir Lionel. Der Engländer fiel mit einem Ausruf auf die Knie und zückte seine Brille. Er fuhr mit dem Finger über die Schrift auf dem Sandstein.

„Eine Form von Sanskrit!" er weinte. „Bei Jupiter – mindestens drei Jahrhunderte alt. Vier, schätze ich. Und hier ist das Schriftzeichen, das dem chinesischen Wort Wusun entspricht, die Großen." Bemerkenswert! Dies war offensichtlich eines der Grenzzeichen des Wusun-Landes."

Er blickte aufmerksam auf die Inschrift und vergaß in seiner Begeisterung den Amerikaner.

„Hm – es wurde von einem der Khans des Großen Volkes errichtet. *Von einem Sklaven des chinesischen Kaisers*. Es spricht von der gefangenen Rasse der Wusun. Offensichtlich standen sie schon damals unter dem *Kang* der chinesischen Priester Stadt Sungan sind die gefangenen Menschen ... seit der Zeit, als sie Eroberer waren, stark gefallen ... sie klammern sich an ihre Feuerstellen und Türme ... im Sand. Dort werden sie immer sein – –'"

Er unterbrach seine Lektüre und blickte zu Gray auf. „Herrlich! Das muss ich mal abreiben."

Er befahl Muhammed Bai, Holzkohle und ein sauberes Blatt Papier mitzubringen. Die Kohle rieb er über den Stein. Dann drückte er das Papier fest dagegen und schlug mit den Fäusten auf das Blatt, bis sich die Umrisse der Inschrift auf dem Papier abzeichneten. Dies betrachtete er triumphierend.

„Ausgezeichnet! Captain Gray, ich bin Ihnen für Ihre" – er lächelte – „unfreiwillige Hilfe zu Dank verpflichtet. Werden Sie mit uns speisen? Mary wird sich über Gesellschaft freuen, da bin ich mir sicher. Ich muss dies an einem sicheren Ort aufbewahren."

Er eilte davon, gefolgt von dem Mädchen und Gray. Während des Spaziergangs zum Ortsrand von Ansichow sprachen beide nichts . Der Amerikaner bedauerte das Unglück, das den Hastings die Wahrheit über seine Mission verheimlicht hatte. Er befand sich in der Lage eines Täters, der von seinen Rivalen wertvolle Informationen erhielt, ohne dies zu beabsichtigen. Er war verpflichtet, diese Informationen zu seinem eigenen Vorteil zu nutzen.

Er hatte beschlossen, die Dinge in Ordnung zu bringen, indem er seinem Gastgeber seine Absicht mit der Suche nach der Gobi offenbarte. Und das Abendessen würde ihm die Gelegenheit dazu bieten.

Das Lager der Hastings befand sich in einem Garten, der eine Quelle in der Nähe der Karawanserei von Ansichow umgab . Sir Lionel, der den Dreck der Karawanserei nicht mochte, der offensichtlich von nicht allzu anspruchsvollen chinesischen Reisenden häufig genutzt wurde, hatte seine Zelte im Garten aufgeschlagen und sich seinen eigenen *Dak*- Bungalow, wie er ihn nannte, gebaut.

Es war später Abend und der Tisch war unter dem Vorzelt des Hauptzeltes gedeckt, das das Mädchen benutzte. Es war die stille Stunde des Abendgebets. Schafjungen trieben ihre Herden auf der nicht weit entfernten Straße für die Nacht nach Hause. Es wehte eine leichte Brise – genug, um die Luft vom allgegenwärtigen Staub zu befreien –, der die Seiten des Zeltes kaum erschütterte. Zwei indische Diener bereiteten ihren Herren ein appetitliches Mahl vor.

Sir Lionel, begeistert von seiner Entdeckung, sprach von der Stadt Sungan . Ein- oder zweimal überprüfte er sich, als fürchtete er, zu viel zu sagen. Doch sein Eifer ließ sich nicht zügeln.

„Der Stein beweist die Existenz von Sungan und gibt uns eine ungefähre Vorstellung von seinem Standort. Der Inschrift nach zu urteilen, haben die Wusun an ihrem Erbe festgehalten. Ich denke, wir werden in Sungan einige Überlebende finden .“

„Ich dachte, Sie sagten, die Inschrift sei eine Form des Sanskrit “, wandte Gray ein. „Und die Wusun sind Chinesen –“

„Ah, das ist genau der Punkt.“ Sir Lionel hob seinen blonden Kopf wie ein Jäger, der Wild aufspürt. „ Sanskrit ist eine arische Sprache. Die hier in der Gobi begrabene weiße Rasse nannte sich selbst das „Große Volk“. Wusun ist die chinesische Übersetzung dieses Begriffs. Ihre eigene geschriebene Sprache ist wahrscheinlich der Dialekt, den wir auf dem Grenzstein sahen, der arisch ist. A Klare Beweiskette, Captain Gray.

„Aber“, wandte der Amerikaner ehrlich ein, „mein Anhänger, Mirai Khan, hat das Grenzland der Gobi gejagt und er sagt eindeutig, dass keine Stadt zu sehen ist. Der Stein ist vier Jahrhunderte oder älter –“

„Mirai Khan", sagte das Mädchen schnell, „ kann doch nicht unter den Sand sehen, oder? Er scheint hauptsächlich darauf erpicht zu sein, Pferde zu stehlen."

Sir Lionel ließ sich jedoch nicht von der Diskussion abbringen, die ihn beschäftigte. „Sie vergessen den Sand, den Mary erwähnt, Captain Gray", erwiderte er herzlich. „Dies ist im wahrsten Sinne des Wortes ein Meer aus Sand. Und die Wellen steigen. Wir sind sicher, dass bestimmte Städte in den Ausläufern des Thian Shan von diesen Wellen begraben wurden. Sehen Sie, die vorherrschenden Winde kommen hier aus dem Osten. Sie treiben die Sanddünen vor sich her. Ich habe bemerkt, dass die Dünen nach Westen ziehen –"

„Bevor Sie fortfahren, Sir Lionel –", protestierte der Amerikaner, der sich an seine Absicht erinnerte, reinen Tisch zu machen.

„Kein Wort, Sir. Kein weiteres Wort. Seien Sie ruhig, Mary" – als das Mädchen zu sprechen begann – „Mir wird nicht widersprochen. Es ist eine wissenschaftliche Tatsache, dass der Sand marschiert. Während der *Kara Burans* oder schwarzen Windstürme Sie werden viele Fuß pro Tag zurücklegen. Sungan wurde vor vielen Jahrhunderten auf der großen Karawanenroute von China nach Samarkand und Persien erbaut. Marco Polo folgte dieser Route, als er den Hof von Kubla Khan besuchte.

„Aber", unterbrach Gray, „ich möchte –"

„Ich sage, es ist eine Tatsache, Sir. Beweisen Sie das Gegenteil. Das können Sie nicht!" Sir Lionel starrte ihn feindselig an. „Ich habe recht. Ohne Zweifel habe ich Recht. Sungan wurde von den marschierenden Sandmassen begraben. Nur die Türme sind noch übrig."

Gray dachte an die Geschichte, die Delabar erwähnt hatte – an den Sand, der auf die Stadt Gobi fiel, als Vergeltung für eine Sünde gegen die Religionen Asiens. Außerdem hatte Mirai Khan gesagt, dass keine Stadt zu sehen sei. Und Brent hatte behauptet, einige isolierte Türme gesehen zu haben.

„Diese Türme", begann er zu erklären, was ihm durch den Kopf ging.

„Sind die Gipfel der Paläste von Sungan , Herr. In ihnen werde ich die weiße Rasse Asiens finden, das gefangene Volk der Wusun."

„Aber, Onkel", protestierte das Mädchen, „der Stein wurde vor vierhundert Jahren errichtet. Wenn die Chinesen gewollt hätten, hätten sie seit dieser Zeit vielleicht die verbliebenen Wusun getötet."

„Die alten chinesischen Annalen", bemerkte Sir Lionel tolerant, „besagen, dass die Wusun, die ‚Großen', beeindruckende Kämpfer waren.

Die Sacae oder Skythen, von denen sie abstammen, waren eine der Erobererrassen der Welt. Das ist es." Erbe der Stärke, das den Rest der Wusun bewahrt hat – damit wir es finden können."

Gray stand dem Engländer gegenüber. Sir Lionel hatte sich zum Essen einen hübschen Anzug aus sauberer Ente angezogen. Mary war sorgfältig in Weiß gekleidet und hatte einen leichten Schal über ihren schlanken Schultern. Er spürte deutlich seine eigene unordentliche Kleidung. Außerdem schien das Mädchen darauf bedacht zu sein, sich über ihn lustig zu machen.

„Captain Gray ist ein Jäger, wissen Sie, Onkel", bemerkte sie und warf einen kühlen Blick auf den unbehaglichen Amerikaner. „Wirklich, Ihr Gerede über den Wusun muss ihn langweilen. Er ist gekommen, um Antilopen zu schießen. Oder sind es wilde Kamele, Captain Gray?"

Gray begegnete ihrem Blick fest. Er sah, dass sie Sir Lionel mit Leib und Seele bei dessen Suche unterstützte, und vermutete, dass sein eigenes Geständnis jede Möglichkeit einer Freundschaft zwischen ihnen zunichtemachen musste.

„Weder noch", sagte er ernst. „Ich wollte es dir vorher sagen. Aber zuerst war ich so überrascht, als ich …"

„Dass wir unsere Ponys bewacht haben, Captain Gray?" Die Augen des Mädchens funkelten und sie biss sich auf die Lippe.

„Eine weiße Frau statt eines Chinesen – ich habe nicht gestanden, wie ich es hätte tun sollen."

„Aber Mirai Khan hat gestanden."

Gray errötete. „Ich wurde in die Wüste geschickt, Sir Lionel, um die Wusun zu finden. Ich bin bei der American Exploration Society angestellt. Und ich werde mein Bestes tun, um nach Sungan zu gelangen – wenn möglich vor Ihnen."

Die Wirkung seiner Worte war merkwürdig. Das Mädchen musterte ihn schweigend. Sir Lionel strich sich offensichtlich unwohl über seinen blonden Schnurrbart. Keiner schien überrascht zu sein.

„ Sie sehen also ", Gray machte die Aussage so unverblümt wie möglich, „ich bin Ihr Rivale. Ich wollte es Ihnen schon vorher sagen. Natürlich ist es meine Pflicht, die Informationen zu nutzen, die Sie mir gegeben haben. Aber ich möchte meine Position vertreten." klar, bevor wir weitermachen.

Sir Lionels erste Worte waren nicht das, was Gray erwartet hatte.

„Sie sind kein Wissenschaftler, Sir?"

Liangchowfu umkehren ."

„Dann bist du allein? Ohne Wohnwagen?"

„Im Moment werde ich mein Bestes tun, um mich in Ansichow auszurüsten und Ihnen einen Schritt voraus zu sein, Sir Lionel." Graue Rose. „Ich schätze, ich bin hier nicht gerade willkommen, nach dem, was ich dir erzählt habe –"

Der Engländer wedelte tolerant mit seiner braunen Hand.

„Ihre Offenheit gefällt mir, Kapitän Gray. Bitte nehmen Sie Platz. Wir sind Rivalen, keine Feinde, wissen Sie. Aber" – der Eifer des Enthusiasten leuchtete in seinen milden Augen – „Ich werde niemals zulassen, dass Sie Sungan vor mir erreichen." Ich habe die Wusun jahrelang studiert. Ich habe die British Asiatic Society überredet, mich hierher zu schicken. Es ist das krönende Unterfangen meines Lebens, Sir."

Das Mädchen blickte stolz auf.

„Das ist in der Tat wahr, Kapitän Gray. Mein Onkel hat unser Geld für die Reise ausgegeben. Sein Ruf steht auf dem Spiel. Weil nur wenige der Direktoren der Asiatischen Gesellschaft glauben, dass die Wusun gefunden werden können –"

„Sie irren sich, Mary", versicherte ihr Sir Lionel. „Ich weiß, dass ich Recht habe. Die Tatsache, dass Captain Gray hierher geschickt wurde, ist der Beweis dafür. Ich werde Sungan erreichen – den ersten Weißen, der in die verbotene Region der Gobi vordringt. Der Grenzstein hat unseren Kurs angezeigt, und das werde ich tun." Geben Sie Captain Gray oder irgendjemandem nicht das Vorfahrtsrecht . Ich wiederhole, irgendjemandem, Sir!"

Er schlug heftig auf den Tisch und stand auf, wobei er seine Gefühle in einem Moment unter Kontrolle brachte.

„Ich bete, Sir", sagte er mit der feinen Höflichkeit eines englischen Gentlemans, „wenn wir Rivalen sein sollen, werden Sie uns nicht die Freude an Ihrer Gesellschaft verweigern, während wir in Ansichow sind . Danach ist es so jeder für sich. Jetzt werde ich meine Reibereien durchlesen –"

Er verneigte sich steif und ging in das angrenzende Zelt. Gray stellte fest, dass das Mädchen ihn neugierig beobachtete.

„Also ging Delabar zurück", sagte sie nachdenklich. „Ich habe mich gefragt, warum er nicht bei dir war, als du zu meiner *Jurte kamst* , nachdem Ram Singh –"

Sie wurde leicht gefärbt. Gray bemerkte, wie das verblassende Sonnenlicht auf ihrem kupferfarbenen Haar glitzerte und die feinen Linien ihrer schlanken Figur hervorhob. Ein Vollblut, dachte er – wie ihr Onkel.

„Ram Singh hat genau das Richtige getan", gab er zu. "Aber wie--"

„Habe ich Delabar erwartet?" Sie zögerte. „Nun, ich habe auch ein Geständnis, Captain Gray. Ich wusste die ganze Zeit – oder vielmehr vermutete –, was Sie waren. In Kalkutta erhielt Sir Lionel diesen Brief."

Sie tastete in ihrem Gürtel herum und zog ein Quadrat gefalteten Papiers heraus. Dies reichte sie Gray schweigend.

> Captain Gray, ein amerikanischer Armeeoffizier, und Professor Delabar sind auf dem Weg in die Gobi. Es wird für Sie sinnlos sein, die Expedition zu unternehmen, da sie vor Ihnen dort sein werden. Verschwenden Sie nicht Ihre Zeit mit einer Reise nach China.

Das war der Brief. Es war in sauberer Hand geschrieben und nicht signiert.

„Hatte der Umschlag einen Poststempel?" er hat gefragt.

„Ja, San Francisco."

Er gab es ihr zurück. Die Schrift erkannte er als die von Delabar. Der Syrer hatte also versucht, die Hastings am Aufbruch zu hindern. Denn er hatte sein Bestes getan, um Gray davon abzuhalten, die Gobi zu erreichen. Warum?

KAPITEL XIII

DIE WÜSTE

Am nächsten Tag schickte Gray Mirai Khan zum Yamen *des Amban* , um zu versuchen, die notwendigen Kamele anzuheuern. Er hielt es für besser, nicht selbst zu gehen. Ohne die Zustimmung des chinesischen Beamten konnte nichts unternommen werden, da der *Amban bei jeder Transaktion in* Ansichow eine liberale Provision erwarten würde . Außerdem verfügte der Beamte über ein Dutzend schlecht bewaffneter und schlecht gesinnter Soldaten in der Stadtkaserne – genug, um seine Autorität gegenüber Gray durchzusetzen, obwohl die Partei der Hastings zahlreich genug war, um von den Chinesen unabhängig zu sein.

Gray selbst wanderte launisch durch die wenigen Straßen des Dorfes. Seit dem Gespräch vom Vorabend war er unruhig gewesen. Er hatte schlecht geschlafen. Auch wenn er es sich nicht eingestehen wollte, hatte ihn der Gedanke an Mary Hastings verfolgt.

So kam es, dass ihn seine Wanderung in das Lager der Hastings führte.

Er fand Mary unter dem Vorzelt des Ladenzeltes sitzend, wo sie einen Vorrat an Proviant inspizierte und zählte, den Ram Singh gekauft hatte. Sie blickte auf und nickte kühl, als er näherkam.

„Sie sind beschäftigt, Miss Hastings", bemerkte er. „Aber ich möchte Sie um einen Gefallen bitten. Eine halbe Stunde Ihrer Zeit."

Das Mädchen hielt zweifelnd einen Bleistift über ihren Konten. Ram Singh runzelte die Stirn.

„Wir können hier reden, Captain Gray", machte sie einen Kompromiss, „während ich arbeite. Sir Lionel will diese Geschäfte –"

„Wir können hier nicht sehr gut reden", wandte Gray ein. „Was ich zu sagen habe, ist wichtig. Gestern Abend hat mir Ihr Onkel einige wertvolle Informationen gegeben. Ich möchte Ihnen eine Gegenleistung dafür geben."

"Wo?"

Mary Hastings hatte die forsche Art einer Person, die es gewohnt ist, Geschäfte abzuwickeln. Gray erfuhr später – nach der Katastrophe, die sie in der Gobi erlebte –, dass sie die Routinearbeit der Expeditionen ihres Onkels erledigte, und zwar sehr kompetent.

„Hier draußen, im Garten", schlug er vor. Sie zögerte; Dann erhob sie sich und griff nach ihrem Sonnenhelm. Eine heruntergekommene Mauer umgab das Lager, und ein paar Aloen kämpften um ihre Existenz an den heruntergefallenen Steinen.

Mary kletterte auf die Steine und lehnte die Hilfe des Amerikaners ab, bis sie sich auf der Spitze der Gartenmauer niederließ. Hier konnte sie beim Zuhören das Treiben im Lager überblicken.

Ein Dunst hing in der Luft – entstanden durch die unaufhörlichen Wirbel feinen Sandes, der die Atmosphäre in der Gobi belastete. Aber von ihrer kleinen Höhe aus, jenseits der niedrigen Gebäude von Ansichow , konnte Gray die Dünenebene sehen, die die Wüste markierte. Sie waren mattbraun und erstreckten sich bis zur langen Linie des Horizonts im Westen.

Gray schwieg und bewunderte das Profil des Mädchens. Sie hatte etwas Schlankes und Jungenhaftes an sich. Ihr Kleid war schlicht und überaus gepflegt. Unter dem Scheitel ihres Helms lockten sich ein paar kupferfarbene Haarsträhnen auf ihrer gebräunten Wange.

Mary warf einen bedeutungsvollen Blick auf die Uhr an ihrem Handgelenk.

„Ich fürchte, Sie sind sehr faul, Captain Gray", sagte sie offen. „Ich warne Sie, dass wir keine Zeit verlieren werden, wenn wir von Ansichow aus starten ."

„Ich bin faul", stimmte er zu. „Aber ich möchte gar nicht, dass du damit anfängst."

Sie sah ihn ruhig an. "Warum?"

„Das wollte ich Ihrem Onkel sagen. Ich werde Ihnen gegenüber genauso offen sein, wie ich es mit Sir Lionel beabsichtigt hatte. Miss Hastings, die Wüste Gobi –"

„Ist es für eine Frau nicht sicher, nehme ich an?"

„Genau. Wenn Sir Lionel alles wüsste, was ich tue, würde er nicht wollen, dass du mit ihm gehst. Er muss natürlich gehen. Ich auch . Aber du kannst hier bei Ram Singh bleiben, bis wir zurückkommen. Die Sikh ist ein guter Wächter. Sir Lionel kann sich Ihnen anschließen, wenn er zurückkommt."

Mary stützte ihr Kinn auf ihre Hände und musterte die Aloe mit freundlichem Interesse. „Warum glauben Sie, dass es für mich gefährlich ist, nach – Sungan zu gehen ?"

„Ich habe einen guten Grund für meine Warnung, Miss Hastings. Zwei Gründe. Erstens – Sungan scheint von den chinesischen Priestern bewacht zu werden. Sie sind ihnen ausgewichen, indem Sie über Burma in die Mongolei gekommen sind. Ich habe einen Eindruck von ihrer freundlichen Art bekommen.".\"

Er erzählte ihr kurz vom Widerstand von Wu Fang Chien, der Episode im Gasthaus in Liangchowfu und den Ängsten von Delabar.

„ Dein Begleiter ist also umgedreht, weil er Angst hatte?" Sie lächelte neugierig. „Was ist Ihr anderer Grund, Captain Gray?"

„Krankheit. Das war es, wovor sich Delabar am meisten fürchtete, glaube ich. Brent, ein Missionar, kam hier über die Gobi-Grenze – und starb an einer Krankheit. Ich sage nicht, dass er getötet wurde. Er ist gestorben."

„Wir sind dafür gerüstet. Ich habe Mittel, um das Wasser zu reinigen, das wir möglicherweise in den Oasen verwenden müssen."

„In diesem Fall geht es nicht um Wasser. Brent hatte sein eigenes. Sie denken vielleicht, dass ich mir ein bisschen einbilde, Miss Hastings. Aber da ist Mirai Khan. Ich habe ihn gründlich befragt. Er hat eindeutig Angst davor Sungan- Region und der blassen Krankheit. Ich weiß nicht, was es ist – ich weiß nicht einmal, dass es sie gibt. Dennoch bleibt die Tatsache bestehen, dass Mirai Khan, der ein furchtloser Schlingel ist, sagt, seine Landsleute hätten diesen Teil gemieden der Gobi wegen der Pest – was auch immer es sein mag."

„Alle Kirgisen sind aufgrund ihrer Geburt und Umgebung Lügner. Wissen Sie wirklich, Captain Gray, die buddhistischen Priester erfinden solche Geschichten, um Besucher von ihren Schreinen fernzuhalten. Die Ankunft von Ausländern schwächt ihre Macht."

"Das könnte stimmen." Gray hatte das Gefühl, dass er seinen Standpunkt schlecht darlegte. „Aber Sie haben noch keinen Kontakt mit dem liebenswürdigen Wu Fang Chien hergestellt. Eine Frau dabei zu haben, würde Sir Lionel behindern."

Ihre Brauen hoben sich fragend.

„Wirklich? Der *Amban* von Ansichow und seine Männer scheinen nicht zu versuchen, uns am Weitergehen zu hindern."

„Weil sie es nicht so gut könnten, wenn sie wollten. Aber ist dir aufgefallen, dass du bereits so weit gekommen bist, dass die Chinesen sich keine Sorgen um dich machen? Dass sie dich für verloren halten, wenn du in die Gobi gehst." Ich habe so viel gesammelt, und Mirai Khan hat auf den Basaren zugehört. Wollen Sie nicht in Ansichow bleiben , Miss Hastings?"

Sein unverblümter Appell hatte einen Hauch von Wehmut. Die mögliche Gefahr für das Mädchen hatte ihn den ganzen Tag über verfolgt.

Es wäre seiner Meinung nach sinnlos, sich an Sir Lionel zu wenden. Mary Hastings hatte nicht die Angewohnheit, den Befehlen ihres Onkels zu gehorchen, wenn es um ihr eigenes Wohlbefinden oder ihre Sicherheit ging.

„Und Sir Lionel alleine in die Gobi gehen lassen?"

„Ja. Er muss das Risiko eingehen. Das tust du nicht. Ich fürchte, dein Onkel ist zu sehr in seine Nachforschungen vertieft, um möglichen Gefahren große Beachtung zu schenken. Ich glaube nicht, dass eine weiße Frau das Risiko eingehen sollte."

Mary Hastings lächelte langsam. Sie hatte – im Gegensatz zu den meisten Frauen – eine Art, einen Mann direkt anzusehen, die Gray verstörte. Er hatte das Gefühl, dass er einen Fehler machte.

„Sir Lionel", antwortete sie, „hat sich zum Ziel gesetzt, der erste Weiße in Sungan zu sein. Er hat seinen Ruf als Wissenschaftler auf diese Expedition gesetzt. Sie wissen nicht, wie viel es ihm bedeutet. Wenn er den Sungan findet." Ruinen und die Nachkommen der Wusun, er wird sein Urteil bestätigt haben. Wenn er scheitert, wird es seine letzte Expedition sein. Für einen Mann seines Alters ist es schwer zu scheitern. Er hat viele Rivalen, zu Hause und – in Amerika."

"Aber du--"

„Sir Lionel braucht mich. Ich kümmere mich um die Leitung der Karawane. Und er kann Ram Singh nicht entbehren."

Sie warf ihren kleinen Kopf zurück.

„Glauben Sie nicht, Captain Gray, dass Sie genug versucht haben, um unsere Erfolgsaussichten zu verderben? Ist es nicht ziemlich gemein von Ihnen, mich einzuschüchtern und *Sher Singh zu verlassen* ?" Mary Hastings wurde plötzlich wütend. Gray beging die unverzeihliche Sünde, indem sie versuchte – so versicherte sie sich –, Onkel und Nichte zu trennen.

Sie wollte wütender sein, als sie war. Aber die Mauerstange war eine schlechte strategische Position, um seine Wut zur Schau zu stellen, und sie war der Meinung, dass er sich das verdient hatte.

„Sie wissen, dass es unsere Erfolgschancen schwächen würde, wenn wir unsere Karawane aufteilen würden!" beschuldigte sie und tastete nach Halt auf den Steinen darunter.

Gray konnte sich den raschen Stimmungsumschwung nicht erklären. Was hatte er gesagt, um sie zu beleidigen? Er hatte es nur zu ihrem Besten gemeint.

„Nein, Miss Hastings", er errötete. „Ich wollte dich einfach vor einer echten Gefahr warnen."

Das Mädchen rutschte die Felsen hinunter zur Erde. Sie stampfte verächtlich mit ihrem ordentlich beschuhten Fuß auf. Gray war sich der Tatsache nicht bewusst, dass das Manöver zu diesem Zweck geplant war. Sie war offensichtlich sehr wütend. Er fragte sich kläglich, warum.

„Ich dachte, Sie wären ein Sportler, Captain Gray – auch wenn Sie kein Großwildjäger waren, wie Sie behaupteten. Ich glaube, ich irre mich. Guten Tag."

„Guter Gott!" Gray sah zu, wie ihre schlanke Gestalt zum Zelt zurückkehrte und biss die Zähne zusammen. „Guter Gott!" Er lächelte reumütig. „Pferdedieb – Intrigant – ich frage mich, ob es sonst noch etwas gibt, für das sie mich hält. Ich schätze, es gibt nichts anderes, was schlimm genug ist."

Er kletterte von seinen Felsen herunter und verließ das Lager, wobei er Ram Singh aus dem Weg ging, der dabei eine Reihe von Kulis hereinführte. Der Sikh schritt mit finsterer Miene vorbei.

So leicht entsteht Streit. Und eine Frau, so hat es das Schicksal bestimmt, hat die erste Stimme bei ihrer Entstehung. Es ist jedoch zweifelhaft, ob Mary Hastings selbst hätte erklären können, warum sie Gray so behandelte. Göttlich ist es so bestimmt, dass eine Frau nicht gebeten werden darf, einem Mann etwas zu erklären.

Gray zögerte, halb entschlossen, Sir Lionel aufzusuchen und darum zu bitten, dass das Mädchen in Ansichow behalten würde . Als ihm klar wurde, dass dies nutzlos sein würde, kehrte er zu seinem Zelt am anderen Ende der Stadt zurück. Mirai Khan war nicht da.

Es dauerte gut drei Stunden, bis die Kirgisen auftauchten. Drei Stunden, in denen Gray launisch rauchte. Mirai Khan hatte Neuigkeiten.

„Kommen Sie, Exzellenz", bemerkte er wichtig. „Da drüben ist ein Anblick, den du sehen solltest. Wahrlich, es ist ein schöner Anblick."

Gray nahm seinen Hut und folgte seinem Begleiter zu einem Hügel, wo der Kirgise auf die Ebene zeigte.

Eine halbe Meile entfernt machte sich eine Karawane von einem Dutzend Kamelen im Gänsemarsch auf den Weg in die Sanddünen und hinterließ eine dichte Staubwolke. Durch seine Brille konnte er Sir Lionel und Ram Singh auf die führenden Tiere sehen.

Gegen Ende der Karawane sah er Mary Hastings. Er dachte, dass sie sich umdrehte und ihn ansah. Er konnte nicht sicher sein. Er sah zu, wie die schlanke Gestalt mit dem Schleier um den Sonnenhelm im Staub verschwand.

Dann ging er schweigend zum Zelt zurück und winkte Mirai Khan, ihm zu folgen.

„Hast du die Kamele?" fragte er, als sie auf dem zerfetzten Teppich saßen, der den Zeltboden bildete.

„Nein, Exzellenz. Die Kamele dürfen nicht gemietet werden."

„Dann kauf sie."

Mirai Khan gähnte und betrachtete seinen Meister mit dem wohlwollenden Blick eines Fatalisten.

Ansichow gab es nur acht zweihöckrige Kamele , und diese tauschte der Engländer, als er zum ersten Mal kam, im Tausch gegen seine müden Tiere. Er zahlte gut."

„Nun, kaufen Sie die Kamele, die er zurückgelassen hat."

„Das wäre Torheit. Eine Woche muss vergehen, bis diese acht Lasten tragen können. Sie sind durch harte Beanspruchung fast tot. Der Engländer hat sie nicht verschont."

Gray runzelte nachdenklich die Stirn. Er muss über Lasttiere verfügen, um einen Wasservorrat von mindestens zehn Tagen mit der notwendigen Nahrung zu transportieren. Die Gobi war ein karges Land.

„Glauben Sie, dass die Karawane eines Händlers Ansichow besuchen könnte , Mirai Khan?"

„Vielleicht. In einem anderen Mond, oder möglicherweise drei oder vier. Warum sollten sie zu diesem Misthaufen im Sand kommen?"

„Kulis könnten unsere Vorräte tragen — wenn wir ihnen genug bezahlen." Gray wusste, dass dies riskant sein würde; aber er war nicht in der Lage zu wählen. Die Zeit drängte. Mirai Khan lächelte und zeigte gelbe, schmale Zähne.

„Nein, Exzellenz. Eine Unze Gold pro Stück wird diese Chinesen nicht bestechen, damit sie in die Gobi kommen."

„Die Kirgisen?"

Mirai Khan blinzelte nachdenklich angesichts des grellen Sonnenlichts außerhalb des Zeltes. „Ist die Exzellenz entschlossen, in die Gobi zu gehen?"

"Ja."

„Was Gott will, wird geschehen. Ich, Mirai Khan, habe dir in Sicherheit gebracht. Zehn Tage lang habe ich die Nahrung gegessen, die du getötet hast. Aus diesem Grund werde ich einen Teil des Weges in die Welt zurücklegen Gobi. Außerdem sollte innerhalb von vier Tagen ein Stamm Kirgisen aus der nördlichen Steppe hier sein. Es kann sein, dass einige von ihnen mit uns kommen. Ich weiß es nicht."

"Vier Tage!" Gray stöhnte.

„Ebenso werden die Männer dieses Stammes keine Lastenträger sein. Das ist nicht ihre Sitte."

„Mirai Khan: Warum fürchtest du die Stadt Sungan ? Ich dachte, du wärst ein mutiger Mann."

Grays gezielter Spott verfehlte seine Wirkung. Mirai Khan starrte ihn an und spuckte in den Sand.

„Die Region Sungan ist unrein. Es ist das Gesetz des Propheten, dass niemand etwas berühren darf, das unrein ist."

„Aber das wissen Sie nicht", rief der entnervte weiße Mann. „Du rennst vor einem Schatten davon."

„Ein Schatten kann ein Zeichen des Bösen sein. Mein Vater hat es gesagt, und es ist so."

Gray seufzte. „Dann kaufen Sie ein halbes Dutzend Maultiere. Sie können unsere Vorräte transportieren. Achten Sie auf das Kommen des Stammes, von dem Sie gesprochen haben. Wenn sie hier sind, lassen Sie es mich wissen. Kaufen Sie in der Zwischenzeit Wasserkrüge, Mehl, Reis und Tee, ausreichend für sechs Männer und drei Wochen."

Der Kirgise blinzelte verständnisvoll.

„Es steht geschrieben, dass ein Weißer von hier aus in die Wüste gehen soll", stimmte er zu. „Was geschrieben steht, wird wahr werden. Unsere Priester sagen auch, dass in der Gobi das Grab eines weißen Mannes wartet Mahlzeit deiner Augen – ausnahmsweise hast du mir das Leben gerettet.

Daraufhin drehte sich der Jäger auf die Seite, schlief ein und überließ Gray seinen eigenen Gedanken. Sie waren nicht fröhlich.

Sungan aufgebrochen . Sie hatten Kamele und würden gut vorankommen. Wenn sie den schwarzen Sandstürmen entkommen konnten, sollten sie mit etwas Glück in sieben oder acht Tagen an ihrem Ziel sein. Kein Wunder, dachte er, dass Sir Lionel offen mit ihm über die Inschrift gesprochen hatte, als er alle Kamele gekauft hatte.

Kamele konnten sich auf dem schlechten Untergrund schneller fortbewegen als Maultiere. Gray würde vier Tage – drei, wenn die Kirgisen pünktlich eintrafen – später als Sir Lionel aufbrechen. Und er würde stetig zurückfallen.

Wenn es möglich gewesen wäre, wäre er alleine gegangen. Aber er konnte zehn Tage lang nicht die nötige Nahrung und Wasser tragen. Einen Moment lang überlegte er, ob es ratsam sei, allein weiterzumachen, sobald die Maultiere gekauft werden könnten.

Diesen Plan tat er als nutzlos ab. Mirai Khan hatte ihm versichert, dass es mindestens zwei Tage dauern würde, die Tiere und die benötigten Vorräte zu bekommen. Außerdem würde er ohne Führer sein – denn Mirai Khan würde erst aufbrechen, wenn die Stammesangehörigen eintrafen.

Es wäre eine verlockende Vorsehung für einen Mann, sich mit einer Reihe Maultiere in die Gobi zu wagen. Trotzdem hätte Gray es vielleicht versucht, wenn er einen Führer gehabt hätte.

Es blieb uns nichts anderes übrig, als zu warten. Und Gray verbrachte die Zeit, so gut er konnte, indem er sein Gewehr und seinen kleinen Munitionsvorrat überholte und mit Hilfe von Mirai Khan die Lebensmittel einpackte, die dieser für ihn kaufte.

Das Schicksal bewegt sich auf seltsame Weise. Wenn Gray vor Ablauf der vier Tage begonnen hätte, hätten sich die Ereignisse in der Gobi anders entwickelt. Zum einen hätte er die Spuren des wilden Kamels im Sand nicht gesehen.

Auch die Geschichte von der blassen Krankheit hätte er nicht gehört.

Wie Mirai Khan ihm versichert hatte, erschien der kirgisische Stamm am Abend des dritten Tages in Ansichow . Der Jäger brachte Gray zu ihrer *Aul* in der Nähe von Sir Lionels Lager.

Als Dolmetscher hielt er eine Ansprache an die Neuankömmlinge. Darüber hinaus habe er, wie er dem Amerikaner später mitteilte, das, was Gray sagte, nicht wörtlich übersetzt. Wenn er das getan hätte, so behauptete er, wären sie nicht in die Gobi gegangen.

Der Grund, den Mirai Khan anführte, schien ausreichend, denn nach langer Debatte stimmten der Älteste des Stammes und zwei böse aussehende Jäger zu, Gray zu begleiten. Sie einigten sich darauf, zu Fuß zu gehen. Zur Überraschung des Amerikaners wurde nichts über eine Umkehr gesagt.

Im Morgengrauen brach er das Lager ab, und die Maultierkavalkade verließ Ansichow mit Mirai Khan an der Spitze. Als die Sonne den Nebel durchbrochen hatte, waren sie schon weit in den Sanddünen.

Es hatte keinen Sturm gegeben, seit die Hastings hier vorbeikamen, und Mirai Khan begnügte sich damit, den Kamelspuren zu folgen.

KAPITEL XIV

SPUREN IM SAND

Es war eine eintönige Arbeit, die Dünen zu erklimmen, die ihnen aus dem Sandmeer entgegenstiegen. Hinzu kam das Gefühl der Isolation, das nie so groß ist wie in den Einöden Zentralasiens. Es gab weder Vögel noch Wild. Nur einmal stießen sie auf Wasser. Dies war ihr drittes Lager, und die Kamelspuren zeigten, dass die Hastings die Oase besucht hatten.

Aufgrund der großen Höhe wirkte sich die Anstrengung auf Gray aus; Aber er machte das Beste aus diesem notwendigen Übel und machte weiter. Am vierten Tag verloren sie die Spur der anderen Karawane und Gray bestimmte seinen Kurs mithilfe des Kompasses. Er wusste, dass Sir Lionel geplant hatte, genau nach Westen anzugreifen.

In dieser Nacht entdeckten sie die Spuren des wilden Kamels.

Gray war bei Sonnenaufgang aus seinen Decken gekrochen und wärmte seine steifen Glieder über dem Feuer, das die anderen angezündet hatten – denn die Herbstkälte machte sich in den Nächten bemerkbar. Er fand Mirai Khan und die Kirgisen aufgeregt.

Sie hatten Spuren rund um das Lager gesehen.

Die Jäger zeigten sie Gray, der zunächst glaubte, die Abdrücke seien von der Karawane der Hastings hinterlassen worden. Mirai Khan versicherte ihm jedoch, dass die Spuren am Abend zuvor noch nicht vorhanden gewesen seien. Außerdem waren die Hufabdrücke kleiner als die des Hauskamels und nicht ganz so tief im Sand.

Mirai Khan zeigte ihm, wo die Spuren auftauchten, ging zweimal um das Lager herum und führte sie dann über die Dünen davon.

„Es ist das Zeichen eines wilden Kamels, Exzellenz", sagte er. „Von jemandem, der gekommen ist, um uns anzusehen."

„Und warum sollte das nicht passieren?"

Mirai Khan kratzte sich offensichtlich unruhig an seinem dünnen Bart.

„Es ist ein gutes Omen", fuhr Gray fort, als er dies bemerkte. „Denn von diesem wilden Kamel können wir Fleisch haben."

Er hatte gehört, dass diese Tiere, obwohl selten, manchmal in der südlichen Gobi gesehen wurden. Abgesehen davon, dass er sich wünschte, dieses besondere Kamel hätte gewartet, bis das Licht gut genug für einen Schuss war, dachte Gray kaum darüber nach. Nicht so die Kirgisen. Die Jäger unterhielten sich ernsthaft mit Mirai Khan und schienen nicht bereit zu sein, weiterzumachen.

„Wenn du das Biest siehst", fügte er ungeduldig über die Verzögerung hinzu, „probieren wir es mit einem Pirsch. Wir brauchen Fleisch."

Mirai Khan grunzte und spuckte unbeirrt.

„Ich habe noch nie ein wildes Kamel erschossen, Exzellenz. Mein Vater hat gesagt, dass es gut ist, schnell zurückzukehren, wenn wir die Spuren eines Kamels sehen."

Innerlich übergab Gray den Geist von Mirai Khans Vorfahren in eine andere Region. Er näherte sich der Leine des führenden Maultiers und bedeutete dem Kirgisen, aufzubrechen. Sie gehorchten widerwillig.

„Sind Sie Männer oder Kinder?" er hat gefragt. „Ihr werdet keinen Lohn erhalten, bis wir die Ruinen von Sungan sehen ."

Während er vorwärts stapfte, fragte er sich, ob diese Rede ein Fehler gewesen war. Die Kirgisen waren offensichtlich schmollend. Mirai Khan war stiller als sonst. Gray bemerkte, dass er jedes Mal, wenn sie eine Anhöhe erreichten , die Ebene aufmerksam absuchte. Das Verhalten seiner Führer zu diesem Zeitpunkt verwirrte ihn. Die Kirgisen waren natürlich alles andere als Feiglinge. Sicherlich hatten sie weder Angst noch Respekt vor den Chinesen von Ansichow . Als Mohammedaner waren sie den buddhistischen Priestern gegenüber gleichgültig.

Doch der Anblick wilder Kamelspuren hatte diese Männer – gebürtige Jäger – in Panik versetzt.

Gray gab es auf. Er ging trübsinnig neben dem führenden Maultier her und grübelte über sein Scheitern nach – denn er konnte nicht länger vor sich verbergen, dass er Sungan eine gute Woche nach den Hastings erreichen musste –, als er Mirai Khan auf dem Gipfel einer Düne stehen bleiben sah. Die Gestalt des Jägers versteifte sich wachsam wie ein dressierter Hund, der ihn anstarrt.

Gray kletterte den Hang hinauf an die Seite des Mannes. Zuerst sah er nur die braune Wüste der Dünen. Dann fand er heraus, was Mirai Khan gesehen hatte. Er hob seine Brille und stellte sie scharf .

In einiger Entfernung kam ein Mann auf sie zu. Es war ein weißer Mann, der zu Fuß ging und sehr langsam ging. Gray erkannte Sir Lionel Hastings.

Im Gefolge des Kirgisen näherte er sich dem Engländer. Sir Lionel blickte erst auf, als sie nur noch wenige Schritte entfernt waren. Dann blieb er stehen und schwankte vor der Müdigkeit eines Menschen, der schon lange unterwegs war.

Er trug weder Mantel noch Gewehr noch Sonnenhelm. Sein hageres Gesicht war von Müdigkeit gezeichnet. Die Hand, die nach seiner Brille suchte, zitterte. Seine Stiefel und Gamaschen waren voller Staub.

„Sind Sie das, Captain Gray?" fragte er unsicher.

„Ja, Sir Lionel. Was ist los? Wo ist die Karawane?" Gray wollte gerade nach Mary fragen, hielt aber zurück. „Du wirst etwas trinken wollen. Hier – "

Der Engländer schüttelte den Kopf. Gray bemerkte, dass seine kahle Stirn von der Sonne gerötet war; dass sein normalerweise gepflegtes gelbes Haar durch den Staub eintönig geworden war.

„Ich hatte Wasser, danke. Da hinten, beim Tamariskenbaum. Die Karawane hat dort vor zwei oder drei Tagen übernachtet. Ich weiß nicht mehr, welcher." Er drehte sich langsam um. "Kommen."

Ein kurzer Spaziergang führte sie zu den wenigen Büschen und der Tamariske. Dort war ein Brunnen gegraben worden. Sir Lionel weigerte sich, eines der Maultiere zu besteigen, obwohl er offensichtlich vor Erschöpfung am Ende war. Zu diesem Zeitpunkt war Gray zu beschäftigt, um es zu bemerken, aber die Kirgisen unterhielten sich – wie er sich später erinnerte – ernst miteinander und schauten häufig in ihre Richtung.

Der Engländer bewegte sich, während er sprach, automatisch. Er ging mit Willenskraft. Als Gray, der die Stärke der Sonne kannte, seinen eigenen Hut auf den Kopf des Mannes setzte, dankte ihm Sir Lionel mechanisch.

Es war diese Stille des Mannes, die Gray zutiefst beunruhigte. In seinen dumpfen Bewegungen lag etwas Zielloses und Verzweifeltes. Gray sah, wie krank er war, und verzichtete darauf, weitere Fragen zu stellen, bis sie auf dem kleinen Fleck im Schatten saßen. Die Kirgisen zogen sich mit ihren Gewehren auf eine benachbarte Anhöhe zurück.

„Hier in der Nähe haben wir Kamelspuren entdeckt – wilde Kamelspuren."

Die Worte erschreckten Gray, als er noch den Streit mit Mirai Khan an diesem Morgen beendete.

„Hast du die Karawane verloren?" er rief aus. „Guter Gott, Mann! Wo ist Mary?"

„Ich habe die Karawane verloren", sagte Sir Lionel. „Und Mary auch."

Plötzliche Angst zerrte an Grays Herz.

„Bei Sungan ."

Sir Lionel sah zu dem Amerikaner auf und Gray sah den Schmerz in seinen entzündeten Augen widerspiegeln.

„War sie bei Ram Singh?"

„Ram Singh ist tot."

"Die Anderen?"

„Getötet. Ich glaube nicht, dass Mary getötet wurde."

Gray holte tief Luft und schwieg. Von der Anhöhe aus beobachteten die Jäger aufmerksam.

„Ich werde dir erzählen, was passiert ist." Sir Lionel fuhr sich mit der Hand über die Augen. „Die Sonne – ich bin ziemlich erschöpft. Seit zwei Tagen kein Essen. Nein –", als Gray begann aufzustehen. "Ich bin nicht hungrig."

Er lag mit geschlossenen Augen im Sand. Sein Gesicht war angespannt von der Anstrengung, die er machte, um zu sprechen. Doch was er sagte, war klar und militärisch knapp.

„In der Nacht, nachdem wir die Kamelspuren gesichtet hatten, wurden wir heftig angegriffen. Ich glaube, das war vor vier Nächten. Es war eine Mondsichel. Natürlich hatte ich Wachposten stationiert. Sie gaben Alarm. Es gab eine rege Aktion."

„Wer hat dich angegriffen?"

„Ram Singh sagte, dass es sich möglicherweise um eine Gruppe umherziehender Kirgisen handelte. Wir konnten sie in dem schlechten Licht nicht deutlich sehen. Seltsame Sache. Sie schienen auf dem Weg zu sein. Als sie sich nach einem Schusswechsel zurückzogen, schauten wir über den Boden." Keine Fußabdrücke. Nur Kamelspuren. Und sie trugen ihre Verwundeten weg."

Gray fragte sich kurz, ob Sir Lionels Geist von der Sonne beeinflusst worden war. Aber der Engländer sprach rational. Darüber hinaus war Mirai Khan alarmiert, als sie die Abdrücke in der Erde zum ersten Mal sahen.

„Unsere Führer – Dunganer , wissen Sie – sagten, die Angreifer seien Wächter von Sungan gewesen . Wir haben sie nicht wieder gesehen. Am späten Nachmittag kam ein *Kara Buran* an unserem Weg vorbei. Als der Wind stärker wurde, schlugen wir im Kreis unserer Tiere Zelte auf. Als der Sturm nachließ, konnte ich durch meine Brille die Türme von Sungan erkennen .

Sir Lionel blickte mit einem leichten Anflug von Triumph auf.

„Ich hatte recht. Sungan ist eine Ruinenstadt, die im Sand begraben liegt. Nur die Türme sind aus der Ferne sichtbar. Wir waren etwa eine halbe Meile von den nächsten Ruinen entfernt."

Er seufzte und zog die Brauen zusammen. Er sprach ruhig. Gray war mit dem Zustand der Erschöpfung vertraut, der zu Mattigkeit führt, wenn langes Einwirken von Gefahren oder der Ansturm plötzlicher Ereignisse die Nerven trüben.

„Es war Dämmerung, als Mary und ich mit zwei Dienern begannen, zu den Türmen zu gehen. Ich konnte es kaum erwarten, die Ruinen zu betreten. Und tatsächlich erreichte ich die ersten Trümmerhaufen. Das werden Sie doch nicht vergessen, oder? Alter Mann? Ich war der erste Weiße in Sungan

.

Gray nickte. Er spürte erneut den Eifer, der Sir Lionel blind in das Herz der Gobi gezogen hatte. Und vielleicht hatte er Maria dem Stolz des Wissenschaftlers geopfert. Aber er konnte dem müden Mann vor ihm keinen Fehler in der Vergangenheit vorwerfen.

„Mach weiter", sagte er grimmig.

„Es war spät in der Dämmerung. Ich habe vergessen hinzuzufügen, dass unsere Dunganer nach dem ersten Gefecht desertiert sind. Verängstigt, nehme ich an. Nun, Mary und ich sind fast zu den Ruinen gerannt. Sie war genauso glücklich wie ich über unseren Erfolg – was wir für unseren hielten Erfolgreich. Bisher hatten wir keine Menschen in den Ruinen gesehen. Es gab jedoch jede Menge Spuren und Vegetation, die auf das Vorhandensein von Brunnen hindeuteten."

„Dann entdeckten Mary und ich das Wusun." Sir Lionel lachte plötzlich rau. Er erlangte sofort die Kontrolle über sich. „Sie – diese Bewohner von Sungan – kamen hinter den Steinhaufen und aus scheinbar Löchern im Boden hervor. Wie gesagt, es war später Abend und ich konnte ihre Gesichter nicht gut erkennen. Dennoch sah ich – "

Er hielt sich zurück und verstummte, als würde er nachdenken. Gray vermutete, dass er sich das, was er sagen wollte, anders überlegte.

„Sie waren unbewaffnet, Kapitän Gray, aber in beträchtlicher Stärke. Sie rannten mit schwerfälligem Gang voran, wie Tiere. Sie waren in schmutzige Schaffellstreifen gekleidet, die einen üblen Geruch verströmten. Ich hatte meinen Revolver. Trotzdem zögerte ich Erschieße diese unbewaffneten Bettler. Sie antworteten nicht auf meinen Ruf, der auf Persisch und dann auf Türkisch ausgesprochen wurde.

„Als ich sah, dass sie offensichtlich feindselig waren, begann ich zu schießen. Sie gingen beharrlich vor, anscheinend ohne Angst zu haben, verletzt zu werden. Und meine beiden Männer rannten. Einer war ein tapferer Junge, Captain Gray – ein Syce, der seit mehreren Jahren bei mir war. Dennoch warf er sein Gewehr weg und rannte davon. Ich sah, wie zwei der Männer von Sungan ihn niederrissen."

Gray zitterte unwillkürlich, als er an das Mädchen dachte, das Sir Lionel an diesen Ort gebracht hatte.

„Ich verstehe nicht, warum es passiert ist", bemerkte der Engländer klagend. „Wir hatten diesen Männern keinen Anlass gegeben, uns anzugreifen. Ich glaube, es waren nicht dieselben Kerle, die in der Nacht zuvor auf uns losgegangen waren. Zum einen hatten sie keine Waffen. Es waren Frauen unter ihnen. Sie machten auf mich den Eindruck von Hunden, Jagen im Rudel. Sie müssen in Deckung auf uns gewartet haben.

„Was ist mit der Karawane passiert?"

„Stürmte. Die Sungan- Leute kamen dorthin, bevor Mary und ich das Lager erreichen konnten. Unsere Jungs waren überrascht zu mir mit Ersatzgewehren. Der Sikh, der den Rang eines Schützen hatte, schoss sehr genau. Aber die Sunganis kamen zwischen uns und ich sah, wie er kämpfend unter einer Meute Männer zu Boden ging. Mary und ich drehten uns zur Seite und versuchten zu fliehen die Sanddünen.

Sir Lionel stützte sich unsicher auf einen Ellbogen.

„Glauben Sie nicht, Captain Gray, dass ich Mary aus freien Stücken verlassen habe. Es war inzwischen schon dunkel. Wir konnten hören, wie die Männer uns durch die Dünen jagten. Eine Gruppe von ihnen stürzte sich von einem Hang auf mich Dann schlug ich ein oder zwei von ihnen nieder und rief nach Maria. Sie antwortete nicht. Sie hatten sie weggebracht. Wenn sie sie getötet hätten, wäre ich auf ihren Körper gekommen. Aber sie war weg.

„Hast du gehört, wie sie dich gerufen hat?" fragte Gray zwischen zusammengepressten Lippen.

„Nein. Sie ist ein mutiges Mädchen. Auf meiner Suche nach ihr geriet ich außer Sichtweite der Männer, die mich verfolgten. Ich konnte dort nicht bleiben, denn sie verfolgten meine Fußabdrücke. Sie haben ein unheimliches Talent darin, Captain Gray. Wie gesagt, sie erinnerten mich an Hunde.

Er sah seinen Begleiter an, Verzweiflung spiegelte sich in seinen müden Augen.

„Danach hatte ich zwei Möglichkeiten – unbewaffnet in der Nähe von Sungan zu bleiben oder zurückzukehren, in der Hoffnung, Sie zu treffen. Ich wusste, dass Sie unseren Spuren wahrscheinlich so weit wie möglich folgen würden. Möglicherweise würden Sie dieses Gebüsch sehen. I Ich bin hierher zurückgekehrt. Vor einiger Zeit habe ich den Staub Ihrer Karawane gesichtet.

Gray schwieg, brach kleine Zweige aus dem Busch, unter dem sie saßen, und warf sie von sich, während er nachdachte. Sir Lionels Geschichte war schlimmer, als er erwartet hatte. Mary Hastings war in den Sungan - Ruinen. Sie könnte sogar jetzt tot sein. Mit Willensanstrengung vertrieb er den Gedanken.

Die volle Kraft seiner Gefühle für das Mädchen überkam ihn. Von der Nacht an, als ihre Diener ihn in der *Aul* gefangen genommen hatten, war sie in seinen Gedanken gewesen. Es war dieses Gefühl – die bindende Liebe, die manchmal einem Mann mit einsamen Gewohnheiten widerfährt, dessen Charakter es ihm nicht erlaubt, es zu zeigen –, das ihn dazu gebracht hatte, sie davor zu warnen, in die Gobi zu gehen. Und das war es, was ihn mit aller möglichen Eile zu ihr gedrängt hatte.

Nun war die Karawane der Hastings ausgelöscht und Mary befand sich in den Händen der Männer von Sungan .

„Wir fangen sofort an", sagte er leise. „Das heißt, wenn Sie Lust dazu haben."

Der Engländer erwachte mit Mühe und versuchte zu lächeln.

„Ich fürchte, ich bin ziemlich fertig, Captain Gray. Aber setzen Sie mich auf ein Maultier, wissen Sie. Ich komme schon gut zurecht." Gray wusste, dass er log, und wurde von dem Mut des Mannes begeistert. „Ich darf dich nicht aufhalten."

„Wir sollten in sechsunddreißig Stunden bei den Ruinen sein."

„Richtig! Wo ist das Maultier –" er brach ab, als Mirai Khan neben ihnen erschien.

"Exzellenz!" Die Augen des Kirgisen waren vor Aufregung weit aufgerissen. „Ich habe Männer mit Gewehren gesehen, die sich von zwei Seiten näherten."

„Bringen Sie Ihre Maultiere ins Unterholz, Kapitän Gray", sagte Sir Lionel schnell. „Und stellen Sie Ihre Männer hinter die Kisten mit den Vorräten. Verzeihen Sie mir, dass ich Befehle gebe?

Der Amerikaner reichte ihm das an seiner Schulter hängende Gewehr mit dem Patronengürtel. Die kirgisischen Jäger führten die Maultiere bereits ins Unterholz.

KAPITEL XV

Ein letztes Lager

Gray hatte keine Möglichkeit zu wissen, wer die Neuankömmlinge waren, aber die Erfahrung hatte ihn gelehrt, wie wichtig eine bewaffnete Front im Umgang mit einem unbekannten Element war. Und Sir Lionels Geschichte hatte seine größten Ängste geweckt.

Anweisungen des Amerikaners luden die Mohammedaner die Tiere ab und banden sie in der Nähe des Brunnens fest. Die Vorräte trugen sie zu den äußeren Büschen. Mirai Khan bereitete resigniert seinen Hinterlader vor.

„Sagte ich nicht, dass die wilden Kamelspuren eine Warnung waren?" murmelte er in seinem Bart. „ Ebenso steht geschrieben, dass hier in der Gobi das Grab eines weißen Mannes gegraben werden soll. Wie geschrieben steht, darfst du nicht entkommen. Du hättest umkehren können, aber du würdest nicht."

„Nehmen Sie einen Mann", befahl Gray scharf, „und beobachten Sie die Ostseite des Unterholzes."

„Eine gute Idee", stimmte der Engländer zu, der einen der Jäger überredet hatte, die Zeltrolle vor sich abzulegen. Er legte das Gewehr kühl auf das Bündel Leinwand. „Wir müssen diese Kerle besiegen, bevor wir weitermachen können." Er nickte Gray ruhig zu.

Gray ließ einen der Jäger bei Sir Lionel zurück, da er wusste, wie wertvoll die Anwesenheit eines weißen Mannes unter den Kirgisen war. Er selbst nahm die andere Seite des Dreiecks nach Norden ein. Der Hügel lag auf einem Bergrücken, der ungefähr genau nach Osten und Westen verlief. Die nächsten Sandkämme waren etwa zweihundert Meter entfernt. Hinter ihnen konnte er gelegentlich einen Gewehrlauf oder eine Schaffellmütze erkennen.

Durch diese Anordnung konnten in jedem Viertel, in dem ein Ansturm beginnen könnte, mindestens drei Gewehre zum Einsatz gebracht werden; Ebenso konnten sie alle bedrohten Punkte beobachten. Aber ihre Gegner schienen wenig geneigt zu sein, solche Taktiken auszuprobieren. Sie blieben hinter den Dünen verborgen und hielten ein verstreutes Feuer aufrecht, das gezielt auf die Menschengruppe im Unterholz zielte.

Dadurch entstand kleiner Schaden. Die Kirgisen erwiesen sich, als die Angelegenheit einmal zur Debatte stand, als hervorragende Schützen und gaben genauso viel zurück, wie sie erhielten. Gray, der von seinem Posten unter einem Busch aus zusah, bildete sich ein, dass zwei oder drei von Mirai

Khans Schüssen Wirkung zeigten. Er selbst hat nicht geschossen. Eine Automatik ist für schnelles Feuer aus nächster Nähe konzipiert, nicht für heikles Scharfschützenschießen.

Aber Sir Lionel war mit einem Gewehr zu Hause. Gray blickte zurück unter die Tamariske und sah, wie er ruhig seine Brille zurechtrückte, ein Ziel ins Visier nahm, den Abzug drückte und dann über seinen Unterschlupf spähte, um zu sehen, ob seine Bemühungen erfolgreich waren. Offensichtlich hatte der Engländer schon früher Taten erlebt – und das schon oft, vermutete Gray, wenn man den Mann beurteilte.

„Eine Aufklärung mit Gewalt, würde ich es nennen, alter Mann", rief der Engländer zurück. „Ich denke, wir sind hier in Sicherheit. Aber die Verzögerung ist gefährlich."

Er hielt inne, um einen Schnappschuss von der gegenüberliegenden Düne zu machen. Gray suchte stirnrunzelnd den Boden vor ihm ab. Er wusste, dass Sir Lionel genauso ungeduldig war wie er, nach Sungan zu starten . Es half nichts, es sei denn, die angreifende Partei konnte vertrieben werden.

Gray hatte darüber nachgedacht. Ihre Gegner schienen eine kleine Gruppe zu sein, und sie hatten in der ersten Stunde mindestens drei oder vier Verluste erlitten. Grays Streitmacht war noch intakt.

Soweit er erkennen konnte, waren die Männer hinter den Dünen Chinesen – Grenzchinesen – und schlecht bewaffnet. Warum sie ihn angriffen, wusste er nicht. Mirai Khan hatte es für selbstverständlich gehalten.

„ Jeder , der diesen Teil der Gobi betritt, scheint zur Hinrichtung bestimmt zu sein", dachte er grimmig. „Wenn das der Fall ist, können zwei mitspielen. Und wir müssen vor Einbruch der Dunkelheit anfangen."

Vorsichtig schlängelte er sich zurück in die Büsche auf der Seite, die Mirai Khan hielt. Dieser Person vertraute er an, was ihm durch den Kopf ging. Die Kirgisen protestierten zunächst entschieden. Doch als Gray ihm versicherte, dass die Nacht sie auf dem Hügel erwischen würde und sie den Ansturm nicht abwehren könnten, wenn sie nicht taten, was er geplant hatte, gab er nach.

„Wenn Gott will", murmelte er, „können wir es tun. Und ich glaube nicht, dass ich hier sterben werde."

Gray segnete ausnahmsweise den Fatalismus seines Führers und rief einen der Jäger herbei. Er nahm ein Ersatzpatronenmagazin aus seinem Gürtel und nahm es in die linke Hand. Als das erledigt war, nickte er den beiden Kirgisen zu, richtete sich auf und rannte auf der von Sir Lionel abgewandten Seite den Bergrücken entlang.

Das Manöver überraschte ihre Feinde. Ein oder zwei Schüsse wurden auf die drei abgefeuert, als sie die Düne entlang rannten und den Gipfel erreichten, hinter dem die Chinesen Zuflucht gesucht hatten. Gray sah, wie vier oder fünf Männer hastig aufstanden und zu fliehen begannen.

Er betätigte viermal den Abzug seiner Automatik und zählte dabei sorgfältig mit. Präzises Schießen ist eher eine Frage der Coolness als des Könnens. Zwei der Chinesen fielen zu Boden; ein anderer taumelte und rannte hinkend. Die Überlebenden hoben die beiden Verwundeten auf und verschwanden in den Dünen.

„ *Hai!* " grunzte Mirai Khan entzückt, „da spricht die kleine Waffe in vielen Sprachen. Wahrlich, ich habe noch nie gesehen –"

„Folgen Sie diesen Männern", befahl Gray streng. „Sorgen Sie dafür, dass sie weiter fliehen." Er gab dem anderen Kirgisen ein Zeichen und trottete über den Bergrücken zurück auf die andere Seite. Hier traf er auf ein vereinzeltes Feuer, das etwas Staub aufwirbelte, aber keinen Schaden anrichtete.

Die Chinesen auf dieser Seite der Hochburg der Weißen hatten das Schicksal ihrer Landsleute erfahren und warteten nicht auf das Kommen der „Waffe der vielen Zungen".

Gray sah, wie ein halbes Dutzend Gestalten in den Dünen verschmolzen, und feuerte mit der Maschinenpistole auf sie. Er glaubte, dass mindestens einer seiner Schüsse Wirkung gezeigt hatte. Er und die Kirgisen, die durch den Einsatz der Automatik enormes Selbstvertrauen gewonnen hatten, drängten vorwärts und trieben ihre Angreifer ein Stück weit zurück. Als die Chinesen außer Sichtweite waren, eilte Gray zurück zum Hügel.

Dort fand er Sir Lionel, der mit dem Rücken gegen die Leinwandrolle saß, zusammen mit dem aufgeregten Kirgisen.

„Die Küste scheint klar zu sein", bemerkte Gray. „Wir können uns auf den Weg machen –"

Der Engländer hustete und versuchte zu lächeln. „Ich fürchte, ich bleibe hier", wandte er ein. „Es ist mein Pech, Captain Gray. Einer der Bettler hat mich mit der letzten Salve niedergeschlagen. Ein Zufallsschuss."

Er zeigte auf seine Brust, wo er das Hemd geöffnet hatte. Der Stoff wurde durch die Kugel zerrissen. „Hat die Lunge berührt, wissen Sie" – wieder hustete er und spuckte Blut – „schwer."

Gray untersuchte hastig die Wunde. Es blutete äußerlich kaum; aber es hatten innere Blutungen eingesetzt.

„Wir müssen dich zurück nach Ansichow bringen “, sagte er mit gezwungener Fröhlichkeit. „Ein Maultierwurf und einer der Kirgisen reichen aus.“

„Nein, das wird es nicht, alter Mann.“ Sir Lionel schüttelte den Kopf. „Ich würde dort nie ankommen. Die Reise eines Tages würde mich fertig machen. Ich bleibe – hier.“

Mirai Khan, der sich wieder der Gruppe angeschlossen hatte, nahm seine Gefährten beiseite und unterhielt sich ernsthaft mit ihnen. Gray tat, was er konnte, um es dem Engländer bequem zu machen. Unterstützt von den Jägern, die zögernd arbeiteten, baute er das Zelt auf und legte den Verwundeten auf eine Decke, wo er durch die Plane vor der Sonne geschützt war.

Als das erledigt war, füllte er seine Pfeife, zündete sie an und setzte sich neben seinen Freund, während er launisch rauchte.

„In meiner Hemdtasche finden Sie eine Zigarette“, sagte Sir Lionel leise. „Wirst du es für mich anzünden? Ich habe genug Lungen – zum Rauchen und –“ er räusperte sich mühsam. „Vielen Dank. Ich habe dir etwas zu sagen. Das dauert nicht – eine Minute. Fieber hat eingesetzt. Muss reden. Letzte Nachricht, wissen Sie.“

Er lächelte mit angespannten Lippen.

„Seltsam“, fügte er hinzu. „Ich dachte, das passiert nur – in Büchern.“

Gray beobachtete die Schatten, die über den Hügel krochen, und runzelte die Stirn. Er wusste, dass Sir Lionel keinen weiteren Tag überleben würde. Mit dem Tod seines Freundes wäre er allein. Und er muss Mary Hastings finden. Er fragte sich, was der Engländer ihm sagen wollte.

„Weißt du“, begann der andere und nutzte einen Moment, als seine Kehle klar wurde, „ich sagte, ich hätte die Gesichter der Männer von Sungan gesehen . Sie hatten ihre Hände auf mich gelegt und ich sah sie nah dran. Ich habe es nicht gesagt.“ Sie wissen zunächst, was ich daraus abgeleitet habe.

Gray nickte und dachte darüber nach, wie der Entdecker mitten im Satz seiner Geschichte von vor zwei Stunden abgebrochen hatte.

„Vergessen Sie nicht, Captain Gray –“ ein Aufblitzen von Eifer huschte über das gebräunte Gesicht – „Ich war der Erste in Sungan . Ich möchte, dass die Männer, die mich geschickt haben, das wissen. Nun, die Gesichter, die ich sah, waren weiß – in.“ Flecken.“

Gray pfiff leise und erinnerte sich an die Worte von Brent. Der Missionar hatte gesagt, dass der Mann, den er in der Gobi sah, teilweise weiß sei. Auch Mirai Khan hatte dasselbe gesagt.

„Diese Männer, Captain Gray, waren keine weißen Männer. Sie litten an einer Krankheit. Ich habe sie zu oft gesehen – um mich zu irren. Es ist Lepra."

Mechanisch befingerte Gray seine Pfeife. Lepra! Er wusste, dass diese Krankheit dazu führte, dass das Gesichtsfleisch verfiel und dabei weiß wurde. Und Lepra war in China weit verbreitet.

„Ich habe nachgedacht", fuhr der Engländer fort, „während ich darauf gewartet habe, Ihre Karawane zu sehen. In den Ruinen von Sungan gibt es Leprakranke . Vielleicht liegt der Ort deshalb isoliert. Die Chinesen haben Leprakolonien."

„Ja", stimmte Gray zu. Keiner der Männer äußerte den Gedanken, der ihn am meisten beschäftigte, dass Mary von diesen Männern ergriffen worden war. „Mirai Khan erzählte mir, dass Sungan ein unreiner Ort sei. Die Kirgisen – die ziemlich frei von der Krankheit sind – meiden Sungan . Delabar, mein Begleiter, hatte Angst davor, glaube ich."

„Das erklärt vielleicht den Mythos der weißen Rasse in der Gobi. Und die Wachen."

Sungan gebracht wurden ", fügte Gray grimmig hinzu. „Gott, warum haben sie uns nicht gewarnt?"

„Sie wurden gewarnt, Captain Gray. Unsere Karawane reiste so heimlich wie möglich. Ich – ich habe nicht darauf geachtet, was die Chinesen sagten. Sie haben ihre Geheimnisse. Ich hätte vorsichtiger sein sollen. Ich habe den Fehler meiner Rasse gemacht. Übermäßiges Selbstvertrauen in." Umgang mit Einheimischen. Ich wollte der erste Weiße in Sungan sein .

Er hielt inne und griff nach einem Becher Wasser, den Gray für ihn eingefüllt hatte. Der Amerikaner beobachtete ihn verständnislos. Die Rede von der blassen Krankheit war also mehr als nur eine Legende. Und er hatte die Wurzel von Delabars Angst vor der Gobi entdeckt. Warum hatte der Wissenschaftler nicht in so vielen Worten gesagt, dass Sungan eine Leprakolonie sei? Zweifellos hatte Delabar gewusst, dass Gray nicht umkehren würde, bis er die Wahrheit der Sache selbst erkannt hatte.

Hatte Wu Fang Chien ähnlich argumentiert? Es war nur natürlich, dass die chinesischen Behörden nicht gewollt hatten, dass der Amerikaner eine der isolierten Leprakolonien besuchte. Wu Fang Chien hatte Grays Mission entdeckt. Und der Mandarin war bereit gewesen, Gray zu töten, um ihn von Sungan fernzuhalten . Der Asiate hatte versucht, den Weißen davon abzuhalten, in einen der verborgenen, infizierten Orte der Mongolei vorzudringen. War das die Wahrheit? Gray, dem das Herz weh tat, weil Hastings ihm erzählt hatte, glaubte es. Später verstand er die Motive, die Wu Fang Chien angetrieben hatten, besser.

„Denken Sie daran", fuhr Sir Lionel müde fort, „wir haben erfahren, dass die Wusun Gefangene waren. Der Stein selbst – der Grenzstein, den wir in Ansichow gefunden haben – sagte das."

„Aber der Stein bezeichnete die Wusun als Eroberer."

„Eine Legende aus einem früheren Jahrhundert. Ein weiteres Rätsel – Asien. Ich fürchte, Captain Gray, wir sind bei unserer Mission gescheitert. Und es hat uns viel gekostet." Er hustete und blickte Gray an. „Wir haben die Aussätzigen von Sungan gefunden . Und wir haben zugelassen, dass sie Mary mitnehmen. Ich bin eher aus dem Spiel. Und ich würde lieber hier sterben als in einer Maultierstreu. Du hast alles für mich getan, was du konntest." ."

Gray machte eine ablehnende Geste. Der Mut des Engländers angesichts des unvermeidlichen Todes erregte seine Bewunderung. Der Mangel an Vitalität, mehr noch als die Wunde, machte es unmöglich, Hastings lebend aus der Gobi herauszuholen. Sir Lionel war sich dessen bewusst und behandelte seine eigene Situation so gleichgültig, wie er eine routinemäßige Übungsfrage hätte erledigen können.

„Ich habe dir zuerst nichts von den Aussätzigen erzählt", fuhr er fort, „weil ich befürchtete, dass dir der Mut fehlen könnte, weiterzumachen. Ich würde dir keine Vorwürfe machen. Aber ich habe dich unter Beschuss gesehen – und ich weiß es." besser."

„Ich gehe Mary nach", sagte Gray grimmig.

Sir Lionel nickte.

„Natürlich. Keine große Chance; aber – ich bin froh." Er hustete und wischte sich die Lippen. „Sie hatten Recht, Kapitän Gray. Sie – sie hat mir erzählt, was Sie in Ansichow gesagt haben.

Gray suchte nach Worten und schwieg. Keiner der Männer gefiel es, seine Gefühle preiszugeben.

„Meine Rücksichtslosigkeit hat Mary zu Sungan gebracht , Captain Gray. Jetzt bitte ich Sie, meinen Fehler, wenn möglich, wiedergutzumachen –"

"Exzellenz!" Zwischen den Zeltklappen erschien der zottige Kopf von Mirai Khan. „Ich muss mit dir sprechen."

Gray ging nach draußen und stellte fest, dass der Kirgise finster dreinschaute und sich unwohl fühlte. Vor ihren Gesichtern verschwand die Sonne über der Ebene der Gobi und färbte die kahlen, gelben Hügel tiefrot. Eine braune Eidechse zog ihren Körper von den beiden Männern weg und hinterließ Spuren ihres Vorbeigehens im Sand.

Sungan nicht verlassen. Hearken, Jäger der mächtigen kleinen Waffe. I und meine Kameraden folgten den Spuren unserer Feinde. Es waren Kamelspuren.

„Unsinn", knurrte Gray. „Das waren Männer mit Waffen. Du hast sie gesehen."

Sungan zurückgekehrt . die Maultiere als Lohn nehmen –"

Gray blickte sich schnell im Lager um. Bis auf das Zelt war es leer.

„Was geschrieben steht, darf nicht geändert werden", sagte der Kirgise sentimental. „Die anderen sind weg, und ich werde ihnen folgen. Gott hat verboten, dass wir an diesem bösen Ort bleiben. Aus Liebe zu dir habe ich dir das Gewehr mit dem Riemen an der Wand des Stoffhauses stehend zurückgelassen. Wenn Es ist dein Wille, du darfst mich mit der kleinen Waffe der vielen Zungen erschießen, weil ich dich verlasse. Aber ich denke, du wirst es nicht tun. Ich hätte ohne dein Wissen gehen können."

Gray musterte den Jäger trübsinnig. Mirai Khan lächelte liebevoll.

„Selbst wenn Sie gedroht hätten, uns zu erschießen, Exzellenz, wären wir keinen weiteren Schritt näher an Sungan herangekommen Ich würde die Maultiere nicht brauchen, also haben sie die Tiere mitgenommen. Ich weiß nicht, ob du sterben wirst oder nicht. Du hast den schnellen Verstand eines Bergschafs und den Mut eines Tigers. Aber ich habe große Angst um dich. Er, der ist drinnen--"

Mirai Khan zeigte auf das Zelt.

„Wer drinnen ist, wird hier sterben. Habe ich nicht vorhergesagt, dass ein weißer Mann sterben würde? Aber du wirst weitermachen, denn die Männer von Sungan haben die weiße Frau genommen, die dein Herz erwärmt hat. Ich habe Augen und ich habe deine Liebe gesehen." für die Frau."

Gray ging zum Gewehr und inspizierte es. Das Patronenlager war leer und die Patronen waren aus dem Bandelier verschwunden. Sir Lionel hatte den kleinen Vorrat im Gürtel aufgebraucht. Gray hatte keine Reservemunition. Wu Fang Chien hatte das genommen. Er reichte Mirai Khan die Waffe.

„Ich habe keine Kugeln mehr dafür“, sagte er kurz. „Nehmen Sie es. Senden Sie außerdem eine Nachricht an den nächstgelegenen weißen Missionar hinter Ansichow . Sagen Sie ihm, was hier passiert ist und dass ich heute Abend nach Sungan aufgebrochen bin . Bitten Sie ihn, die Nachricht an diesen Mann in mein Land zurückzusenden.“

Auf einem Blatt Papier, das aus einer Ecke der Karten gerissen war, die er noch bei sich trug, schrieb Gray Van Schaicks Namen und Adresse auf.

„Es soll geschehen, wie du sagst“, bestätigte der Jäger und steckte das Papier in seinen Gürtel. „Die Waffe ist eine gute Waffe. Aber die kleine mit den vielen Zungen ist besser. Denken Sie daran, wir hätten Sie im Stoffhaus überfallen und Ihnen alles nehmen können, was Sie hatten. Meine Kameraden wollten es tun, aber ich wollte es nicht tun wir haben zusammen Salz gegessen.“

Mirai Khan hob zum Abschied die Hand, ergriff das kostbare Gewehr und eilte davon, wobei er über die Schulter rief: „Ich muss vor Einbruch der Dunkelheit mit den Jägern zusammenkommen, sonst nehmen sie mir das Maultier, das mir gehört, und lassen mich zurück. Wie du es getan hast.“ sagte, Ihre Nachricht soll gesendet werden.

Er verschwand in den Dünen im Osten, seine in Stoff gehüllten Füße bewegten sich lautlos über den Sand. Gray sah ihm nach. Er konnte die Kirgisen nicht zwingen, nach Sungan weiterzufahren . Selbst wenn er es versuchte, hatte er genug gesehen, um zu wissen, dass Mirai Khan von diesem Zeitpunkt an für ihn nutzlos sein würde.

Bevor er zu Sir Lionel zurückkehrte , umrundete er den Bergrücken und inspizierte die Fußspuren, an denen ihre Feinde des Nachmittags vorbeigekommen waren. Er sah ein Netzwerk seltsamer Abdrücke, Spuren breiter, gespreizter Hufe. Gelegentlich gab es einen Blutfleck.

Er war zu weit von der angreifenden Partei entfernt gewesen, um ihre Schritte zu bemerken – und zu beschäftigt, um über so etwas nachzudenken. Aber unbestreitbar, wie Mirai Khan gesagt hatte, gab es hier Kamelspuren und sonst nichts.

"Der Teufel!" er fluchte. „Ich habe diese Chinesen auf jeden Fall gesehen – und es waren Männer. Wahrscheinlich ein Trick – er hat auf jeden Fall gut genug funktioniert, um meine Führer zu erschrecken.“

Er tat die Angelegenheit achselzuckend ab und machte sich auf den Weg zurück zum Zelt.

„Ist irgendetwas schiefgelaufen?“ fragte der Engländer.

„Nichts Neues“, wich Gray aus, da er Sir Lionel nicht mit der Wahrheit quälen wollte.

„Dann machen Sie sich wohl auf den Weg.“ Er sprach mit Mühe. „Mir geht es hier gut – wenn du meinen Wasserkrug füllst und die Kerze anzündest, die ich daneben sehe. Lass mir kein Essen da – ich kann nicht essen, weißt du. Enttäuschte Blutung –“

Gray ließ ihn husten und füllte das Glas am Brunnen. Auch seine eigene Feldflasche, die er an seinem Gürtel trug. Er zündete die Kerze an und stellte sie neben den Engländer in den Sand. Sir Lionel zählte die Zigaretten, die neben der Kerze lagen.

„Sie werden lange genug durchhalten“, flüsterte er. „Schließen Sie bitte das Zelt, wenn Sie rausgehen.“

Als hätte eine riesige Hand das Licht ausgelöscht, wurde das Zelt dunkler. Sir Lionel blickte auf. „Sonnenuntergang“, murmelte er, „keine Parade. Ich bleibe in meiner Kaserne.“

Gray wandte sich ab. Er konnte sehen, dass der Mann sich aufraffte, allein zu sein, und seine Kraft für die bevorstehende Prüfung sammelte. Der Engländer war absolut mutig.

Der Amerikaner rückte die Decken zurecht und legte das restliche Essen – ein paar Mehlkuchen – in sein Hemd. Sir Lionel zwang sich zu einem Lächeln.

"Rechts!" er flüsterte. „Strecken Sie genau nach Westen – das Mondlicht zeigt Ihnen die Kompasspeilung. Achten Sie auf die Ruinen. Seien Sie sich bewusst, dass Sie Mary herausholen werden, wenn es möglich ist. Auf Wiedersehen und viel Glück!“

„Du bist spielbereit!“ rief Gray unwillkürlich aus. "Auf Wiedersehen."

Der Engländer rückte seine Brille zurecht, während sie sich die Hände schüttelten. „Denken Sie daran – genau nach Westen.“

Gray warf einen Blick zurück, während er die Vorhänge des Zeltes schloss und die Kordeln der Klappen festband. Sir Lionel zündete sich an der Kerze eine Zigarette an.

Das war das letzte Mal, dass er Major Hastings sah. Sir Lionel starb ohne Klage, ein tapferer Mann, der seine Pflicht tat, so gut er konnte.

KAPITEL XVI

GRAY MACHT WEITER

Wie sein Freund vorhergesagt hatte, konnte Gray innerhalb einer Stunde seinen Kompass im Mondlicht beobachten. Es war eine klare Nacht. Die Sterne waren in voller Kraft zu sehen, zusammen mit einer Spur der weißen Wolkenfetzen , die über einem trockenen, erhöhten Plateau hingen.

Sir Lionel war aus dem Spiel und mit ihm die kirgisischen Jäger. Gray war zum ersten Mal seit seinem Besuch bei Van Schaick an dem Abend, an dem er beauftragt hatte, den Wusun zu finden, allein. Er lächelte grimmig, als er darüber nachdachte, wie sich die Dinge verändert hatten.

Hier stand er am Tor der Wusun, der gefangenen Rasse. Aber Sir Lionel hatte sie kaum als das empfunden, was Gray erwartet hatte. Der Besuch einer Leprakolonie ist nicht angenehm. Und dieser war ungewöhnlich gut bewacht. Hinter diesen Wachen, in den Ruinen von Sungan , stand Mary Hastings.

Dieser Gedanke nagte seit zwölf Stunden am Herzen des Amerikaners. Das Mädchen, das er liebte – er konnte diese Tatsache ebenso wenig vor sich verbergen, wie er die Gobi aus den Augen verlieren konnte –, war unter den Aussätzigen. War sie am Leben? Er wusste nicht. Die Wachen von Sungan schienen nicht allzu barmherzig zu sein . Aber warum sollten sie sie töten?

Nein, überlegte er, sie lebte. Sie muss am Leben sein. Und sie wartete auf Hilfe. Sie könnte herausgefunden haben, dass ihr Onkel im Kampf vor den Ruinen entkommen war. Und sie wusste, dass Gray Sungan auf ihrem Weg folgen würde .

Was Gray tun würde, nachdem er das Mädchen gefunden hatte, wusste er nicht. Er hatte schon vor langer Zeit herausgefunden, dass eine Vielzahl von Schwierigkeiten einen Menschen verwirren und verwirren. Er hatte sich darauf trainiert, jeweils nur eine Sache in Angriff zu nehmen; nicht nur das, sondern nur an eine Sache zu denken. Wenn er Mary fand, bliebe Zeit, darüber nachzudenken, was als nächstes kommen würde.

Der Gedanke an das Mädchen spornte ihn an, so dass es ihm schwerfiel, ein gleichmäßiges Tempo beizubehalten. Aber er war sich der Sinnlosigkeit blinder Eile bewusst. Er schlug einen gleichmäßigen Gang ein, den er stundenlang beibehalten konnte, einen schnellen Schritt, der die Dünen schnell hinter sich ließ.

Er bemerkte, dass diese Dünen nicht mehr so hoch waren wie zunächst. Die Wüste wurde flacher, der Boden härter. An einigen Stellen trat zwischen den Sandwällen die Lehmoberfläche hervor.

Gray versuchte nicht zu essen. Er trank auch nicht, da er wusste, wie töricht das zu Beginn eines Marsches war. Mit der Zeit würde er beides tun, nicht jetzt.

Der kraftvolle Körperbau des Mannes ermöglichte es ihm, das vorgegebene Tempo ohne Ermüdung oder Atemnot beizubehalten. Das war das Geheimnis von Grays Erfolg als Entdecker – sein sorgfältiger Umgang mit seiner großen Vitalität und seine Weigerung, sich über Probleme zu sorgen, die in der Zukunft lagen.

Als ihm die Vision von Maria aufblitzte, während er die vom kalten Mondlicht versilberten Gipfel der Dünen betrachtete, schob er sie entschlossen beiseite. Der letzte Anblick des Mädchens – die schlanke Gestalt, die fröhlich auf dem Kamel saß, als sie nach ihrem Streit davonritt – quälte ihn von Zeit zu Zeit. Gegen seinen Willen sah ein elfenhafter Ton der Erinnerung die freundlichen grauen Augen und das zarte Gesicht von Mary Hastings.

Sungan und seinem Volk gegenüberzutreten .

Zuerst war da das Rätsel um die Kamelspuren, die Mirai Khan erschreckt hatten. Diese Spuren waren von der Gruppe hinterlassen worden, die Sir Lionel und ihn selbst angegriffen hatte. Sie waren am Tag zuvor gesichtet worden.

Es war möglich, dass die ersten Fußabdrücke, die sie gesehen hatten, die eines ihrer Feinde waren und dass dieser Mann seinen Gefährten die Nachricht von ihrem Kommen überbracht hatte. Für die Männer der Kamelfüße – wie Gray sie nannte – wäre es ein Leichtes gewesen, seiner Gruppe hinterherzulaufen, ohne in den Dünen gesehen zu werden. Oder vielleicht waren sie Sir Lionel gefolgt.

Gray kam zu dem Schluss, dass genau das passiert war. Die Männer der Kamelfüße hatten den Engländer verfolgt.

Diese Schlussfolgerung führte zu einer anderen. Die Hastings-Partei war angegriffen worden. Hätten sie es nicht geschafft, sie zurückzuweisen, hätten ihre Angreifer möglicherweise Sungan von ihrer Annäherung berichten lassen .

„Mal sehen, was ich weiß", überlegte Gray methodisch. „Mit Gewehren bewaffnete Kamelfüße wurden von Hastings' Karawane abgewehrt – senden Sie Neuigkeiten an Sungan . In den Sungan -Ruinen wird für Sir Lionel ein Hinterhalt vorbereitet , wo sie uns engagieren.

Damals stellten die Kamelfüße eine Art äußere Wache des Sungan dar
. Sie waren schlechte Kämpfer und schienen kein Herz für ihre Arbeit zu
haben. Die Männer, die die Karawane ausgelöscht hatten, waren eine andere
Sorte. Sir Lionel hatte deutlich gesagt, dass sie nicht bewaffnet seien. Sie
waren Aussätzige.

Es gab damals eine äußere und eine innere Wache von Sungan . Der
Missionar Brent hatte den Außenposten gesehen, der aus gleichgültigen
Soldaten bestand. Der Gefangene, den diese Wachen verfolgt hatten, war
zweifellos ein Aussätziger gewesen, der aus der Kolonie geflohen war.

War Brent von den Chinesen getötet worden, die wussten, was er
gesehen hatte? Wenn ja, dann Maria –

Gray stöhnte bei dem Gedanken und seine Kiefermuskeln spannten
sich.

„Ich habe die äußeren Wachen hinter mir“, zwang er sich zur
Begründung. „Aber es gibt eine Sache, die eine Antwort erfordert. Warum
zwingen die Chinesen die Aussätzigen, Eindringlinge zu vertreiben? Die
armen Teufel sind keine guten Kämpfer. Nicht besser als die getriebenen
Hunde, die Sir Lionel sie sich vorgestellt hat. Sie müssen einen harten Herrn
haben.“

Es war natürlich möglich, dass die chinesischen Priester, die Herren
von Sungan waren , die Aussätzigen als letzten Ausweg zum Angriff auf die
Karawane gezwungen hatten, nachdem Sir Lionels Männer die äußeren
Wachen vertrieben hatten. In China hat das menschliche Leben einen
geringen Wert, und das eines Aussätzigen ist eine Kleinigkeit. Ein solches
Vorgehen würde der Grausamkeit der Priester entsprechen, die mit dem
Vordringen der Zivilisation ihre eigene Macht und das Ansehen des alten
Buddha schwinden sahen.

Mittlerweile war er einigermaßen körperlich müde. Diese wachsende
Müdigkeit belastete seine Gedanken und brachte das Bild Mariens in sein
Gedächtnis.

Er stellte sie sich so vor, wie er sie zum ersten Mal gesehen hatte – eine
schlanke Gestalt im hellen Zelt, Herrin über gut ausgebildete Diener. Gray
hatte sie von Anfang an geliebt. Ihm kam es vor, als sei es schon lange her.
So sehr er jemals etwas angebetet hatte, verehrte er das Mädchen.

In seinem Leben hatte es keine anderen Frauen gegeben. Er lächelte
reumütig und dachte über seinen fehlgeschlagenen Versuch nach, dem
Mädchen zu helfen. Und sie war nun weit von seiner Hilfe entfernt. Es
entsetzte ihn – wie wenig er ihr helfen konnte.

Bei einem anderen Mann hätte sich diese Angst möglicherweise in rücksichtslose Eile oder blindes Fluchen gegen das Schicksal verwandelt, das Mary Hastings widerfahren war. Gray ging schweigend und ohne Eile weiter, die Flamme seiner Liebe brannte heftig.

Auf diese Weise würde er weitermachen, bis er sie oder diejenigen, die sie entführt hatten, gefunden hatte. Es gab keine Alternative. Mirai Khan hätte gesagt, Gray sei ein Fatalist, aber Mirai Khan kannte die Seele eines weißen Mannes nicht.

„Wenn ich nur nicht zu spät komme", dachte er. „Ich darf nicht zu spät kommen. Das darf nicht passieren."

Gray hatte keine Worte, um ein Gebet zu formulieren. Da es ihm jedoch an Worten mangelte, betete er dennoch im Stillen, während er ging.

Die Sterne verblassten. Der Mond war über der Ebene vor dem Amerikaner verschwunden. Die Dünen verfärbten sich von Schwarz zu Grau und dann zu Braun, als hinter ihm der Sonnenaufgang aufstieg.

Gray setzte sich auf einen Hügel und holte seine Mehlkuchen heraus. Diese – einige davon – kaute er und spülte sie mit Wasser aus seiner Feldflasche herunter.

Hatte Sir Lionel diesen Tag noch erlebt? Gray dachte nicht. Mirai Khans Prophezeiung hatte Früchte getragen.

Ein paar Meter entfernt blickte der Schädel eines Tieres – den Hörnern nach zu sehen – einer Gazelle – aus dem Sand. Gray beobachtete es ruhig, bis die Sonne auf dem weißen Knochen glänzte. Dann erhob er sich, streckte seine müden Glieder und ging weiter.

Am späten Nachmittag sichtete er etwas nördlich seines Kurses die Türme von Sungan .

Während er sich vorwärts bewegte, suchte Gray den Ort durch seine Brille ab. Er befand sich auf dem Gipfel eines Bergrückens, etwa eine halbe Meile von den nächsten Türmen entfernt. Die Ruinen lagen in der Mitte einer weiten Ebene, die eher aus Lehm als aus Sand zu bestehen schien.

In Abständen hatten sich über der Ebene Sandverwehungen gebildet. Gray fragte sich, ob die Aussätzigen von hinten auf die Karawane der Hastings vorgerückt waren. In der Mitte der Ebene wuchsen Bäume und verkümmerte Tamarisken, was auf das Vorhandensein von Wasser hindeutete.

Überall in dieser verstreuten Vegetation ragten die Ruinen durch den Sand. Sir Lionel hatte Recht mit seiner Vermutung, dass der Wüstensand die Stadt überschwemmt hatte. Gray konnte sehen, dass nur die Spitzen der eingestürzten Mauern sichtbar waren – jene und die Türme, die vermutlich Teil der Paläste und Tempel des alten Sungan gewesen waren . Sogar die Türme waren in einem zerstörten Zustand.

Sie schienen aus einem dunkelroten Sandstein zu bestehen, der, wie Gray wusste, in den Ausläufern des Thian-Shan-Landes im Norden gefunden wurde. Er schätzte, dass die Bauwerke mindestens fünf oder sechs Jahrhunderte alt waren. Er sah einige Teile der Mauern, die von Zinnen überragt waren. Und die Türme zeigten – durch die Glasscheiben hindurch – statt moderner Fenster schmale Schießscharten.

Der Anblick ließ seinen Puls höher schlagen. Vor ihm lag die antike Stadt Gobi, die der Wohnsitz einer mächtigen Rasse gewesen war, bevor sie von den vordringenden Sandmassen überfallen wurde. An diesen Mauern vorbei war die Karawane Marco Polos gezogen. Der große Venezianer hatte von einer Stadt hier gesprochen, wo kein moderner Entdecker eine solche gefunden hatte. Er hatte es Pe- im genannt .

Und in den Ruinen könnte Mary Hastings noch leben und ihn dringend brauchen.

Was Gray vor allem interessierte, waren die Menschen vor Ort. Er war zu weit entfernt, um sie klar erkennen zu können, und nur wenige waren sichtbar. Das verwirrte ihn, denn Sir Lionel hatte von einem „Rudel Aussätziger" gesprochen.

Er konnte erkennen, dass es sich bei den Menschen um zwei Arten handelte. Einer war in ein hellgelbes oder braunes Gewand gekleidet. Mehrere dieser Männer standen oder saßen auf Bergrücken außerhalb der Ruinen. Gray vermutete, dass es sich um Wächter handelte.

Darüber hinaus glaubte er, dass sie Priester seien. Die andere Art trug dunklere Kleidung und erschien von Zeit zu Zeit zwischen den Ruinen. Sie waren – oder schienen es aus dieser Entfernung zu sein – sowohl Männer als auch Frauen.

Der Gedanke an das Mädchen drängte Gray zum Handeln. Es wäre klug, bis zum Einbruch der Dunkelheit zu warten, bevor man die Stadt betritt. Aber er konnte sich nicht zu einer Verzögerung durchringen.

Aufgrund des Verhaltens der Männer, die als Wachposten fungierten, war er ziemlich sicher, dass er bisher noch nicht gesehen worden war. Er hatte keine Vorgehensweise geplant. Nachdem er nun eine Vorstellung von der Lage des Landes hatte, wollte er einen der Männer von Sungan , einen

Aussätzigen oder einen Priester, erreichen und ihn über die weiße Frau befragen, die gefangen genommen worden war.

Mary war seit mindestens drei Tagen und Nächten in Sungan . Sicherlich müssen die Leute vor Ort von ihr wissen. Sobald Gray wusste, wo sie festgehalten wurde, konnte er fortfahren.

Das Unterfangen schien nahezu aussichtslos. Wie konnte er die Ruinen betreten, das Mädchen finden und sie sicher herausbringen? Was würden sie dann tun? Wie sollte er mit den Aussätzigen umgehen, deren Berührung eine mögliche Ansteckung bedeutete?

Aber er war hungrig darauf, Mary zu sehen – zu wissen, ob sie noch am Leben war. Er konnte nicht bis zum Abend warten, um das zu erfahren. Er markierte im Geiste die Position der Männer, die ihm am nächsten standen, legte die Brille zurück in ihr Etui, löste die Automatik in der Scheide und glitt von seinem Ausguck hinter dem Hügel herunter.

„Ich habe Wachposten ausgeschaltet", überlegte er grimmig, „aber nicht diese Art. Sie scheinen nicht bewaffnet zu sein."

Tatsächlich waren die Männer von Sungan nicht bewaffnet – mit modernen Waffen. Aber sie verfügten über ein tödliches Abwehrmittel gegen die Krankheit, deren Berührung einen elenden Tod zur Folge hatte.

Gray segnete ausnahmsweise die durchgehenden Dünen der Gobi. Er ging vorsichtig voran, hielt sich hinter den Bergrücken und bahnte sich einen Weg von Schlucht zu Schlucht, wobei er zeitweise kroch und nicht wagte, den Kopf zu heben, um noch einmal einen Blick auf die Wachposten zu werfen, die er gefunden hatte.

Sein Orientierungssinn war gut. Er war die letzte halbe Stunde gekrochen und die Sonne war schon weit nach Mittag, als er in kurzer Entfernung vor ihm Stimmen hörte.

Gray nahm seinen Hut ab und spähte wachsam über den Sand. Er stellte fest, dass er fast in die Richtung gekommen war, die er geplant hatte. Hundert Meter entfernt saßen zwei Gestalten auf einer Anhöhe. Sie trugen die gelben Gewänder, die ihm zuerst aufgefallen waren.

Während er zusah, stand einer auf und ging gemächlich auf die Ruinen zu. Der andere blieb sitzen, den Kopf auf seine verschränkten Arme gebeugt, die auf seinen Knien ruhten. In der Haltung des Mannes lag etwas Resigniertes, fast Hoffnungsloses.

Gray wartete, bis der erste Priester Zeit hatte, ein Stück zu laufen. Dann schlängelte er sich wachsam vorwärts.

Er hatte keine Möglichkeit zu wissen, dass sich nicht noch andere auf der anderen Seite des Hügels befanden, wo der Wachposten saß. Aber er hörte keine weiteren Stimmen und hatte sich, bevor er sich auf den Weg machte, sorgfältig vergewissert, dass die beiden isoliert waren.

Gray war sich seiner Beute einigermaßen sicher und schleppte sich von Stein zu Stein, von Depression zu Depression. Einmal blickte der Mann auf, vielleicht bei einem leisen Geräusch. Dann fiel sein Kopf wieder auf seine Arme. Gray stand auf und sprang lautlos auf den Hügel zu.

Den Blick auf die reglose Gestalt des Priesters gerichtet, erreichte er den Fuß der Düne. Der Mann versteifte sich und hob den Kopf, als hätte er die Gefahr gespürt. Gray war inzwischen unter ihm und streckte einen kräftigen Arm aus.

Seine Hand schloss sich um einen in Sandalen gekleideten Fuß und er zog den Priester von seinem Sitzplatz herunter. Grays andere Hand legte sich auf den Mund des Mannes und verhinderte so einen Aufschrei. Sie waren durch den Bergrücken vor Sungans Sicht geschützt , und der Amerikaner glaubte, dass niemand das Verschwinden des Priesters bemerken würde.

„Wenn du schreist, wirst du sterben", sagte er auf Chinesisch und kniete über dem anderen. Vorsichtig nahm er seine Hand vom Mund des Priesters.

„Sag es mir –", begann er. Dann: „Es ist ein weißer Mann!"

Er blickte auf das dunkle, sonnenverbrannte Gesicht und den frisch rasierten Schädel.

„Delabar", sagte er langsam. „Professor Arminius Delabar, ohne Bart. Verwechseln Sie Ihre Augen nicht, Professor. Was, bei allem Unheiligen, machen Sie hier in dieser Affenbude?"

Kapitel XVII

: Das gelbe Gewand

Der Mann im Sand schwieg und starrte Gray voller Erstaunen an. Es war Delabar, dünner und abgenutzter als zuvor. Als er rasiert war, zeichneten sich alle Falten seines Gesichts ab, was ihm das Aussehen eines Schädels verlieh, über den sich die gelbe Haut straff spannte – ein Schädel mit zwei glühenden, hageren Augen.

„Sprich laut, Mann", knurrte Gray. „Und denken Sie daran, was ich über das Auslösen des Alarms gesagt habe. Ich weiß nicht, ob dieses Kostüm eine Maskerade ist oder nicht, aber – ich kann es mir dieses Mal nicht leisten, ein Risiko einzugehen."

Delabar erwiderte seinen Blick nicht. Er legte sich zurück in den Sand und zupfte mit den Fingern an seinen dünnen Lippen.

„Ich kann nicht sprechen", antwortete er heiser.

„Das kannst du. Und du wirst es tun. Du wirst mir sagen, was ich wissen will – dieses Mal. Du hast mich schon einmal angelogen.

Delabar warf ihm einen flüchtigen Blick zu. Dann schaute ich mich um. Niemand war zu sehen, da sie in einer Tasche im Sand lagen.

"Was möchtest du wissen?"

„Eine ganze Menge. Erstens – wie sind Sie hierher gekommen? Ich dachte, alle weißen Männer wären ausgeschlossen."

„Wu Fang Chien", sagte Delabar launisch. „Er hat mich am Tag, nachdem ich dich verlassen habe, erwischt. Er hat den Kuli erschossen und mich hierher bringen lassen."

"Was bedeutet das?" Gray nickte verächtlich zu dem gelben Gewand.

„Wu Fang Chien hat mich bestraft. Er hat mich gezwungen, mich den buddhistischen Priestern anzuschließen, die als Wächter von Sungan fungieren . Er wollte nicht, dass ich aus China fliehe. Hier war ich unter seinen Männern in Sicherheit."

„Hm. Er vertraut dir genug, um dich als einen der Wachen einzusetzen."

„Mit einem anderen Mann. Der andere ist gegangen, um an einem Priesterrat teilzunehmen. Meine Wache ist bei Sonnenuntergang zu Ende. In zwei Stunden."

Gray musterte seinen ehemaligen Begleiter aus zusammengekniffenen Augen. Er kam zu dem Schluss, dass der Mann bisher die Wahrheit gesagt hatte.

„Werden diese buddhistischen Hunde bei Sonnenuntergang kommen, um dich abzulösen, Delabar?"

„Nein. Die Priester wachen nach Einbruch der Dunkelheit nicht mehr. Einige der Aussätzigen, denen wir – Wu Fang Chien vertrauen können, machen die Runde."

„Hat Wu Fang Chien hier die Kontrolle – Gouverneur von Sungan ?"

Delabar leckte sich nervös die Lippen. Auf seiner nackten Stirn stand der Schweiß. „Ja. Das heißt, der Mandarin ist den chinesischen Behörden gegenüber verantwortlich. Er hat den Befehl, alle Eindringlinge von Sungan fernzuhalten – wegen der Aussätzigen."

Gray lächelte ohne Heiterkeit.

„Sie sagen, die Priester stehen Wache. Sind sie bewaffnet?"

„Nein. Nicht mit Waffen. Wer von hier zu fliehen versucht, wird von den äußeren Wachen verfolgt und zurückgebracht – sofern er nicht in der Wüste stirbt."

"Ich verstehe." Gray packte den Mann im Sand an der Schulter. „Hast du mich sagen hören, ich wollte die Wahrheit, keine Lügen? Nun, du hast mir vielleicht den Buchstaben der Wahrheit gesagt. Aber nicht die ganze Wahrheit. Einmal hast du ‚wir' statt Wu Fang Chien gesagt. Ebenso weiß ich genug Chinesische Methoden, um sicherzustellen, dass Wu einen Weißen nicht dadurch bestraft, dass er ihn in die Priesterkaste erhebt. Du verheimlichst etwas, Delabar. Welche Beziehung hast du wirklich zu Wu?"

Delabar schwieg lange. Er blickte nach oben und verfolgte mit seinen Augen die Bewegungen eines kreisenden Geiers. Seine dünnen Finger zupften unaufhörlich an dem gelben Gewand.

„Wu Fang Chien", sagte er schließlich, „ist mein Meister. Er ist der Abgesandte der Buddhisten in China. Er hat die Macht über Leben und Tod über diejenigen, die die Gesetze Buddhas brechen. Ich bin einer seiner Diener." "

Delabar stützte sich auf einen Ellbogen.

„Vor einem Jahrzehnt wurde ich in Indien Buddhist, Captain Gray. Denken Sie daran, ich bin in Syrien geboren. Ich verbrachte den größten Teil meiner Jugend in Buchara und in Kaschgar , wo ich unter den Einfluss der Philosophen der gelben Robe geriet . Ich erkannte die Lehren des Buddha an; ich verneigte mich vor den Lehren des alten Kashiapmadunga und der Weisheit, die wie eine Lampe in der Nacht ist – die vor deinem Christus brannte. Und ich übergab mein Leben der „Welt des goldenen Glanzes". '"

In seinen eifrigen Worten schlich sich eine Spur von Anspannung ein. Die dunklen Augen spiegelten ein tieferes Feuer wider.

„Ich habe den irdischen Begierden abgeschworen, für das himmlische Leben, das durch unaufhörliche Meditation und Kontemplation des *Mahayana entsteht. Ich wurde in den ersten Orden des Priestertums geweiht. Das war die Zeit, als ausländische Missionare begannen* , in großer Zahl nach China einzudringen. trotz des Boxeraufstands und des Aufstands der Tai-pings. Die Oberhäupter der Priesterschaft wollten Informationen über diesen fremden Glauben und die Völker Europas. Sie wollten wissen, warum die weißen Männer versuchten, die alte Seele Chinas zu stören. "

Gray pfiff leise, als Delabars Charakter klar wurde.

„Ich wurde nach Europa geschickt. Zuerst blieb ich über Wu Fang Chien mit der Priesterschaft in Kontakt. Dann kam der Sturz der Mandschu und der Republik in China. Aber man kann die Religion von achthundert Millionen Seelen nicht durch einen Schlag niederschlagen *Staatsstreich* . Das Priestertum hat immer noch seine Macht. Und es ist immer noch unantastbar gegenüber der Berührung des Ausländers.

Gray wusste, dass das wahr war. Die verstreuten Ausländer, die in die Küstenstädte Chinas eingedrungen waren, und die Missionare, die im Mittleren Reich einige Konvertiten forderten, waren nur eine Handvoll in der großen Masse der Mongolen. Im Landesinneren und in ganz Zentralasien und Indien, wie auch in Japan, blieben die Schreine Buddhas, Vishnus und der Tempel des Dalai Lama unberührt. Und hier, nicht an der Küste, lag das Herz der Mongolei. Delabar fuhr fast triumphierend fort.

„Mir wurde von Wu Fang Chien – der die Nachricht von einem chinesischen Diener des American Museum of Natural History erhalten hatte – zugesandt, dass eine Expedition zur Erkundung der Zentralmongolei vorbereitet werde. Mir wurde befohlen, mich freiwillig zu ihrer Begleitung zu melden."

„Und Sie haben Ihr Bestes getan, um die Expedition zu scheitern", stimmte Gray zu.

„Ich mochte Sie, Kapitän Gray. Ich habe versucht, Sie zur Umkehr zu überreden. In Liangchowfu war es zu spät. Als Sie dort vor Wu Fang Chien geflohen sind, machte er mich für den Misserfolg verantwortlich. Die Priesterschaft hat mir nie völlig vertraut."

„In meiner Religion", sagte Gray grimmig, „gibt es ein Sprichwort, dass ein Mann nicht zwei Herren dienen und dabei seine eigene Seele retten kann ."

Delabar schauderte.

„Das Priestertum", murmelte er, „wird Misserfolge nicht verzeihen. Wu Fang Chien beobachtet mich. Hier können Sie nichts tun. Gehen Sie zurück, bevor wir zusammen gesehen werden. Sungan ist nichts anderes als eine Leprakolonie. Das zu denken, war ein Narr ansonsten."

„Und der Wusun?"

„Aussätzige! Sie sind die einzigen hier außer den Priestern."

Grays Augen wurden hart.

„Eine Lüge, Delabar. Warum sollte Wu Fang Chien ein Dutzend Männer töten, um die englische Karawane und mich von Sungan fernzuhalten?" Er fing Delabars erschrockenen Blick auf und hielt ihm stand. „Wo ist Mary Hastings?"

„Ich – wer ist sie?"

„Weißt du, Delabar. Das Mädchen, das mit der Karawane kam. Sie wurde gefangen genommen. Wo ist sie?"

"Ich weiß nicht."

Gray berührte bedeutsam seine Automatik.

„Ich möchte es wissen", sagte er leise. „Und du kannst es mir sagen. Es ist wichtiger als mein Leben oder deine elende Existenz. *Wo ist Mary Hastings?* "

Delabar kauerte vor der tödlichen Absicht in den Augen des weißen Mannes.

„Ich weiß es nicht, Kapitän Gray. Wu Fang Chien befahl, sie zu ihm zu bringen, als die Karawane angegriffen wurde. Nicht getötet, sondern zu ihm gebracht. Einige der Priester ergriffen sie und brachten sie zu einem der inneren Lager Gerichte der Stadt. Zu dieser Zeit leitete Wu Fang Chien den Angriff auf die Karawane. Ich habe sie seitdem nicht mehr gesehen.

„Wo ist dieser Innenhof?"

„Du bist ein Narr. Du könntest unmöglich in die Ruinen gelangen, ohne gesehen zu werden. Wu Fang Chien würde sich freuen, dich zu sehen. Ich hörte ihn sagen, wenn das Mädchen verschont bliebe, würdest du hierher kommen, um ihr nachzujagen. Er wusste alles, was passiert war." in Ansichow ——"

„Dann lebt sie!" Grays Puls machte einen Sprung. „ Also behält mein Freund Wu das Mädchen als Köder für mein Kommen. Ein kluger Mann, Wu Fang Chien. Aber woher wusste er, dass Sir Lionel mir erzählt hatte, was in Sungan passiert ist ?"

„Der Engländer wurde bis dorthin zurückverfolgt, wo er Sie getroffen hat. Wenn er bei den Kämpfen hier getötet worden wäre, hätte Wu Fang Chien wohl vorgehabt, mich zu schicken, um Sie hierher zu bringen –"

„Ja, er ist klug." Gray betrachtete die Angelegenheit mit zusammengezogenen Brauen. „ Also will Wu mich umbringen, jetzt, wo ich so weit gekommen bin – wie er es mit den Männern der Karawane getan hat? Schauen Sie her! Weiß er, dass ich in der Nähe von Sungan bin ? Wurden Sie als – Köder hierher gebracht?"

„Nein", Delabar schüttelte den Kopf. „Die Männer, die geschickt wurden, um dich anzugreifen – die von Wu Fang Chien angeheuerten chinesischen Soldaten – haben deine Spur verloren. Wu Fang Chien weiß noch nicht, wo du bist. Wenn er dich hier im Gespräch mit mir finden sollte, wäre es mein Tod. Ich – ich habe zu viel über das Schicksal der Hastings erfahren. Oh, sie waren Narren. Warum sollte Ihr Volk in das hineinschnüffeln wollen, was ihnen verborgen bleibt? Gehen Sie zurück! Sie können nichts für das Mädchen tun."

Gray starrte den Buddhisten neugierig an.

„Du hast von deiner Religion nicht viel Anstand gelernt, Delabar. Die äußeren Wachen haben also versagt, was? Wie kommt es übrigens, dass sie Kamelspuren im Sand hinterlassen?"

„Sie tragen Kamelhufe anstelle von Schuhen. Hufe, die aus toten Wildkamelen geschnitten wurden, die die chinesischen Jäger für unsere Nahrung – für die Aussätzigen – töten. Es hilft ihnen, auf dem Sand zu laufen, und stellt die umherziehenden Kirgisen vor ein Rätsel. Warum wollen Sie werfen?" Dein Leben weg——?"

"Ich tu nicht." Gray setzte sich und holte einige seiner Mehlkuchen hervor. „Ich möchte Sungan mit gesunder Haut und mit Mary Hastings verlassen ." Er kaute ruhig auf den Kuchen herum und spülte die Bissen mit Wasser aus seiner Feldflasche herunter. „Und ich werde in die Innenhöfe von Sungan vordringen. Du wirst mich führen. Wenn wir entdeckt werden, denk daran, dass du der erste Mensch sein wirst, der stirbt. Nun, Delabar, ich möchte eine gute Beschreibung davon." Sungan , sein allgemeiner Plan und die Gewohnheiten Ihrer buddhistischen Freunde.

KAPITEL XVIII

BASSALOR DANEK

Die Dunkelheit bricht schnell nach Sonnenuntergang in der Gobi-Ebene ein. Gray und Delabar warteten, bis die Schatten ihre Bewegungen verbargen, und machten sich auf den Weg zur Stadt Sungan .

Der Mond war noch nicht aufgegangen. Dadurch, dass Delabar sich in den hier dicht wachsenden Büschen aufhielt, konnte er der Beobachtung durch zufällige Passanten entgehen. Der Mann hatte offensichtlich Angst; aber Gray ließ ihm keine Gelegenheit zu fliehen.

„Du bleibst bei mir, bis ich Mary Hastings sehe", flüsterte er warnend.

Im Kopf des Amerikaners formte sich ein Plan – ein Plan, der auf dem basierte, was Delabar ihm über die Anordnung der Gebäude von Sungan erzählt hatte . Er wusste, dass die Aussätzigen in den äußeren Ruinen lebten, wo er sie an diesem Nachmittag gesehen hatte. In der Mitte der Sungan-Ebene befand sich laut Delabar eine Senke von beträchtlichem Ausmaß. Hier waren die Tempel und Paläste, deren Türme er gesehen hatte.

Diese, die Altstadt, war von einer Mauer umgeben. Delabar sagte, es sei von den Priestern besetzt gewesen. Und an diesem Ort könnte Mary Hastings zu finden sein. Es war eine Vermutung; aber eine Vermutung war besser als nichts.

Als sie die ersten Steinhaufen erreichten, hielt Gray seinen Führer an.

„Du hast mir einmal erzählt", flüsterte er, „dass Sungan eine Reihe unterirdischer Gänge hatte. Führe mich hinab in diese."

„Durch die Wohnungen der Aussätzigen?"

Gray nickte stumm. Delabar zitterte – ein alter Trick von ihm, wenn er nervös war.

„Es ist Wahnsinn, Captain Gray!" er plapperte. "Du weisst es nicht--"

„Ich weiß, was du mir gesagt hast. Ebenso , dass du nicht willst, dass ich in diese Tempel komme. Geh raus!"

Delabar blickte sich verzweifelt um und ging voran durch die Büsche. Einmal erblickte der Amerikaner den Schein eines Feuers und sah eine Gruppe Leprakranker, die um ein Feuer hockten, in dem sie Fleisch rösteten. Am Rande des Feuerscheins kauerten ausgehungerte Hunde.

Sie kamen zu einer Ausgrabung im Boden, die mit Steinen ausgekleidet war. Delabar zeigte auf Stufen, die in die Dunkelheit führten.

„Ein alter Brunnen", flüsterte er. „Es ist jetzt trocken. Von dort führt ein Durchgang zu den inneren Gebäuden."

Er schien mit dem Weg vertraut zu sein, und Gray folgte ihm genau. Die Stufen führten ein Stück nach unten, die Luft wurde kühler. Sie blieben auf einer scheinbar steinernen Plattform stehen.

„Hier ist der Eingang zum Durchgang", murmelte Delabar. „Es wurde verwendet, um Wasser zum Tempel zu transportieren."

Gray legte seine Hand auf die Schulter des Mannes und drängte ihn vorwärts, wobei er gleichzeitig sicherstellte, dass der andere die Gelegenheit nicht nutzte, um zu fliehen. Er vertraute Delabar nicht. Er war davon überzeugt, dass der Buddhist die Dinge nicht reingelegt hatte. Zum einen war er neugierig, warum die Priester so aufwändige Vorkehrungen treffen sollten, um die Aussätzigen zu schützen. Anderswo in China gab es keine solchen Kolonien wie Sungan .

Sungan bewaffnete Wachen stationiert ? Warum wurde den Aussätzigen der Zutritt zur inneren Stadtmauer verwehrt? Wo war Wu Fang Chien?

Die Antwort auf diese Fragen lag im Tempel, zu dem sie unterwegs waren.

Sie gingen langsam vorwärts. Im Durchgang herrschte völlige Stille. Gelegentlich stolperte Gray über einen losen Stein. Dann hörte er zum ersten Mal den Gesang.

Es kam aus großer Entfernung. Es hallte im steinernen Korridor wider, der anschwoll und abnahm, je nachdem der Luftstoß schneller wurde oder nachließ. Ein tiefer, kehliger Gesang, der den Rhythmus einer Hymne zu haben schien.

"Was ist das?" er flüsterte.

„Die Sonnenuntergangshymne", informierte Delabar ihn.

Gray, der den Rat der Priester vergessen hatte – der in der Nähe sein musste – fragte sich, warum der Mann zitterte.

„Führt diese Passage direkt zum Rat?" er forderte an.

Delabar zögerte.

„Es führt in einen Keller, wo zwei weitere Korridore zusammenkommen", murmelte er. „Der Gesang wird von den Echos getragen – der Rat ist noch in weiter Ferne." Er ging vorwärts. "Kommen."

Diesmal kam er schnell voran. Das Lied wurde zu einem leisen Murmeln, verwirrt durch die Entfernung. Gray überlegte, dass es viele Sänger geben musste. Wenn alle Priester im Rat wären, könnten die Korridore frei sein. Wu Fang Chien würde bei den Buddhisten sein.

Ein Lichtschimmer zeigte sich vor uns. Es wurde stärker, je näher sie kamen. Delabar verfiel in einen Halbtrab und spähte nach vorn. Durch das Leuchten erkannte Gray , dass es sich bei dem Gang, in dem sie sich befanden, um einen gewölbten Korridor aus Sandstein handelte, in den stellenweise Inschriften eingraviert waren, die sehr alt zu sein schienen.

Der Gesang wurde lauter, als sie das Ende des Durchgangs erreichten. Vor ihnen befand sich eine quadratische Kammer, die einem Gewölbe ähnelte. Vor einem weiteren Ausgang standen zwei große Kerzen. Gray glaubte eine Bewegung im Schatten hinter den Kerzen zu bemerken. Sein erster Blick zeigte ihm, dass die einzige andere Öffnung eine Steintreppe gegenüber war.

Er streckte die Hand aus, um Delabar zu überprüfen. Doch der Mann entglitt seinem Griff und rannte in den Raum. Gray fluchte leise und sprang ihm nach.

"Hilfe!" schrie Delabar. „Hilfe für einen Anhänger Buddhas! Ein weißer Mann ist in die Gänge gekommen –"

Er warf sich vor den Kerzen auf die Knie und schlug mit seinem rasierten Kopf auf den Boden. Gray blieb wie angewurzelt stehen und spähte in die Schatten hinter den Kerzen.

„Hilf mir, den weißen Mann zu ergreifen!" plapperte der Verräter. „Ich bin ein treuer Diener Buddhas. Ich bin gekommen, um zu warnen. Der weiße Mann hat mich gezwungen, ihn zu führen."

Einer nach dem anderen traten drei buddhistische Priester aus dem Schatten und starrten Delabar und Gray an. Ersterer war in einem Anfall von Angst, seine Knie zitterten, seine Hände zupften an seinem Gesicht. Gray, der im Stillen den Streich verfluchte, den der andere gespielt hatte, beobachtete die drei Priester. Sie hatten lange Messer aus ihren Roben gezogen und blieben bei Delabar stehen, als warteten sie auf Befehle.

Es wurde Alarm gegeben. Hinter den Kerzen waren Schritte durch den Flur zu hören. Gray wurde gefasst. In der kurzen Stille hörte er den tiefen Gesang, der aus einer Ecke widerhallte, die er nicht einordnen konnte.

Noch immer warteten die Priester, das Kerzenlicht schimmerte aus ihren weißen Augäpfeln. Gray warf einen berechnenden Blick in die Kammer. Es standen zwei Ausgänge zur Verfügung. Die Treppe und der Gang, durch den er gekommen war. Was er nehmen sollte, wusste er nicht.

Aber es machte ihm nichts aus, im Dunkeln am Brunnen heruntergefahren zu werden.

Ein breites, ausdrucksloses Gesicht blickte aus dem Korridor bei den Kerzen. Er sah das Seidengewand und die leuchtenden, schrägen Augen von Wu Fang Chien.

„ Captain Gray ist also nach Sungan gekommen “, sagte der Mandarin ruhig auf Englisch. „Ich habe ihn erwartet –“

„Ich habe ihn nicht mitgebracht“, plapperte Delabar. „Ich habe Alarm gegeben –“

Entsetzen lag in seinen gebrochenen Worten. Wu Fang Chien musterte die kniende Gestalt und seine Augen wurden hart.

„Wer kann dem Wort eines Mischlings vertrauen?“ Er lächelte und sprach auf Chinesisch. „Töte den Hund!“

Delabar schrie und versuchte aufzustehen. Zwei der Buddhisten traten an seine Seite und vergruben ihre Waffen in seinem Körper. Der Schrei endete in einem erstickten Keuchen. Erneut schlugen die Priester mit geröteten Messern auf ihn ein.

Er sank zu Boden, seine Arme bewegten sich schwach in einer immer größer werdenden Blutlache. Wu Fang Chien hatte nicht aufgehört zu lächeln.

Gray zog seine Automatik hervor. Er schoss auf die Priester, und die Berichte hallten donnernd durch den engen Raum. Zwei der Buddhisten sanken auf Delabars Leichnam nieder; der Dritte drehte sich wild um und hustete dabei.

Gray richtete das Visier seiner Automatik gelassen auf Wu Fang Chien. Der Mandarin streckte schnell seine Hand aus. Seine weiten Ärmel strichen gegen die Kerzen und löschten sie aus. Gray drückte den Abzug und erhaschte durch den darauf folgenden Blitz einen flüchtigen Blick auf das triumphierende Gesicht seines Gegners. Erneut drückte er den Abzug.

Ein Klick war die einzige Antwort. Die Kammer der Waffe war geleert. Und Gray hatte keine Patronen mehr. Er warf die nutzlose Automatik an die Stelle, an der Wu Fang Chien gewesen war, und hörte, wie sie gegen den Stein schlug.

Er hatte keine Möglichkeit zu wissen, ob er mit seinem letzten Schuss die Mandarine getroffen hatte. Er vermutete, dass der Trick von Wu Fang Chien diesem das Leben gerettet hatte. Für einen Moment herrschte Stille in der Gruft, eine Stille, die vom Stöhnen der verletzten Priester unterbrochen wurde. Der ferne Gesang war verstummt.

Gray drehte sich um und suchte die Treppe hinter sich. Er hatte sich vorgenommen, vorwärts zu gehen, nicht zurück. Er würde nicht versuchen, Sungan ohne Mary Hastings zu verlassen.

Er hatte die Position der Stufen markiert und stolperte im Dunkeln über sie. Er kletterte die Treppe hinauf und tastete seinen Weg. Was vor ihm lag, wusste er nicht.

Hinter ihm erschien ein Licht. Er hörte Schritte im Tresorraum widerhallen. Der Schein zeigte ihm, dass er oben an der Treppe war. Er rannte in einen Gang. Es ähnelte dem, das aus dem Brunnen führte.

Anhand der Geräusche hinter ihm vermutete er, dass die Priester ihm folgten. Entweder hatte Wu Fang Chien entschieden, dass Gray die Treppe hinaufgegangen war, oder der Mandarin schickte Gruppen durch beide Ausgänge.

Das Gefühl der Luft und die anhaltende Kühle verrieten Gray, dass er sich immer noch unter der Erde befand. Er rannte mit einem Wagnis vorwärts. Der Durchgang mündete in einen weiteren gewölbten Raum, in dem in einer Kohlenpfanne ein Feuer schimmerte. Der Platz war leer, aber die rund um das Kohlenbecken verstreuten Felle zeigten, dass er noch nicht lange bewohnt war.

Gray nutzte die erste Gelegenheit, die sich bot, und rannte weiter. Als er über die Schulter blickte, sah er, wie die Buddhisten den Raum betraten. Er beschleunigte sein Tempo.

Seine Verfolger hatten ihn überholt. Gray suchte sich blind seinen Weg durch das Labyrinth der Gänge. Er stolperte heftig gegen eine Wand, tastete sich um eine Ecke und wurde von einem plötzlichen Lichtschein geblendet.

Gray befand sich in einer hohen Halle, in der eine Vielzahl von Männern saß.

Sein erster Eindruck war, dass er dem Rat der buddhistischen Priester beigetreten war. Sein zweiter Moment war purer Überraschung.

Offensichtlich war die Halle einst ein Tempel gewesen. Um ihn herum verlief eine Steingalerie, die von schweren Säulen getragen wurde. Die Schießscharten, die einst als Fenster gedient hatten, waren mit Balken versperrt, durch die Sand eingedrungen war und haufenweise auf dem Boden lag.

Der Tempel lag unter der Erde. Öffnungen in den Gewölben der Decke ließen einen Luftstrom herein, der die Kerzen an den Wänden zum Flackern brachte. Direkt vor Gray befand sich ein Podest . Um ihn herum saßen auf Ebenholzbänken eine Reihe Männer .

Der Boden zwischen ihm und dem Podium war mit sitzenden Gestalten bedeckt. Alle sahen ihn an. Auf der Plattform stand nicht die Figur eines Gottes, sondern ein massiver Stuhl aus geschnitztem Sandelholz. Auf diesem Stuhl saß ein alter Mann. Eine majestätische Gestalt, gekleidet in ein Gewand aus Lammwolle, das in seiner Weiße mit dem Bart wetteiferte, der bis zur Taille des Mannes reichte. Jeder Ärmel des Gewandes war über dem Ellenbogen mit einem breiten goldenen Reif zusammengebunden. Eine Kette aus demselben Metall lag um den Hals des Mannes.

Was Gray beeindruckte, war der prächtige Körperbau des Älteren auf dem Stuhl. Auf breiten Schultern ruhte ein schöner Kopf. Ein Paar dunkle Augen starrten ihn unter gebüschelten Brauen an. Hohe Wangenknochen zeichneten sich deutlich von der blassen Haut ab. Die Figur und das Gesicht deuteten auf Macht hin; doch das Feuer in den Augen verriet Unruhe, sogar Melancholie. Der Mann sprach Gray sofort mit voller Stimme an, die durch die Halle hallte.

„Wer kommt", sagte die Stimme in gebrochenem Chinesisch, „zur Versammlung der Wusun?"

Gray begann. Er blickte von der Gestalt auf dem Stuhl zu den anderen. Es waren mehrere hundert Männer im Raum. Alle waren in Schaffell und Nanking gekleidet, mit Stiefeln aus Pferdeleder oder rotem Marokkoleder . Die meisten waren bärtig, aber alle zeigten die gleiche helle Haut und die gleichen wohlgeformten Köpfe. Sie schienen von seinem Kommen gebannt zu sein.

Schritte hinter ihm verrieten ihm, dass sich seine Verfolger der Halle näherten. Gray schritt durch die sitzende Menge zum Fuß des Podiums . Sie machten ihm bereitwillig Platz.

Mechanisch hob Gray seine Hand zum Gruß an den Mann auf dem Thron.

„Ein weißer Mann", antwortete er.

In diesem Moment betraten mehrere buddhistische Priester die Halle. Er sah Wu Fang Chien erscheinen. Bei diesem Anblick erklang ein Raunen in der Menge.

Gray atmete immer noch schwer von seinem Lauf. Er starrte auf die majestätische Gestalt auf dem Podium . Der Wusun! Das war das Wort, das der andere benutzt hatte. Das Wort, das Van Schaick gesagt hatte, stammte aus der Gefangenenrasse selbst.

Er warf Wu Fang Chien einen Blick zu. Der Chinese war anders als diese Männer – breiteres Gesicht, schräge Augen und schwarzes Haar. Die Augen des Mannes auf dem Stuhl waren fest und sein Schnurrbart und Bart waren voll und gleichmäßig gelockt. Er ähnelte eher dem Typus von Mirai Khan, dem Kirgisen, als Wu Fang Chien.

Das war also das Geheimnis von Sungan . Gray lächelte grimmig und dachte daran, wie Delabar versucht hatte, die Wahrheit vor ihm zu verbergen – wie der Buddhist beschlossen hatte, ihn zu verraten, anstatt das Risiko einzugehen, dass er den Wusun sah. Und das erklärten die Wachen. Die Wusun waren eigentlich eine gefangene Rasse.

Gray hatte eine schnelle Auffassungsgabe, und das ging ihm sofort durch den Kopf. Er bemerkte noch etwas anderes. Wu Fang Chien hatte die anderen Priester am Eingang zurückgelassen und kam allein nach vorne. Der Mandarin verschränkte die Arme in den Ärmeln und verbeugte sich ernst. Zum ersten Mal sprach er den Dialekt des Westens.

„Grüße, Bassalor Danek, Gur-Khan der Wusun", sagte er ernst. „Es war nicht mein Wunsch, die Versammlung der Wusun während der Stunde des Sonnenuntergangsgebetes am Neumondfest zu stören. Ich bin gekommen, um einen Feind zu verfolgen – jemanden, der innerhalb der Mauern von Sungan getötet hat . Wissen Sie? Oh Gur-Khan, dass es verboten ist, hier zu töten. Wenn ich diesen Mann gefangen habe, werde ich in Frieden gehen.

Bassalor Danek streichelte sanft die Armlehnen des Stuhls und betrachtete die Mandarine.

„Innerhalb von zwölf Monden, oh Wu Fang Chien, wurde der Fuß eines buddhistischen Priesters nicht innerhalb der Grenzen meines Volkes gesetzt. Hier bin ich der Meister, nicht du. Das wurde im Bund meiner Väter und ihrer Väter vereinbart Väter vor ihnen. Ihr habt den Bund nicht vergessen?"

„Das habe ich nicht vergessen", erwiderte der Mandarin ruhig. „Ich komme jetzt, um nach der Person dieses Mörders zu fragen. Wenn ich ihn habe, werde ich gehen."

„Wen hat er getötet?"

„Zwei meiner Männer, die einen der Gänge beobachtet haben."

„Haben die Wusun darum gebeten, dass in den Gängen Wachen aufgestellt werden?"

Wu Fang Chien runzelte die Stirn und lächelte dann mild.

„Wir haben darauf gewartet, diesen Mann zu ergreifen – einen fremden Teufel. Ein Feind Ihres Volkes ebenso wie meines."

Gray beobachtete die beiden aufmerksam. Er hatte beobachtet, dass viele der Wusun in der Nähe von Bassalor Danek in gewisser Weise bewaffnet waren. Sie trugen Bögen und andere hatten Schwerter an der Hüfte. Die Anhänger von Wu Fang Chien schienen sich unwohl zu fühlen. Darüber hinaus schien ihre Anwesenheit in der Halle die Wusun zu verärgern.

Plötzlich in eine völlig fremde Umgebung geraten, konnte sich Gray nur auf seinen Verstand verlassen. Er war sich der wahren Situation der Wusun und ihres Charakters nicht bewusst. Aber bestimmte Dinge waren klar.

Sie mochten Wu Fang Chien nicht besonders. Und sie waren kühner als die Chinesen. Bassalor Danek, der den Titel Gur-Khan trug, hatte von einem Bund gesprochen, der eher ein Vertrag zwischen Feinden als eine Vereinbarung zwischen Freunden zu sein schien.

Andererseits sprach Wu Fang Chien mit einer Selbstsicherheit, die darauf hindeutete, dass er sich seiner eigenen Macht bewusst war und sicher war, dass er die Oberhand über die Situation hatte.

Die Wusun waren aufgestanden und drängten näher. Sie warteten darauf, dass ihr Anführer sprach. Der Gur-Khan zögerte, als würde er die Situation abwägen.

„Dieser Mann“, Wu Fang Chien zeigte auf Gray, „ist mit Lügen im Mund nach Sungan gekommen . Er hat seinen wahren Zweck verschleiert. Und er ist ein Feind der Mongolei. Sie tun gut daran, ihn aufzugeben.“ "

Bassalor Danek richtete seinen nachdenklichen Blick auf Gray.

„Sie haben gehört, was Wu Fang Chien gesagt hat“, bemerkte er. „Du sprichst seine Sprache. Sag mir, warum du durch die Mauern von Sungan gekommen bist . Im Leben von zehn Männern ist noch nie ein Fremder nach Sungan gekommen .“

Grays Kopf hob sich entschieden.

„Wu Fang Chien“, antwortete er langsam, „hat gesagt, dass ich seine Männer getötet habe. Ist das bei einem Mann ein Verbrechen, wenn es bei einem anderen nicht so ist? Erst vor kurzem haben die Soldaten der Chinesen eine Karawane überrascht und zerstört.“ meines Volkes ohne Vorwarnung und ohne Grund.

„Sie hatten kein Recht, dorthin zu kommen, wo sie hinkamen“, behauptete der Mandarin milde.

„Sie kamen nach Sungan .“

Wu Fang Chien lächelte und wedelte mit seiner braunen Hand, als würde er den Protest eines Kindes beiseite schieben.

„Fremde Teufel ohne Gott. Du wurdest gewarnt, dich fernzuhalten.“

Die Augen des weißen Mannes verengten sich gefährlich.

„Ich bin gekommen, um eine Frau meines Volkes zu finden, die Sie entführt haben. Sie ist hier in Sungan .“

Bassalor Danek blickte schnell auf. „Wann kam sie nach Sungan ?“

„Vor ein paar Tagen. Und Wu Fang Chien hat sie behalten. Er hatte vor, mich hierher zu bringen, um mich zu töten.“ Gray begegnete dem Blick des alten Mannes direkt. „Diese Frau und ich, Bassalor Khan, stammen von denselben Vätern ab wie Ihre Rasse. Wir kamen nach Sungan , um Sie zu suchen. Und dieser Mann hat versucht, das zu verhindern. Dutzende Männer haben dadurch ihr Leben verloren.“

Der Mandarin hätte gesprochen, doch der Gur-Khan hob die Hand.

„Das ist eine Angelegenheit, Wu Fang Chien“, sagte er würdevoll, „die nicht im Handumdrehen entschieden werden kann. Ich werde diesen Fremden behalten. Ich werde seine Geschichte hören! Kommen Sie morgen um diese Zeit nach Sonnenuntergang allein.“ in den Saal und ich werde meine Entscheidung bekannt geben. Bis dahin werde ich nachdenken.“

Wu Fang Chien runzelte die Stirn, akzeptierte das Urteil jedoch mit der Ruhe, die seinen Charakter auszeichnete.

„Denken Sie daran, Bassalor Danek“, warnte er, „dass diese Menschen Teufel aus der Außenwelt sind. Und denken Sie an den Bund, der Ihrem Volk das Leben erspart. Sungan liegt in der hohlen Hand Buddhas. Und Buddha ist der Herr der Mongolei.“ "

Der Gur-Khan schien ihn nicht zu hören.

„Wirklich, es ist seltsam“, sinnierte er. „Zweimal in einem Mond sind Fremde mit der gleichen Geschichte auf ihren Lippen vor mich gekommen. Dieser Mann und die Frau, die meine jungen Männer euren Priestern weggenommen haben, weil sie das Gesicht und die Gestalt einer unserer Rassen hatte . Auch sie ist in meiner Wohnung.“

Kapitel XIX

über eine Stadt

Entgegen der allgemeinen Meinung schläft ein Mann nach zwei Tagen und Nächten des Wachzustands nicht tief. Gray hatte die ganze Zeit nicht geschlafen, war aber wachsam, wenn auch sehr müde. Die kontinuierliche Aktivität des Nervensystems wird nicht sofort zum Stillstand gebracht.

Sobald Wu Fang Chien die Halle des Wusun verlassen hatte, hatte der Amerikaner darum gebeten, Mary Hastings sehen zu dürfen.

Bassalor Danek abgelehnt . Die Frau, sagte der Gur-Khan, stehe unter seinem Schutz und könne erst bei Tageslicht gesehen werden. Gray musste sich damit abfinden. Er hatte das Gefühl, dass Maria in den Händen des Ältesten sicher sein würde, der in der Versammlung völlige Autorität zu genießen schien. Dieser Glaube erwies sich als richtig.

Das Wissen, dass das Mädchen in seiner Nähe und einigermaßen vor Schaden geschützt war, löste eine Flut von Erleichterung aus und löste die Anspannung, die ihn in den letzten vierzig Stunden geplagt hatte. Er war begeistert von der ersten guten Nachricht seit vielen Stunden.

Die Folge war, dass er jetzt großen Hunger verspürte. Bassalor Danek befahl, ihn aus der Halle zu holen und zu füttern. Zwei der jüngeren Männer mit den Bögen führten ihn durch eine neue Reihe von Korridoren, mehrere gewundene Treppen hinauf und in einen kleinen Steinraum, der, der frischen Luft nach zu urteilen, die durch die Schießscharten strömte, über dem Sandniveau lag .

Hier versorgten sie ihn mit Ziegenmilch, einer Käsesorte aus geronnener Stutenmilch und etwas Trockenfleisch, das schmackhaft war. Gray schlief schnell auf einem Stapel Kamelfelle ein, während die Männer – Bassalor Danek hatte sie als *Tumani* [1] bezeichnet – neugierig zusahen.

[1] Möglicherweise abgeleitet vom tatarischen
Wort *tuman* , einem Geschwader von Kriegern,
Jägern.

Gray erwachte mit dem ersten Licht, das in die Schießscharten fiel. Er stellte fest, dass er sehr steif und etwas unterkühlt war. Bei seiner ersten Bewegung waren die *Tumani* hochgefahren. Einer von ihnen, ein breitschultriger Jugendlicher, der sagte, sein Name sei Garluk , sprach gebrochenes Chinesisch, einen Dialekt, der Gray fast unbekannt war.

Er erklärte, dass sie sich in einem der Türme des Tempels befanden, der weit über den Sand hinausragte. Gray hatte von den Schießscharten aus zum ersten Mal einen guten Blick auf Sungan .

Es war ein klarer Tag. Der Himmel im Osten war purpurrot über der braunen Ebene der Gobi. Die Sonne schoss flache Lichtstrahlen gegen die Ruinen. Gray sah die Mauer der Altstadt – den Wohnsitz der Wusun. Später am Tag schrieb er einige Notizen über seine Beobachtungen auf die Rückseite der Karten, die er bei sich trug. Sie waren ungefähr wie folgt:

Die Altstadt war offenbar vor vier oder fünf Jahrhunderten in einer Oase erbaut worden. Weiden, Pappeln und Tamarisken säumten schmale Kanäle, die durch die Ruinen der Brunnen gebaut worden waren. Indem sie diese Kanäle mit Steinen ummauerten, schützten die Wusun sie vor eindringendem Sand. In der Nähe der Kanäle gab es sogar Gras und mehrere Schafherden. Die Bäume spendeten Schatten – obwohl die Sonne in der Gobi aufgrund der Höhenlage nie unerträglich ist.

Die Gebäude der Stadt waren mehr als zur Hälfte von dem sich bewegenden Sand umhüllt, der – so Garluk – mit jedem *Kara Buran in den ummauerten Bereich geschwemmt wurde* . Vielleicht aufgrund des Schutzes der Mauer waren die Sandwälle rund um die Innenstadt höher als der Boden darin. Daher war es schwierig, vom umliegenden Land aus einen guten Blick auf die Stadt zu haben.

Gray überlegte, dass dies der Grund sein musste, warum die Kirgisen berichtet hatten, sie hätten nur die Spitzen einiger Türme gesehen; auch, warum er selbst das Laub, das er durch seine Brille erkannte, für Büsche gehalten hatte.

Die Gebäude von Sungan waren uralt und aus massivem Sandstein gefertigt, so dass ihre Innenräume – nachdem die Schießscharten versiegelt worden waren –, obwohl sie teilweise mit Sand bedeckt waren, einigermaßen komfortable und warme Behausungen waren. Delabar hatte Recht, als er die Legende zitierte, dass es in Sungan umfangreiche Gewölbe und Keller gab . Die unterirdischen Gänge waren von Gewölbe zu Gewölbe miteinander verbunden – ein System, das in dieser Region, in der es im Frühling, Frühsommer und den ganzen Winter täglich zu schwarzen Sandstürmen kommt, äußerst nützlich war.

„Das sind wirklich gute Unterstande", dachte Gray. „Die Wusun haben sich zweifellos an den Herden ihrer Vorfahren verschanzt. Ich frage mich, wie sie mit Nahrung zurechtkommen?"

Er stellte Garluk diese Frage. Der Wusun antwortete, dass es ihm und einigen seiner Gefährten – den *Tumani* – erlaubt sei, durch die Reihen der Aussätzigen in die Ebene zu gehen und die wilden Kamele und Gazellen der Ebene zu jagen. Außerdem unterhielten die Buddhisten mehrere Hirtensiedlungen in der Nähe des Flusses Tarim, eine Reise von drei oder vier Tagen nach Westen.

Sungan wuchsen einige Zitronen, Melonen und Dattelbäume . Manchmal kam eine Karawane aus China nach Sungan und brachte andere Lebensmittel mit.

Durch seine Brille konnte Gray die Gestalten von Aussätzigen außerhalb der Mauer erkennen. Garluk erklärte, dass dies „das böse Schicksal der Wusun" sei. Sie wurden dort platziert, um die Wusun innerhalb der Mauer zu halten. Jahrhundertelang waren er und sein Volk eingepfercht. Aufgrund der Gefangenschaft nahm ihre Zahl ab. Gelegentlich flüchtete ein abenteuerlustiger Mann durch die Leprakranken und chinesischen Soldaten und durchquerte die Wüste nach Khotan oder Kaschgar . Diese kehrten nie zurück. Der Tod war die Strafe für den Fluchtversuch.

Gray betrachtete die Ruinen durch seine Brille. In der Nähe der Kanäle kochten und wuschen Frauen. Männer erschienen aus den unterirdischen Kammern und gingen geduldig den Tagesgeschäften nach. Sie schienen eine geordnete Menge zu sein, und Gray vermutete, dass Bassalor Danek sein gefangenes Volk fest regierte. Was gut war.

Er bemerkte Tauben in den Bäumen. Es war keine hässliche Szene. Aber auf allen Seiten erstreckte sich die karge Gobi, die die Festung der Wusun, der „Großen Männer", umgab und umhüllte. Die gleiche Resignation und Geduld, die er in den Augen von Bassalor Danek bemerkt hatte, prägten die Gesichter von Garluk und seinen Gefährten. Es waren olivfarbene Gesichter, ausdruckslos und ausdruckslos. Gray hatte die gleichen Merkmale bei einigen von ihren Artgenossen isolierten südsibirischen Stämmen und bei den Eskimos beobachtet.

Unter den Notizen notierte er anschließend einige Referenzen für Van Schaick – über die Chance, dass er die Daten in die Hände seiner Arbeitgeber bringen könnte. Gray hatte ein starres Pflichtgefühl. Seine Beobachtungen waren fragmentarisch, da ihm das umfassende Wissen über die Geschichte und Merkmale der Rasse fehlte, das Delabar hätte liefern sollen.

Trotz ihres eingeschränkten Lebens waren die „Großen" größer als der durchschnittliche Mongole. Ihre Stirn war von den Augen nicht so weit nach hinten geneigt wie bei den Tataren der Steppe, und die Augen selbst waren größer, besonders bei den jungen Frauen, die oft ein attraktives Gesicht hatten.

Sprache: Die Wusun hatten alle harten Kehllaute und das kraftvolle „t"
und „k" der mongolischen Sprache; aber ihre Worte waren silbenhaft – sogar
poetisch ausdrucksstark. In ihren Liedern tauchten viele Mythen auf –
Anspielungen auf Dschingis Khan als „Mächtigen Menschentöter" und auf
Prester John mit seinem einheimischen Namen – Awang Khan von den
Keraits .

Intelligenz: gleichwertig mit der der Mittelklasse-Chinesen, überlegen
als die der Kirgisen und Dunganer der Steppe. Ihre Eigenschaften waren
freundlich und gastfreundlich; Ihre Ideen sind aufgrund der begrenzten
Auswahl an Objekten in ihrem Blickfeld einfach. Über die Geschichte und
den Fortschritt der Welt waren sie völlig unwissend, da sie dies gemäß der
Lieblingspraxis der Buddhisten hielten.

Waffen und Geräte: beschränkt auf den Bogen und das Eisenschwert
mit gehärteter Spitze. Sie hatten Schusswaffen im Besitz der chinesischen
Wachen gesehen, durften diese aber nicht besitzen. Für den Anbau zogen sie
eine grobe hölzerne Egge von Hand und benutzten eine scharf spitze Hacke
aus Eisen. Was das Kochen betrifft, so wurde dies mit rudimentären
Utensilien getan, etwa von den Chinesen gekauften Kupfertöpfen,
provisorischen Öfen im Sand und Spießen über einem offenen Feuer.

Was die Religion anbelangte, war Gray dazu bestimmt, eine
merkwürdige Entdeckung zu machen, die ebenso überraschend wie
unerwartet war, deren Erklärung jedoch sein begrenztes Wissen überstieg.

Das waren die Wusun, wie Gray sie sah.

Garluk unterbrach seine Gedanken mit einem kehligen Ausruf.

„Wie kann man so weit sehen", forderte er, „wenn wir nicht sehen
können ?"

Gray lächelte und wollte dem Wusun gerade seine Brille reichen, als er
sich überprüfte. Das Fernglas könnte sich später als nützlich erweisen, dachte
er. Zufällig taten sie es.

In der Zwischenzeit waren Grays Gedanken zu dem Gedanken
zurückgekehrt, der ihm zuletzt in den Sinn gekommen war, als er in der
Nacht zuvor eingeschlafen war, und der beim Erwachen als erster zu ihm
kam. Er hatte sich weder gewaschen noch gegessen, aber er wollte nicht
zögern.

„Bring mich zur weißen Frau", befahl er.

Die beiden Jäger starrten ihn immer noch verwirrt an und führten ihn
die Treppe hinunter, durch eine Hintertür und hinaus auf den Sand. Nach
einem kurzen Wort mit einigen älteren Wusun, die neben dem Turm saßen,

marschierte Garluk durch die Ruinen und winkte die Menschenmengen zurück, die Gray anstarren wollten.

Der Amerikaner bemerkte, dass es nur wenige Kinder gab. Einige der Frauen trugen Wasserkrüge. Sie waren nicht verschleiert. Sie trugen ein lockeres Gewand aus sauberer Baumwolle – er erfuhr, dass sie an ihren eigenen Webstühlen mit antiken Mustern arbeiteten –, gebunden mit einem Seidengürtel und bedeckt mit einem fließenden *Khalat*. Alle waren barfuß.

Gray wurde zu einer Tür geführt, vor der ein *Tumani* mit dem Schwert in der Hand stand. Nach einer kurzen Besprechung mit seinen Führern gestattete ihnen der Wachmann den Zutritt. Während seines gesamten Aufenthalts in Sungan wurde Gray still, aber effektiv beobachtet.

Sein Herz schlug inzwischen heftig und er wollte den Namen des Mädchens rufen. Er ging ins Halbdunkel hinab. Ein Geruch von Moschus und getrockneten Rosenblättern erfüllte den Ort. Eine Frau erhob sich vom Boden und verschwand im Schatten. Bald darauf zog Garluk einen Vorhang beiseite. Gray betrat etwas, das wie eine Schlafkammer aussah, und fand Mary Hastings vor sich.

„Captain Gray!" sie weinte leise und streckte beide Hände aus. „Gestern Abend haben sie mir gesagt, dass du hier bist. Oh, ich bin so froh!"

Er umklammerte die schlanken Hände fest und hatte Angst zu sagen, was ihm beim Anblick des Mädchens in den Sinn kam. Sie war dünner und hatte Ringe unter den schönen Augen, die ihn eifrig ansahen.

Er konnte sie deutlich am Schein einer purpurroten Lampe erkennen, die über ihm hing. Das Zimmer war komfortabel mit Teppichen und Kissen ausgestattet. Ein Krug Wasser und einige Datteln standen in ihrer Nähe.

"Wie bist du hier her gekommen?" sie wiederholte. „Wo ist Sir Lionel?" Ein Schatten glitt über ihr ausdrucksstarkes Gesicht. „Ich habe den Angriff auf die Karawane gesehen. Hat er –"

„Sir Lionel ist zu mir zurückgekehrt", sagte Gray mit rauer und angespannter Stimme. „Er war der einzige Überlebende der Karawane."

„Dann ist er tot", antwortete sie langsam. „Sonst wäre er mit dir gekommen." Sie biss sich auf die Lippe und neigte den Kopf, damit Gray die Tränen in ihren Augen nicht sehen konnte. „Oh, ich habe es befürchtet. Die buddhistischen Priester sagten, dass ihre Wachen ihn finden und töten würden. Ein alter Mann aus den Wusun, der Turki spricht, wiederholte es mir."

Gray war froh, dass Mary in gewissem Maße auf den Tod ihres Onkels vorbereitet war. Er hatte den Anblick ihres Leids kaum ertragen können. Er wandte sich ab.

„Ja. Sir Lionel ist gestorben – tapfer."

Sie ließ seine Hände los und fummelte an einem zerrissenen kleinen Stück Leinen herum, das einmal ein Taschentuch gewesen war.

"Oh!"

Aus Angst, dass sie zusammenbrechen und weinen würde, hätte Gray den Raum verlassen, aber sie hielt ihn mit einer Geste zurück. Sie blickte ruhig auf, obwohl die Tränen immer noch auf ihren Augenlidern glitzerten.

„Bitte, Captain Gray! Ich war so – einsam. Sie werden nicht weggehen, nur für eine Weile?"

Für eine Weile? Wenn sie es gewollt hätte, wäre er an ihrer Seite geblieben, bis er weggeschleppt worden wäre. Er sah, dass sie sich verändert hatte. Ein Teil des Lebens und der Lebhaftigkeit war aus ihrem zarten Gesicht verschwunden und hinterließ eine wehmütige Zärtlichkeit.

Er selbst zeigte kaum Anzeichen von den Strapazen der letzten beiden Tage, außer einem festeren Mund und tieferen Falten um die Augen. Er war unrasiert, wie schon seit einiger Zeit, und die Kleidung an seiner stämmigen Figur war etwas abgenutzter als sonst.

Das Mädchen bemerkte ein neues Leuchten in seinen Augen – düster, sogar verbissen. Es lag etwas Wildes in der Entschlossenheit des harten Gesichts, die – obwohl sie es nicht wusste – aus seinem Wissen entstand, dass das Leben und die Sicherheit von Mary Hastings nun in seiner ungeteilten Verantwortung lagen.

KAPITEL XX

DER TALISMAN

„Armer Onkel Lionel", sagte sie traurig, „das wusste er nie – die Wusun waren hier, wie er gedacht hatte."

„Er wird die volle Anerkennung für seine Leistung erhalten, wenn Sie und ich wieder nach Hause kommen, aus Sungan , Miss Hastings."

Sie sah ihn an, dumm und dankbar. Vorbei war all die Gereiztheit und der Geist des Spottes. Aber ihre angeborene Entschlossenheit hatte sie nicht im Stich gelassen.

„Vielen Dank dafür, Captain Gray. Es war dumm von mir, Ihre Warnung missachtet zu haben. Ich war ungerecht – weil ich wollte, dass Onkel Singh der Erste in Sungan ist ." Sie seufzte und versuchte dann zu lächeln. „Setzen Sie sich? Auf ein Kissen. Vielleicht haben Sie noch nicht gefrühstückt. Ich habe nur leichte Erfrischungen anzubieten –"

Vor Grays Augen geschah ein neues Wunder. Er kannte den Mut der englischen Mädchen nicht, deren männliche Beschützer immer an den unruhigen Orten am Rande der Zivilisation leben.

Seine Nähe zu dem Mädchen bewegte ihn. Ihr Mut wirkte wie ein Ansporn für seine eigene Stimmung. Gegen seinen Willen wanderte sein Blick hungrig zu den wirren, bronzefarbenen Haaren und dem frischen, besorgten Gesicht.

Unbewusst streckte sie die Hand aus und rückte geschickt eine verstreute Haarsträhne zurecht. Er wollte ihr auf die Schulter klopfen und ihr sagen, dass sie großartig sei. Aber er fürchtete seine eigene Unbeholfenheit. Mary Hastings erschien ihm wie ein zerbrechlicher, kostbarer Schützling, der in sein Leben getreten war.

Er holte schnell Luft. „Ich habe Hunger", log er.

Sie machte sich sofort an die Arbeit und stellte Datteln und ein paar Kuchen bereit. Während er aß, knabberte sie kaum daran.

„Jetzt", begann er fröhlich, nachdem er geplant hatte, was er sagen sollte, „ich schulde Ihnen das Frühstück. Und ich werde Sie befragen."

Ihm wurde klar, dass er sie vom Tod ihres Onkels ablenken musste.

„Wie haben unsere neuen Verbündeten, die Wusun, Sie behandelt, Miss Hastings?"

„Eigentlich sehr schön. Aber nicht die Priester. Sie haben alle meine Habseligkeiten mitgenommen, außer einem kleinen goldenen Kreuz unter meiner Jacke. Sehen Sie, die Priester kamen mit den – den Aussätzigen, die uns angegriffen haben.“

Gray nickte.

„Und die Buddhisten haben mich ergriffen, nicht die armen, kranken Männer. Sie haben mich weggetragen, nachdem sie mich geknebelt hatten, damit ich nicht rufen konnte.“

„Wu Fangs Befehle.“

„Sie brachten mich in eine Art Tunnel und hielten mich dort fest, bis die Schießerei aufgehört hatte. Sie begleiteten mich durch die Gänge, als wir auf eine mit Bögen bewaffnete Gruppe von Wusun trafen. Sie sprachen mit den Priestern, dann schienen sie es zu tun Ich wurde wütend und die Buddhisten gaben mich auf. Ich weiß nicht, warum die Wusun mich wollten.“

Gray warf einen Blick auf das schöne Mädchen und dachte, dass der Grund nicht schwer zu erraten sei. Damals verstand er jedoch nicht die volle Bedeutung, die die Frau für die Wusun hatte.

„Vielleicht haben sie dich als weiße Frau erkannt – eine ihrer Art“, riskierte er.

Sie schüttelte zweifelnd den Kopf.

„Ich dachte, die Wusun wüssten nicht, dass es noch andere Weiße gibt, Captain Gray. Einer von ihnen – ich hörte, wie sie ihn Gela, den Kha Khan – nannten, war ein junger Mann, so groß wie Sie und sah nicht schlecht aus. Er war am wütendsten von allen – mit den Priestern, das heißt, nicht mit mir.“

Gray runzelte die Stirn.

„Gela hat mich zum Ratssaal der ‚Großen‘ geführt“, fuhr sie fort und sah ihn überrascht an, denn das Stirnrunzeln war ihr nicht entgangen. „Dort fand ich den alten Bassalor Danek. Ich konnte ihre Sprache nicht, aber Onkel Singh brachte mir ziemlich viel Nordtürkisch bei. Bassalor Danek war wirklich ein netter alter Kerl, aber Timur gefällt mir besser.“

„Timur?“ er hat gefragt. „Einer der *Tumani* ?“

„Ich verstehe nicht, warum du sie nicht magst. Sie haben mir geholfen. Nein, Timur scheint eine Art Stadtrat zu sein. Er ist weißhaarig und hinkt. Aber er spricht gebrochenes Turki, was ich verstehe. Also – das habe ich.“

gut behandelt worden, außer dass sie mich nicht aus diesem Gebäude lassen, das Bassalor Danek gehört.

„Was hatte der türkischsprachige Kerl zu seiner eigenen Meinung zu sagen?"

„Er fragte nach meinem Namen. Natürlich konnte er ihn nicht aussprechen, also taufte er mich auf einen Namen, der wie Kha Rakcha klingt . Ich glaube, Kha – es ist auch ein kirgisisches Wort – bedeutet in ihrer Sprache ‚weiß'."

„ Rakcha ist westchinesisch und bedeutet eine Art Geist", stimmte Gray interessiert zu. „ Also haben sie dich den Weißen Geist genannt – oder in einem anderen Sinne die Weiße Frau-Königin. Dein Kommen scheint ein Ereignis in den Angelegenheiten der Wusun gewesen zu sein –"

„Das hat Timur gesagt." Sie nickte strahlend. „Er ist einer der Ältesten des *Kurultai* – des Rates. Ich hoffe, ich habe einen guten Eindruck auf ihn gemacht. Er schien freundlich zu sein."

„Ich denke", überlegte Gray ernsthaft, „dass du einen besseren Eindruck hinterlassen hast, als du denkst. Das hilft sehr, denn –" Er wollte gerade sagen, dass sein eigenes Ansehen bei den Wusun dank Wu nicht allzu gut war Fang Chiens Feindschaft brach jedoch ab. Er wollte sie nicht beunruhigen. „Weil sie mich zu dir kommen ließen", ergänzte er unbeholfen.

Der wachsame Verstand des Mädchens ließ sich nicht täuschen.

„Das ist nicht das, was Sie sagen wollten, Captain Gray", warf sie ihm vor.

„Es ist wahr", er war dieses Mal erfolgreicher, „dass Ihr Kommen mir wahrscheinlich eine Atempause verschafft hat."

„Eine Atempause?"

Wann wird eine Frau durch die ungeschickten Versicherungen eines Mannes getäuscht? Oder wann versteht sie es nicht, wenn etwas zurückgehalten wird?

„Captain Gray, Sie wissen etwas, das Sie mir nicht sagen wollen! Hat der Wusun Sie bedroht?"

„Nein. Sie haben mich beschützt –"

„Dann waren Sie in Gefahr. Das dachte ich mir. Was meinten Sie nun mit – Atempause?"

Stattdessen erzählte Gray ihr, wie er den Weg nach Sungan gefunden hatte , und ließ dabei die Einzelheiten der Kämpfe oder seine eigene Leistung aus. Mary betrachtete ihn ernst, das Kinn auf die Hand gestützt.

„Ich habe gebetet, dass du unserer Karawane folgst", sagte sie. „Ich habe mir dich gewünscht, als alle so kämpften. Irgendwie war ich mir sicher, dass du Sungan erreichen würdest . Du siehst, du hast mir das Gefühl gegeben, dass du der Typ Mann bist, der dorthin geht, wohin er wollte."

Gray blickte auf und schüttelte vorwurfsvoll den Kopf.

„Du bist genau wie Onkel Singh. Du verrätst nicht, ob Gefahr droht. Werden die Wusun uns nicht vor den Priestern beschützen?" Sie streckte flehend ihre schlanke Hand aus. „Es sind nur noch wir beide übrig. Sollten Sie nicht ganz ehrlich zu mir sein? Jetzt sagen Sie mir, was Sie mit ‚Pause' gemeint haben!"

Er bedauerte herzlich seine unglückliche Wortwahl. Notgedrungen erzählte er ihr von Wu Fang Chien und dem Streit im Rat.

„ Sie sehen also , dass unser Fall heute Abend vor Gericht steht", schloss er. „Es geht um die Autorität des Gur-Khans gegenüber der Macht von Wu Fang Chien. Ich bin für den alten Bassalor Danek. Ich denke, er wird uns gut behandeln. Zum einen, weil er neugierig auf uns ist. In gewisser Weise Wir sind seine Gäste. Ich hoffe, er setzt Wu schachmatt, denn – um ehrlich zu sein – wir sind in Sungan besser dran als bei den Buddhisten."

Diesmal war sie zufrieden.

„Natürlich", sie nickte. „Wu Fang Chien würde uns nicht so einfach freilassen. Er müsste sich dann für den Angriff auf die Karawane verantworten. Vor der britischen Botschaft."

Gray überlegte, dass sie die einzigen Überlebenden des Kampfes waren und dass die Chinesen es sich nicht leisten konnten, ihnen die Flucht zu ermöglichen.

„Ich werde heute Abend für Immunität – unsere Immunität – plädieren", lächelte er.

„Sind Sie Anwalt, Captain Gray?" Das Mädchen versuchte, sich auf seine Bemerkung einzulassen. „Haben wir einen guten Fall?"

„Hauptsächlich unser Verstand", gab er zu. „Und vielleicht die Verbundenheit, die die Wusun für uns als verwandte Rasse empfinden."

"Prächtig!" Sie klatschte in die Hände. „Ich denke, Sie sind ein erstklassiger Anwalt."

Gray erinnerte sich an das majestätische Gesicht von Bassalor Danek und an die Wut der Wusun beim Eintritt von Wu Fang Chien.

„Sie haben eine Art Pakt mit dem chinesischen Kaiser geschlossen, nicht wahr?“

„Timur sagte, es sei eine Vereinbarung, durch die die Wusun ihre Stadt unantastbar halten und ihre Grenzen nicht verlassen sollten. Selbst der eindringende Sand hat sie nicht vertrieben. Timur beschrieb sie als so zahlreich wie die Bäume des Thian Shan, des Himmlischen Gebirges , zunächst. Jetzt überleben nur noch wenige. Die Chinesen haben Aussätzige um sie herum postiert.“

Gray nickte. Langsam zeichnete sich die Geschichte der Wusun ab. Eine Rasse, die vor Anbeginn der Geschichte von Eindringlingen aus Europa abstammte. Sie hatten sich mit der Macht von Dschingis Khan verbündet und sich die Feindschaft der Chinesen zugezogen. Seitdem waren sie aufgrund der langsamen Beharrlichkeit der Chinesen eingeschränkt und zahlenmäßig zurückgegangen.

„Du erinnerst dich an die Legende von Prester John – im Mittelalter “, fuhr das Mädchen eifrig fort. „Marco Polo erzählt von einem mächtigen Prinzen in Mittelasien, der Christ war. Ich habe darüber nachgedacht. Ist das Wort „ Kerait der Mongole“ nicht „Christ“? Glauben Sie, dass die ersten Wusun Christen waren?“

„Sie scheinen keine besondere Religion zu haben, Miss Hastings – außer einer Art Morgen- und Abendgebet.“

„Ich habe sie die Hymne singen hören. Timur sagt, es sei die Hymne ihrer Vorfahren gewesen.“ Das Mädchen seufzte. „Zu denken, dass wir die Wusun doch hätten finden sollen. Wenn nur mein Onkel--“ Sie brach traurig ab.

Außerhalb des Zimmers ertönte ein Schritt und Garluk steckte seinen zotteligen Kopf durch den Vorhang.

„Ich komme vom Gur-Khan“, verkündete er. „Der Mann, der schnell tötet, muss vor Bassalor Khan kommen.“

„Sie rufen mich an“, antwortete Gray leichthin auf ihren fragenden Blick. „Ich muss Anwalt spielen. Aber ich muss ein Experiment ausprobieren. Keine Sorge.“

Er stand auf und sie sah flehend zu ihm auf.

„Komm zurück, sobald du kannst“, flüsterte sie. „Ich – es ist so einsam hier. Mir ging es elend, bis Timur mir erzählte, sie hätten während des

gestrigen Sonnenuntergangsgesangs Schüsse gehört. Ich vermutete, dass du
es warst –"

„Meine Automatik", erklärte Gray grinsend. „Ich habe Wu Fang Chien
vermisst, was schade ist." Er redete fröhlich und willkürlich, darauf bedacht,
das Mädchen zu ermutigen. Sie zuckte zusammen, als sie die Kämpfe
erwähnte.

„Ich werde zurückkommen, um zu berichten, was los ist."

„Wenn dir etwas passieren sollte –"

„Ich scheine bisher unfallsicher zu sein." Er lächelte leicht und verbarg
damit seine wahren Gefühle. „Und es gibt einen Plan –"

„Komm", sagte Garluk . „ Bassalor Khan wartet an seinem Schrein."

„Ich werde dir ein besseres Abendessen anbieten können", lächelte
Mary zurück. „Vergiss es nicht!"

„Ich werde es mir notieren – Mary."

Gray trat aus dem Vorhang. Trotz seines Versprechens konnte er nicht
in das Zimmer des Mädchens zurückkehren.

Er fand Bassalor Danek wartend in einer Kammer unter dem Tempel,
zu der er vom ungeduldigen Garluk geführt wurde . Der Gur-Khan saß auf
einem Seidenteppich neben einem alten Mann mit einem Gesicht wie ein
Satyr, bei dem Gray vermutlich Timur war. Sie sahen schweigend auf, als er
sich näherte. Die Wahlbeteiligung ging zurück.

Auf ein Zeichen von Bassalor Danek hin setzte sich Gray vor die
beiden. Sie betrachteten ihn ernst. Er wartete darauf, dass sie etwas sagten.

„Wu Fang Chien", begann der Gur-Khan schließlich, „wird bei
Sonnenuntergang in die Halle kommen, um mein Wort zu hören. Sein böser
Wille könnte die dunkle Wolke des Unheils über mein Volk bringen. Wenn
ich dich aufgebe, wird er es tun." Danke mir und bring uns in der nächsten
Karawane gutes Getreide und Tee aus China."

Er hielt inne, als suche er nach einer Antwort. Aber Gray schwieg und
wollte hören, was die beiden noch zu sagen hatten.

„Doch, oh Einer, der schnell tötet", warf Timur sanft ein, „du gehörst
zur Rasse der Kha Rakcha und sie hat Gunst in unseren Herzen gefunden.
Du sagst, du bist hierher gekommen, um sie zu suchen. Das ist gut so." Aber
wir dürfen unserem Volk keinen Ärger bereiten. Sie haben wenig Nahrung.
Es gibt keine, die wir vor das Heiligtum unserer Rasse stellen könnten."

Er warf einen Blick über die Schulter auf einen geschlossenen Vorhang. Hier stand einer der Wusun Wache. Gray vermutete, dass dies ihr Schrein war. Er war neugierig darauf, einen Blick darauf zu werfen.

„Was ist der Wille des Gur-Khan?" fragte er leise.

Bassalor Danek warf ihm einen scharfen Blick zu.

„Ich habe meine Antwort noch nicht vorbereitet, oh Mann von außen. Wu Fang Chien weinte, dass du ungebeten gekommen bist, um dich in Dinge einzumischen, die dich nichts angehen. Die Kha Rakcha ist sehr schön, und das Licht aus ihrem Gesicht wird es tun Sei ein Schmuck für unser Heiligtum. Du hast gesagt, dass du gekommen bist, um uns zu suchen. Aber das kann nicht sein. Denn kein Wort von uns hat die äußeren Wachen passiert. Selbst die wandernden Kirgisen, die wir aus der Ferne sehen, kennen uns nicht."

Gray hatte darauf gewartet, dass ihm eine Spur folgte. Jetzt erkannte er seine Chance und sammelte seinen kleinen Vorrat an poetischem Chinesisch, um ihn an die Redekunst von Bassalor Danek anzupassen .

„Höre zu, oh Gur-Khan", sagte er und hielt inne, da er den Wert der Meditation im Umgang mit einem Orientalen kannte. Innerlich betete er für den Erfolg seines Vorhabens, wohl wissend, dass das Schicksal des Mädchens stark von dem abhing, was er sagte.

„Es ist wahr", fuhr er fort, „dass ich geschickt wurde, um die Wusun zu suchen. Jenseits der Wüste und jenseits der Grenze der Mongolei lebt ein Volk, dessen Väter vor sehr langer Zeit die gleichen waren wie eure Väter. Sie haben die Fähigkeit zu sehen." über große Entfernungen hinweg. Sie haben die Augen der Weitsicht. Mit diesen Augen sahen sie die Wusun in Gefangenschaft und schickten mir eine Nachricht. Diese Nachricht werde ich überbringen, wenn es soweit ist."

Timur schüttelte klug seinen grauen Kopf.

„Kann ein Fisch sehen, was sich auf dem Land befindet? Eine Gazelle hat scharfe Augen; aber eine Gazelle kann nicht über die Wüste blicken, geschweige denn ein Mensch. Was Sie gesagt haben, ist nicht wahr."

„Es ist wahr. Mein Volk kann nicht nur über jede Distanz hinweg sehen, sondern es kann auch hören. Siehe, hier ist der Beweis."

Während die beiden neugierig zusahen, zog Gray seine Karten aus seinem Hemd und breitete sie vor sich auf dem Boden aus. Bassalor Danek blickte erwartungsvoll von der Zeitung zu ihm.

„Hier ist, was wir mit unseren Augen der Fernsicht gesehen haben. Sehen Sie, hier ist das letzte Dorf Chinas, Ansichow , und die Wüste. Hier, an dieser Markierung, wussten wir, dass Sungan war. Und darüber hinaus. "

ist, wie Sie wissen, der Fluss Tarim und die Himmlischen Berge. Durch dieses Papier habe ich den Weg hierher gefunden.

Bassalor Danek befingerte neugierig die Karte. Dann schüttelte er den Kopf.

„Dies ist ein Papier, wie die der Priester Buddhas. Es ist eine Art Magie. Mit Magie ist viel möglich. Aber das sind Zeichen auf Papier. Es sind keine Berge und Flüsse."

Gray seufzte, konfrontiert mit der natürlichen Ungläubigkeit einer Karte. Die Wusun waren trotz ihrer natürlichen Intelligenz dem verdummenden Einfluss jahrzehntelanger Isolation ausgesetzt. Tatsächlich war ihr Zivilisationszustand der des dunklen Zeitalters. Es war, als wären Gray und Mary Hastings in eine Hochburg der Goten gewandert.

Dennoch hatte er das Gefühl, einen leichten Eindruck hinterlassen zu haben. Er holte den Feldstecher aus seinem Etui.

„Mir wurde ein Token gegeben", erklärte er langsam und stellte sicher, dass die beiden sein gebrochenes Chinesisch verstanden. „Es ist ein kleiner Talisman der Augen der Fernsicht. Mit ihm kannst du alles in der Ferne so klar sehen, als ob es in deiner Hand läge."

Timur strich sich über den Bart und lächelte.

„Vielleicht ist es nicht so. Selbst mit Magie ist es vielleicht nicht so."

„Dann schau mal." Gray hob die Brille und richtete sie auf den Wachmann, der am Schreinvorhang stand. „Damit kannst du das Gesicht des Mannes so nah an meins heranbringen."

Er reichte die Gläser Bassalor Danek, der sie neugierig in seiner Hand umdrehte. Er folgte Grays Anweisung und richtete sie auf den Wachmann. Der Mann bewegte sich unruhig, da er offensichtlich glaubte, dass irgendeine Art von Magie auf ihn ausgeübt wurde. Bassalor Danek stieß einen lauten Ausruf aus und die Brille fiel ihm auf die Knie. Er spähte von ihnen zu dem Mann am Vorhang und murmelte in seinen Bart.

„Ich sah das Gesicht in meiner Reichweite", rief er. „Wirklich, es ist so, wie dieser Mann es versprochen hat!"

„Nein", widersprach Timur. „Derjenige am Schrein hat sich nicht bewegt, denn ich habe zugesehen. Vielleicht ist es das auch nicht."

Dennoch zitterte seine Hand, als er die Brille an seine schwachen Augen hob. Gray half ihm, sie zu fokussieren. Auch er stieß einen Ausruf aus.

Eine Weile experimentierten die beiden Wusun mit dem Fernglas und musterten mit zunehmender Verwunderung die Wände, den Boden und die Teppiche. Gray behielt ein ernstes Gesicht. Die Brille war leistungsstark und hatte hervorragende Gläser. Die Wusun hatten noch nie etwas Derartiges gesehen oder gehört.

„Dies ist nur ein Zeichen", erinnerte er sie ernst, „der Augen der Weitsicht, die mein Volk besitzt. Wenn dieser Talisman euch nahe bringen kann, was in der Ferne liegt, bezweifelt ihr dann, dass wir wissen könnten, was dahinter liegt?" der Wüste? Ist das Kommen des Weißen Geistes nicht ein Beweis dafür, dass wir es wussten?"

Das war eine wichtige Angelegenheit, und Bassalor Danek und Timur berieten sich darüber, wobei sie widerstrebend die Gläser abstellten.

„Ich weiß es nicht", riskierte Timur. Gray sah, dass seine Doppelfrage sie verwirrt hatte. Um seinen Fehler zu beheben, wandte er sich an Bassalor Danek.

„Behalten Sie diese kleinen Augen der Fernsicht", sagte er. „Ich gebe sie dir."

Trotz seiner gewohnten Ruhe stieß der Häuptling der Wusun unwillkürlich einen Freudenschrei aus. Gray nutzte seinen Vorteil.

„Weitere Beweise werde ich liefern, oh Bassalor Danek. Ziehe die Vorhänge des Schreins zu, damit ich den Gott des Wusun sehen kann. Dann werde ich dir zeigen, dass mein Volk jenseits der Wüste von dem Gott wusste."

Er überlegte schnell, dass die Wusun, wenn Timurs Bericht über ihre Geschichte korrekt gewesen wäre, in ihrem Schrein ein Emblem der tatarischen Gottheit haben müssten – den Gott Natagai , den Mirai Khan ihm beschrieben hatte – oder möglicherweise ein mohammedanisches Symbol. Er vermutete eher Ersteres, da die Wusun isoliert worden waren, bevor die muslimische Welle über Zentralasien hinwegfegte.

„Es ist kein Gott, oh Mann von außen", widersprach Timur. „Es ist ein Talisman unserer Väter. Einst hatten die Wusun Priester. Zur Zeit von Kubla Khan. Jetzt erinnern wir uns nur noch an die Hymne bei Sonnenuntergang und Sonnenaufgang. Fast haben wir die Worte vergessen. Wir haben den Talisman behalten, weil." einst schätzten es unsere Priester, die auch Krieger waren."

Gray nickte und glaubte nun, dass es sich um ein Bild von Natagai handelte , der tatarischen Kriegsgottheit.

„Es heißt", fuhr Timur nachdenklich fort, „dass der Talisman von einem Häuptling unseres Volkes hergestellt wurde. Ich habe von den Ältesten eine Geschichte gehört, dass dieser Khan lebte, als die Wusun in einem anderen Land waren, bevor sie die Berge überquerten." Dach der Welt. Vorhang zu!

Auf den Befehl hin zog der Wachmann die schweren Brokatfalten zurück. Gray sah einen Steinaltar, der mit einem sauberen Tuch aus weißer Seide bedeckt war. Auf dem Tuch stand ein Kreuz.

KAPITEL XXI

Maria stellt eine Bitte

Das Kreuz war aus Jade und hatte die Form des mittelalterlichen Emblems – des griechischen Kreuzes. Bevor es eine Kerze brannte. Gray starrte schweigend darauf, während Timur vorwärts humpelte und den Docht der Kerze zurechtschnitt.

„Wir erinnern uns nicht an den Glauben unserer Väter", sagte der alte Wusun traurig. „Aber wir haben den Talisman behalten. Er ist nicht so stark wie der bronzene Buddha von Wu Fang Chien. Wir werden ihn nicht hergeben, obwohl er darum gebeten hat, ihn zu kaufen. Wahrlich, kein Mensch sollte sich von dem trennen, was in diesem Anblick kostbar war." seiner Väter."

Gedanken drängten sich auf Gray ein. War dies das Kreuz, das ein wandernder Missionar hinterlassen hatte – einer von denen, die in die Fußstapfen von Marco Polo traten? Wurde das alte Wusun von den Christen in mittelalterlichen Legenden als das Königreich von Prester John, manchmal auch *Presbyter* John genannt, erwähnt? Die Wusun waren Krieger gewesen. Wurde das Symbol des Kreuzes dem Griff eines Schwertes nachempfunden? War es eine der Launen des Schicksals, die das Kreuz in die Hände der Wusun gebracht hatte, die Nachkommen der Christen Europas waren? Oder waren sie aus eigenem Antrieb zu Kreuzsanbetern geworden? Was bedeutete es für sie?

Er erinnerte sich an die Sonnenuntergangshymne. War das ihre Version der Vesper eines vergessenen Priesters? Er wusste nicht. Das Problem des Kreuzes unter den Überresten der Wusun muss noch von gelehrteren Köpfen als ihm gelöst werden. Es war jedoch klar, dass sie über das Kreuz hinaus keine Spur ihrer früheren Religion hatten.

Plötzlich schnellte sein Kopf hoch.

„Ich habe dir versprochen, Bassalor Danek", rief er, „dass dies ein Symbol sein würde. Wie ich versprochen habe, wirst du es finden. Wir – die wir von denselben Vätern sind – haben auch diesen Talisman unseres Gottes."

Der Wusun starrte ihn an. In Grays Worten klang eine gewisse Überzeugung. Er erinnerte sich an Delabars Worte, dass der Talisman der Wusun der gefangenen Rasse den Hass der Buddhisten eingebracht habe. Er sah jetzt, wie das war. Das Schicksal – oder was der Soldat als Glück bezeichnete – hatte ihm ein Instrument in die Hand gegeben. Zur Verteidigung des Mädchens. Er muss es voll ausnutzen.

Er zeigte auf das Jadekreuz.

„Der Kha Rakcha und ich sind vom gleichen Blut wie die Wusun. Wir sind in Frieden gekommen, um dich zu suchen. Der Kha Rakcha fordert deinen Schutz. Wirst du ihn nicht gewähren? So habe ich gesprochen."

Bassalor Danek verschränkte seine schlanken Arme, und um seine alten Augen bildeten sich kleine Fältchen.

„Ich höre", sagte er. „Die Geschichte vom Auge der Fernsicht ist eine wahre Geschichte. Aber diese Sache ist eine andere Geschichte. Können Sie uns ein Zeichen zeigen, damit wir wissen, dass sie auch wahr ist?"

In Grays Hinterkopf erinnerte er sich an ein Zeichen. Etwas, das Mary erwähnt hatte. In seiner Angst konnte er sich nicht daran erinnern.

Damit verpasste Gray eine goldene Gelegenheit. Wenn er allein gewesen wäre, hätte seine natürliche Schnelligkeit eine Antwort auf die Frage des Gur-Khan gefunden. Da das Leben des Mädchens, das er liebte, auf dem Spiel stand, zögerte er.

Es war von entscheidender Bedeutung, dass Bassalor Danek glaubte, was Gray über das Kreuz gesagt hatte. Im Glauben würde er ihnen helfen, denn er verehrte das Kreuz. Im Zweifel würden sie den List von Wu Fang Chien ausgesetzt sein.

„Wenn ich in einer Sache die Wahrheit sagen würde, oh Gur-Khan", parierte er, „würde ich dann in Bezug auf eine andere Sache lügen?"

„Die beiden Dinge sind nicht dasselbe", fügte Timur logisch hinzu. „Der Talisman ist kostbar – wie das Gold im Schwertgriff von Gela. Doch was bedeutet er dir?"

„Es ist das Zeichen unseres Glaubens. Es ist der Talisman des Christentums."

„Ich kenne das Wort nicht."

„Sie kennen den Namen des alten Khans der Wusun – Awang Khan?"

Gray wagte einen kühnen Schritt, da er die Legende des Priesters Johannes von Asien kannte. Timur überlegte.

„Der Name steht nicht in unserer Rede", verkündete er.

Bassalor Danek blickte weise auf.

„Du sprichst von Glauben, oh Einer, der schnell tötet. Ist das ein Wort eines Priestertums?"

"Ja."

„Dann", sagte Bassalor Danek ernst, „ist es klar, dass Ihr Talisman nicht so ist. Nein, denn das einzige Priestertum ist das der falschen Buddhisten."

„Unser Glaube unterscheidet sich von ihrem – so wie ein Sandkorn sich von einem Tropfen klarem Wasser unterscheidet."

Die Hand des Gur-Khans kreiste weit.

„Nein. Was können wir von Sungan außer den Sandkörnern sehen? Überall, dahinter, ist die buddhistische Priesterschaft. Wir haben das gesehen. Es ist wahr." Er hob stolz seinen Kopf. „Siehe, Jugend, hier ist der Talisman eines Kriegers. Von Häuptling zu Häuptling wurde er weitergegeben Blut, das für sein Volk gekämpft hat.

Zum ersten Mal zeigte er Gray ein kleineres Kreuz aus Gold, das an einer Kette aus demselben Metall über seiner Brust unter dem Umhang hing.

„Weil ich Khan der Wusun bin, gehört dieses Ding mir", fügte er hinzu. „Wenn mein Vater und die Seinen vor ihm keine starken Krieger gewesen wären, wäre der Wusun von der Welt verschwunden, wie eine Kerze bei starkem Wind ausgeblasen wird."

„Ja", ergänzte Timur. „Es ist ein Zeichen für den Rang des Gur-Khan. War das nicht schon immer so?"

Beide Männer nickten mit dem Kopf, als stünden sie vor einer unumstößlichen Wahrheit. Alter und Isolation hatten ihre Vorstellungen starr gemacht. Die Sicherheit der Wusun war ihre einzige Sorge.

„Dein Zeichen ist nicht wie unseres", sagten sie. „ Ist der Mond mit der Sonne verwandt, weil beide am Himmel leben?"

„Es gibt nur ein Kreuz", rief Gray.

Sie schüttelten den Kopf. Wie sollten sie den kleinen Glaubensschatz ändern, der ihr dürftiges Erbe an Weisheit gewesen war?

„Ihr seid nicht mit uns verwandt, aber die Kha Rakcha ist eine Frau und könnte daher mit den Wusun verwandt werden", verkündete Bassalor Danek. „Geh jetzt, denn wir müssen unsere Antwort auf Wu Fang Chien gut abwägen."

Gray erhob sich, seine Lippen waren hart.

„So sei es", sagte er langsam. „Wenn du denkst, dass du Wu Fang Chien nachgeben musst, gib mich in seine Hände. Ich werde ein Schwert nehmen und mich auf die Suche nach ihm machen. Bewahre die Kha Rakcha sicher in Sungan auf. Sie ist, wie du gesehen hast, der Weiße Geist. Ihre Schönheit ist nicht geringer als das Licht der Sonne. Beschütze sie gut.

Gray hatte bitter gesprochen und das Gefühl gehabt, dass er mit seinem Flehen gescheitert war. Er hatte die volle Bedeutung der Worte des anderen nicht gespürt. Er wusste, dass sein eigener Tod für das Mädchen der schwerste Verlust sein würde. Ohne ihn war sie wehrlos.

Er wollte sie nicht verlassen. Sie hatte so kindlich auf seinen Schutz vertraut. Und er war so hilflos, ihr zu helfen.

Aber Gray hatte die Chancen mit der kalten Präzision abgewogen, die ihn nie verließ. Es bestand eine geringe Chance, dass er Wu Fang Chien töten könnte, und wenn ja, wäre Mary vielleicht beschützt.

Er entfernte sich vom Schrein und strebte unbewusst in Richtung des Hauses von Bassalor Danek, in dem sich das Mädchen befand. Dann drehte er sich entschlossen um. Er konnte Mary jetzt nicht sehen. Sie würde sofort vermuten – so schnell war der Instinkt der Frau –, dass etwas nicht stimmte.

Gray ging seine Schritte zurück zum Turm und in seine eigene Kammer, wo er auf die Entscheidung des Gur-Khans warten würde.

Mehrere Stunden lang debattierten die beiden Wusun miteinander. Von Zeit zu Zeit warfen sie einen Blick auf eine Wasseruhr, die in der Ecke, die am weitesten vom Schrein entfernt war, kläglich knarrte. Während sie redeten, runzelten sie ängstlich die Stirn.

Draußen hatte die Sonne bereits ihren höchsten Punkt überschritten, und der Sand brannte vor reflektierter Hitze. Die Menschen von Sungan hatten unter den Kanalbäumen und in den unterirdischen Gebäuden Zuflucht gesucht. Selbst die Hunde und die Aussätzigen waren nicht mehr zu sehen. In Sungan und in den bewaffneten Lagern der Wachen außerhalb der Mauer herrschte Ruhe .

Kein Sonnenstrahl drang in den Schrein von Bassalor Danek. Der Wärter zündete neue Kerzen an und stand regungslos da. Dann bewegte er sich und ging zur Tür. Er stieß einen schroffen Ausruf aus.

Mary Hastings drängte sich an ihm vorbei und starrte die beiden Wusun an.

„Timur!" Sie weinte. „Wo ist der, der schnell tötet?"

Der Stadtrat von Sungan warf ihr einen verwunderten Blick zu. Sie war rot und atmete schnell. Ihr bronzefarbenes Haar war ihr bis auf die schlanken

Schultern gefallen. Groß, stolz und herrisch stand sie ihm gegenüber – ein schönes Bild in dem dunklen Zimmer.

„Er sagte, dass er zu mir zurückkehren würde", wiederholte sie. „Und er ist nicht gekommen. Nun, ich weiß, dass dies nur daran liegen kann, dass etwas Böses passiert ist. Wo ist er?"

Die beiden schwiegen stoisch. Sie näherte sich ihnen furchtlos. Zum Erstaunen der Wache stampfte sie wütend mit dem Fuß auf, ihre Augen weiteten sich vor Angst.

Für den Wachmann war dies etwas, was in der hohen Anwesenheit des Gur-Khan nicht erlaubt sein sollte. Er legte ihr warnend die Hand auf die Schulter. Erschrocken zog sich das Mädchen zurück und schlug ihm den Arm nieder. Beschämt über ihr flammendes Missfallen warf die Kriegerin einen Blick auf Bassalor Danek.

Der Gur-Khan runzelte die Stirn.

„Fass den Kha Rakcha nicht an , Hund!" Er knurrte: „Bald soll die Frau durch Blut mit mir verbündet sein." Dann zu Maria: „Es ist nicht angemessen, Jungfrau, dass jemand wie du im Zorn an diesen Ort kommt. Bedecke dann die Flamme des Geistes mit der Asche des Respekts."

Timur interpretierte seine stattliche Rede. Aber das Mädchen hatte Angst um Gray. Erst als er es versäumt hatte, zu ihr zurückzukehren, wurde ihr klar, wie viel sein Kommen bedeutet hatte.

Daher hatte sie keine Lust, die Würde der beiden alten Männer zu respektieren. Mary Hastings war die Herrin einheimischer Bediensteter gewesen. Sie wusste, wie man Gehorsam fordert.

„Sagen Sie dem Häuptling " , rief sie, „er soll antworten, wenn ich spreche. Bin ich jemand, der das Feuer des Geistes unter dem Deckmantel der Demütigung verbirgt? Sprechen Sie! Was ist aus dem weißen Mann geworden?"

Timur gab die Antwort des Gur-Khans auf Türkisch wieder.

„Der große Krieger hat seinen Körper angeboten, um den Zorn von Wu Fang Chien abzukühlen, der ihn verlangt."

Das Mädchen wurde blass.

"Wie wann?"

„Er wird ein Schwert nehmen, das wir ihm heute Nacht geben werden, und sich auf die Suche nach dem Herrscher der Buddhisten machen. So soll es auch sein. Wir haben im Rat beschlossen. Auf diese Weise wird Wu Fang

Chien besänftigt, und die Wusun werden es tun." Trinken Sie den Trost des Friedens in ihrer Not. Außerdem –"

"Bleiben!" Das Mädchen holte schnell Luft. Sie vermutete, warum Gray nicht zu ihr gekommen war. Das Wissen um seine Gefahr beruhigte ihre turbulenten Gedanken. Die Gefahr war schlimmer, als sie befürchtet hatte. Aber – so stark war die Seele der Frau, als der Mann, den sie liebte, bedroht wurde –, wurde sie seltsam ruhig.

Sie hatte sich bisher nicht eingestanden, dass sie den Amerikaner liebte. Mit dem Verständnis für das neue Opfer, das er bereit war, für sie zu bringen, konnte sie die Wahrheit ihrer Liebe ebenso wenig leugnen wie die Tatsache ihres eigenen Lebens.

„Wirst du mich auch aufgeben?" fragte sie verächtlich.

„Nein. Du wirst einen Platz an der Seite des Gur-Khan haben, wegen deiner Schönheit, die – so sagte der Eine, der schnell tötet – wie die Sonne ist. Der Wusun wird den Kha Rakcha beschützen , sogar als er forderte an."

Mary Hastings seufzte leise. Dann hob sie hartnäckig den Kopf. Sie errötete rosig.

„Der weiße Mann ist in meinen Augen kostbar", sagte sie liebevoll. „Sein Leben ist wie die Wärme der Sonne, und wenn er stirbt, würde mein Leben vergehen, so wie Wasser verschwindet, wenn es auf den Sand gegossen wird."

„Wahrlich", überlegte Timur und strich sich über den Bart, „ist er ein tapferer Mann. Aber wie kann Wu Fang Chien dann besänftigt werden?"

Wut blitzte im ausdrucksstarken Gesicht des Mädchens auf.

„ Also sind die Wusun seelenschwach", beschuldigte sie. „Ihr Herz ist wie die Seele eines Schluchtenschakals. Sie würden den Krieger aufgeben, der ihr Freund geworden ist, um sich ihren eigenen Trost zu erkaufen! *Aie* ! Seid ihr solche Männer?"

Timur starrte ihn an und wurde vielleicht zum ersten Mal in seinem Leben mit der Verachtung einer Frau konfrontiert, die wie ein Mann dachte.

„Glauben Sie, dass ich meinen Trost zu solchen Bedingungen erkaufen werde?" sie fuhr gnadenlos fort. „Oder im Schatten derer bleiben, die keine Menschen, sondern Schakale sind?"

Timur hob die Hand. Die Entscheidung der Anführer der Wusun beruhte auf ihrer eifersüchtigen Sorge um ihr Volk und nicht auf egoistischen Motiven. Aber die schnellen Worte des Mädchens hatten ihn traurig verwirrt.

„Wenn du ihn aufgibst", sagte Mary Hastings, „werde ich auch gehen. Ich werde mich nicht von ihm trennen."

Und sie würde es nicht tun. Wenn Gray den Chinesen gegenübertreten würde, wäre sie an seiner Seite. Wie oft beurteilen Männer die wahre Stärke der Hingabe einer Frau richtig?

„Wir haben es anders geplant", betonte Timur. „Für dich –"

„Ich habe gesprochen, du hast gehört."

Bassalor Danek befragte den Stadtrat zu dem, was gesagt worden war. Dann erhob sich der Häuptling.

„Sag der Frau", verkündete er, „dass ich, der Anführer der Wusun, entschieden habe. Was meine Weisheit entscheidet, kann sie nicht durch heiße Worte ändern. Wer ist sie außer einer schönen Frau? Ich bin der Meister des Talismans." des Wusun."

Er zeigte auf den Altar. Mary, aufmerksam auf sein Gesicht gerichtet, folgte seiner Geste schnell. Sie weinte ein wenig, als sie das Kreuz zum ersten Mal sah. Sie packte Timurs Arm.

"Was ist das?" sie bettelte. "Was bedeutet das?"

Timur erklärte das Symbol.

„Es ist allein das Zeichen des Gur-Khan", schloss er. „Niemand außer denen im Rang eines Häuptlings trägt es." Er berührte das kleinere Kreuz, das auf den breiten Schultern von Bassalor Khan lag.

Strahlend erhellte sich das Gesicht des Mädchens. Sie lächelte und näherte sich den beiden alten Männern. Es braucht nicht den Verstand einer Frau, um logisch zu denken!

Sie zog den Kragen ihrer Jacke zurück und enthüllte das winzige Goldkreuz, das ihr einziger Besitz gewesen war, den die geizigen Buddhisten hinterlassen hatten. Wenn Wu Fang Chien von dem Token gewusst hätte, hätte er es ihr entrissen.

„Sehen Sie", sagte sie leise. „Auch ich bin Träger des Kreuzes."

Die Wusun starrte von ihrem aufgeregten Gesicht auf das glitzernde Symbol auf ihrer Brust.

Für ihre begrenzte Intelligenz waren zwei Dinge klar. Der Talisman des Mädchens war vor ihrer Ankunft nicht in Sungan gewesen. Es war also eindeutig ihrs. Außerdem trug sie es wie es sich gehörte.

Sie erinnerten sich an ihren Stolz und ihre wütenden Worte. Wahrlich, sie trug von Rechts wegen das Rangabzeichen. Timur trat zurück und senkte den Kopf.

„O Königin", sagte er, „ich war blind. Wirst du dem Hund verzeihen, der blind war?"

Bassalor Danek hatte die Stirn gerunzelt, etwas eifersüchtig. Doch als er in das offene Gesicht der Frau blickte, klärte sich seine Stirn.

„Es ist gut, Kha Rakcha ", bemerkte er langsam. „Dies ist wirklich das Zeichen, das die Wahrheit deines Kommens bezeugt. Nur eine Frau aus königlichem Hause kann solch einen Talisman tragen. Es ist gut so."

Neugierig berührte er das Kreuz und verglich es mit seinem eigenen. Timur beugte sich über seine Hand und sah zu. Das Mädchen schwieg und hielt gespannt den Atem an.

Der Geist der Wusun war auf seine Weise weise, aber ihre Weisheit war die der Einfachheit.

„Nur eine Königin darf dies auf ihrer Brust tragen", versicherten sie einander. „ In Wahrheit *handelt es sich* also um eine Frau königlicher Abstammung."

Sie nutzte ihren Vorteil schnell aus.

„Dann weißt du, dass ich einer bin, der befiehlt."

„Ja", sagten sie, jeder in seiner Sprache, „vorher waren wir wie blinde Hunde."

„Dann behüte", sagte sie mit zitternden Lippen, denn sie spürte die Anspannung, „das Leben des Einen, der schnell tötet. Denn er ist von meinem Blut."

Bassalor Danek dachte nach und sprach mit ernster Entscheidung.

Sungan beschützen . Wu Fang Chien wird vergebens darum bitten."

KAPITEL XXII

DIE ANTWORT

Mary lachte etwas unsicher. Sicherlich war es ein seltsames Wunder, dass ihr goldenes Kreuz gewirkt hatte. Sie glaubte nicht, dass es Glück war. In ihrer weiblichen Seele gab es keinen Gedanken an das Schicksal. Gottes Fürsorge hatte das Leben des Mannes, den sie liebte, geschützt.

Timur sprach.

„ Bassalor Danek ist sehr zufrieden", hörte sie. „ Früher war er durch den Anblick deiner Gerechtigkeit erwärmt. Aber jetzt ist es wahrlich eine Gewissheit. Gela, der Kha-Khan, Sohn meines Sohnes, Kommandeur der *Tumani*, hat Liebe für dich empfangen. Bassalor Danek hat seine gewährt Ich wünsche dir, dass du die Frau seines Wohnsitzes und seines Herdes wirst."

Als sie es hörte, verstand sie es noch nicht.

„Gela?"

„Er, der dich den bösen Priestern entrissen hat. Wegen des Talismans, den du trägst, ist es angemessen, dass du seine Braut bist."

Plötzlich fühlte sie sich unwohl und blickte von einem zum anderen.

„ So wirst du wirklich ein Verwandter der Wusun werden", nickte Timur.

"ICH?"

„ Bassalor Danek hat in seiner Weisheit entschieden."

Die Freude über ihren kurzen Sieg ließ schnell nach. Die Reaktion schwächte sie und machte dieses neue Hindernis entmutigend. Aber sie schöpfte Kraft aus einem neuen Gedanken.

„Bring mich zum weißen Mann!"

„Nein – es passt nicht. Das Band von Gelas Liebe ruht auf dir."

Zu ihrer Verwirrung lachte das Mädchen. Für einen kurzen Moment hatte sie Hysterie erfasst, erschöpft von den Strapazen, die sie durchgemacht hatte. In ihrem plötzlichen Stress klammerte sie sich an den Gedanken, der ihr Trost gebracht hatte.

Sie war eine entnervte Frau. In Wirklichkeit rief sie instinktiv die Hilfe von Grays Stärke in Anspruch.

„Bist du immer noch blind?" Sie bettelte ungleichmäßig, die Tränen nicht weit von ihren Augen entfernt. „Hast du nicht die Liebe des weißen Mannes zu mir gesehen? Wie kann Gela mich von ihm nehmen, wenn ich bereits an ihn gebunden bin?"

Gray hatte ihr nichts von seiner Liebe gesagt. Aber sie hatte in seinem Gesicht gelesen, was er nicht gesagt hatte.

„Narren!" sie stampfte wütend auf. „Du kannst mich nicht aus den Armen des Einen, der schnell tötet, nehmen. Er wird davon erfahren." Sie sprach jetzt etwas wild und spürte, wie ihre ganze Kraft nachließ. „Er wird mich beanspruchen. Er wird mich behalten – Oh, wirklich, du bist blind."

Für die Wusun war ihre plötzliche Emotion ein Ausdruck ihres Temperaments, das zweifellos das Erbe ihres königlichen Blutes war.

Mary stand jedoch kurz vor dem Zusammenbruch und suchte Zuflucht in ihrem eigenen Zimmer, da sie Gray nicht sehen konnte. Sie eilte hierher, gefolgt von der Frau, die vor dem Schrein gewartet hatte. Um die Wahrheit zu sagen, sie ist geflohen.

In ihrem Zimmer warf sie sich auf die Kissen und ließ sich in einen höchst unköniglichen Weinanfall verfallen. Die Frau wartete stoisch.

Als Mary sich aufsetzte und ihre Tränen trocknete, lächelte die Frau. Marys Gesicht war blass und ihr Haar zerzaust. Als sie in einen Bronzespiegel blickte, den die Frau ihr gebracht hatte, war sie fast froh, dass Gray sie jetzt nicht sehen konnte. Daraufhin verfiel sie ins Nachdenken und schickte die Handfrau sofort nach Pinsel und schwarzer, tintenähnlicher Farbe, der Schreibflüssigkeit der Wusun.

Dann suchte sie fleißig nach weißen Stoffresten, die als Papier dienen könnten. Sie wählte ihr Taschentuch aus, musste es aber ins Fenster legen und warten, bis es trocknete.

Sie sah dabei zu, eine sehr traurig aussehende Frau, die Hände um die Knie geschlungen und den Kopf seitlich auf die Hände gestützt.

Unterdessen wurden die Schatten nach dem Meridian über das Gebiet von Sungan hinweg immer länger . Hirten trieben ihre wenigen Herden von den äußeren Grasstreifen; Kinder, die in den Kanälen gebadet hatten, spielten im letzten Sonnenlicht. Gruppen von Kriegern kamen aus den Ruinen und gingen langsam auf die Feuer zu, wo das Abendessen zubereitet wurde. Die Ältesten suchten den Ratssaal auf.

Außerhalb der Mauer, wo sich die Chinesen versammelten, herrschte noch mehr Trubel.

Es war jetzt die Zeit der Sonnenuntergangshymne. Gray, der auf dem Steinboden seines Turmzimmers auf und ab ging, hörte den Gesang vieler Stimmen. Es kam aus dem Tempel unten, und die Stimmen wiederholten Worte, deren Bedeutung die Besitzer nicht mehr kannten. Gray warf einen ungeduldigen Blick aus seinem Fenster und fragte sich, warum er nichts von Bassalor Danek gehört hatte.

Es mag eine Stunde nach Sonnenuntergang gewesen sein, als vor der Kammertür Schritte zu hören waren. Garluk öffnete die Tür und trat mit einer Geste des Respekts zurück.

Gray blickte eifrig auf und dachte, dass Bassalor Danek oder der lahme Timur gekommen waren. Stattdessen betrat eine große Gestalt den Raum.

Es war ein junger Mann von kräftiger Haltung. Er trug stolz seinen wohlgeformten, olivfarbenen Kopf. Sein Gewand war das weiße Lammfell des Gur-Khan, jedoch ohne goldene Verzierungen. Ein breiter Ledergürtel umgab seine Taille, und daran hing ein gerades Schwert in einer bronzenen Scheide.

Der Neuankömmling hob zur Begrüßung die Hand – eine Geste, die Gray erwiderte. Er hockte sich schweigend auf die Teppiche und winkte Garluk . Gray musterte ihn abschätzend und dachte, dass er selten einen Mann von so gutem Körperbau gesehen hatte. Die Schultern des Fremden waren wohlgeformt, seine Arme stark ausgestreckt, seine Taille schlank. Er bewegte sich mit der Leichtigkeit eines Mannes, der auf trainierten Muskeln balanciert.

Die drei saßen schweigend da, bis Garluk auf die Idee kam, dass er sprechen sollte.

„Das ist der Kha Khan, oh Mann von außen", bemerkte der *Tumani* . „Gela, der Anführer der *Tumani* und Enkel von Bassalor Danek."

„Ich grüße ihn", erwiderte der Weiße und fragte sich, was sein Besucher zu sagen hatte.

Plötzlich drehte Gela seinen dunklen Kopf zu Garluk und sprach mit leiser Stimme, die aus tiefer Brust hallte. Offensichtlich kannte er den Dialekt, den Gray sprach, nicht. Die Mehrheit der Wusun kannte kein Chinesisch.

„ Basalor Danek", interpretierte Garluk , „hat den Talisman auf der Brust des Kha Rakcha gesehen . Er hat in seiner Weisheit über die Worte nachgedacht, die du gesprochen hast. Und er hat Wu Fang Chien geantwortet."

Noch einmal sprach Gela, während Gray ungeduldig wartete.

„ Bassalor Danek, der Herr der Wusun, hörte sich die Beschwerde von Wu Fang Chien, Gouverneur von Sungan , an . Und seine Entscheidung war wie folgt: Zweifellos sind sowohl Sie als auch die weiße Frau gekommen, um die Wusun zu suchen. Während Sie viele von ihnen getötet haben Die Männer der Buddhisten haben auch die Männer der Karawane getötet. Es gibt also keine Schuld, die gerächt werden müsste.“

Gray lächelte über diese einfache, aber logische Sichtweise auf die Situation.

„Außerdem“, interpretierte Garluk auf Gelas Aufforderung hin, „da du nach Wusun gesucht hast, darfst du hier bleiben. Im Pakt wurde vereinbart, dass die Strafe für einen Fluchtversuch die Todesstrafe ist; dennoch gibt es keine Strafe für das Betreten von Sungan .“ Sie und die Kha Rakcha werden in Sungan bleiben .

Das waren gute Nachrichten. Gray war überrascht, aber er ließ es sich nicht anmerken, dass es ihm ins Gesicht geschrieben stand.

„Was hat Wu Fang Chien gesagt?“ er hat gefragt.

„Er wird versuchen, dich und die Frau zu ergreifen. Er wird die Soldaten mit Waffen aus der Wüste herbeirufen.“

„Wird Bassalor Danek uns beschützen?“

„Er hat sein Wort gegeben. Außerdem ist er verpflichtet, die Frau zu beschützen.“

Gray beachtete diese letzte Bemerkung zunächst nicht. Er fragte sich, wie weit die Chinesen bei ihrem Versuch gehen würden, von ihm und dem Mädchen Besitz zu ergreifen. Wahrscheinlich, so entschied er, hatte Wu Fang Chien nicht den großen Wunsch, sich gewaltsam Zugang zu Sungan zu verschaffen . Aber der Mandarin würde keine Chance verpassen, sich selbst gefangen zu nehmen oder ihn möglicherweise von der Außenmauer aus zu erschießen.

Aber vorerst ging er davon aus, dass sie in Sicherheit waren. Dann kam ihm Garluks Hinweis auf Mary wieder in den Sinn. Er erinnerte sich, dass Timur erwähnt hatte, dass Maria bei den Wusun bleiben müsse.

Gela war aufgestanden, seine Botschaft überbracht. Gray hielt ihn mit einer Geste auf.
„Warum ist Bassalor Danek verpflichtet, den Kha Rakcha zu behalten ?“ fragte er, inspiriert von einem neuen und starken Unbehagen.
Gela selbst antwortete darauf und Garluk übersetzte.

„Hast du es nicht gehört?" er lächelte. „Gela, der Kha Khan, wünscht sich den Weißen Geist. Morgen Abend wird er sie gemäß dem Brauch der Wusun heiraten. Bassalor Danek hat zugestimmt."

Gray unterdrückte mühsam einen Ausruf.

„Das kann nicht sein", sagte er streng. „Der Weiße Geist ist keiner, der unter den Wusun heiratet."

Garluk lachte. „Hat Gela, die stärkste der Wusun, sie nicht den gelben Priestern entrissen? Trägt sie nicht den Talisman, der derselbe ist wie der unseres Schreins? Gela hat noch keine Frau. Warum sollte er nicht heiraten?"

Während die beiden ihn beobachteten, dachte Gray über die neue Wendung nach, die die Dinge genommen hatten. Alle seine Instinkte veranlassten ihn zu dem Ausruf, dass die Sache unmöglich sei. Maria muss beschützt werden. Dennoch wusste er, dass ein Protest sinnlos war.

„Hat der Kha Rakcha dem zugestimmt?" er spielt auf Zeit.

„Sie weiß nichts davon", versicherte Garluk selbstgefällig. „Warum sollte einer Jungfrau gesagt werden, bevor sie die Armbinde trägt" – er zeigte auf den Bronzereif um Gelas mächtigen Arm – „von ihrem Herrn, der um ihren Hals gebunden ist?"

Gela unterbrach ihn brüsk.

„Der Kha Khan fragt", sagte Garluk , „ob Sie der Ehemann des Kha Rakcha sind ?"

„Guter Gott!" dachte der Amerikaner nach. Er dachte darüber nach, das zu behaupten. Dann überlegte er, dass Mary, die nichts von dem wusste, was vor sich ging, seine Geschichte kaum bestätigen würde. Aber er konnte sich die Gelegenheit nicht entgehen lassen, ohne einen Anspruch auf das Mädchen geltend zu machen. „Ich sollte sie heiraten", machte er einen Kompromiss, „wenn wir aus der Wüste zurückkamen."

Gela bellte ein kurzes Wort und verließ die Tür, nachdem sie den Amerikaner scharf angeschaut hatte.

„Der Kha Khan sagt, dass er sie mitnehmen wird. Zweifellos gibt es dort, wo du herkommst, viele Frauen. Er begehrt die Kha Rakcha , deren Leben er gerettet hat. Wu Fang Chien hätte sie getötet. So sagten die gelben Priester."

Gray warf Garluk einen finsteren Blick zu , der zurücklächelte.

„Gela hat noch nie eine solche Frau wie die Kha Rakcha gesehen . Sie ist so schön wie ein blühender Aloe-Baum", plapperte der *Tumani* . „Sie wird ihm starke Kinder gebären und einen Sohn, der sein Schwert trägt, wenn er alt ist."

„Wenn sie nicht einverstanden ist – was dann?"

„Es wird keinen Unterschied machen. Bassalor Danek hat gesagt, dass sie seinem Enkel eine würdige Frau sein wird. Trägt sie nicht den Talisman an ihrem Hals? Das ist ein gutes Omen für die Wusun. Ist sie nicht hierher gekommen, um die Wusun zu suchen?" „Außerdem kann Wu Fang Chien sie nicht nehmen, wenn Gela sie heiratet."

„Was ist, wenn ich es verbiete?" fragte Gray trocken.

„Niemand wird auf dich hören", erklärte Garluk offen.

Gray dachte stirnrunzelnd darüber nach.

„Bring mich zum Kha Rakcha ", befahl er.

Garluk machte eine verneinende Geste.

„Es ist verboten. Morgen Abend soll das Mädchen geheiratet werden. Es wird ein Fest und ein großer Gesang geben. Wir werden Wein aus Stutenmilch trinken."

„Dann schick Timur zu mir."

„Es ist Nacht und er ist lahm. Vielleicht kommt er nach Sonnenaufgang."

Damit schlüpfte Garluk aus der Tür. Gray hörte das Geräusch einer Stange, die einrastete. Er wurde für die Nacht eingesperrt.

KAPITEL XXIII

DIE HERAUSFORDERUNG

Er hat wenig geschlafen. Das Schicksal Marias war völlig überraschend gekommen. Es sei nicht verwunderlich, dachte er, dass Gela sie zur Frau haben wollte. Auch nicht, dass Bassalor Danek der Ehe zustimmen sollte. Er könnte so etwas vorhergesehen haben.

Kein Wunder, dass sich der Gur-Khan hervorragend um das Mädchen gekümmert hatte, als sie zur Braut seines Enkels ernannt wurde. Gray fluchte fließend und vergeblich. Die Gelassenheit, mit der der Wusun ihn beiseite geschoben hatte, war lästig. Er wünschte, er hätte behauptet, der Ehemann Marias zu sein. Jetzt war es zu spät.

Er hoffte auch nicht, dass der Einwand des Mädchens Gewicht haben würde, sobald sie von der vorgeschlagenen Verbindung hörte. Offensichtlich wurde die Heirat der Wusun wie in China von den Eltern der betreffenden Parteien arrangiert. Bassalor Daneks Wort war Gesetz. Und der alte Häuptling schätzte die Schönheit des Mädchens voll und ganz.

Gray stöhnte und dachte darüber nach, dass das zufällige Kreuz, das das Mädchen trug, sie in den Augen der Wusun doppelt begehrenswert gemacht hatte. Er fragte sich, wie sie das Kreuz gesehen hatten. Sollte die Heirat der Preis für seine Sicherheit sein? Er stöhnte bei dem Gedanken.

Sungan aus, selbst wenn er das Mädchen erreichen könnte , war vorerst nicht zu denken. Wu Fang Chien wäre auf einen solchen Versuch vorbereitet. Und Gray sah nicht, wie er hoffen konnte, die Aussätzigen zu besiegen.

„Man sagt, Blut ruft nach Blut", murmelte er. Dann blickte er wütend. „Verdammt, Gela!"

Er war hungrig darauf, das Mädchen zu sehen. Sie musste sich Sorgen um ihn machen, da er sie gestern nicht wie versprochen besuchen konnte. Sein unfreiwilliger Protest hatte den Verdacht von Garluk geweckt . Es würde ihm jetzt schwer fallen, der Überwachung der *Tumani zu entkommen* , wenn er den Versuch wagen sollte.

Und jenseits des Wusun befand sich Wu Fang Chien, der scharf darauf lauerte, ob Gray oder Mary versuchen würden, Sungan zu verlassen .

Gray war klar, dass der Mandarin nicht zulassen konnte, dass sie den Ort lebend verließen. Zum einen würden sie die Nachricht vom Massaker an der Karawane überbringen. Und die Nachricht von der Existenz der Wusun.

Es wäre für die Pläne von Wu Fang Chien und den Buddhisten fatal, wenn Wusun entdeckt würde. Das Wissen um eine Rasse im alten Asien, die das Kreuz verehrte, wäre ein schwerer Schlag für die Mongolen. Die Wusun starben aus. Bald würden sie ausgestorben sein und die Gefahr wäre vorüber. Bis dahin muss Wu Fang Chien seine Gefangenen bewachen.

Die Situation bot Gray wenig Trost. Bei Tagesanbruch klopfte er an seine Tür. Mit der Zeit kam Garluk mit Essen. Timur, sagte er, würde Gray gleich am nächsten Morgen besuchen. Nein, der Mann von außen konnte den Turm nicht verlassen. Bassalor Danek hatte Befehle erteilt. Er war um die Sicherheit seiner Gäste besorgt, da man gesehen hatte, wie sich die Soldaten der Chinesen außerhalb der Mauer versammelten.

Die Wusun, sagte Garluk , hätten ihre Kämpfer an der Mauer und in den Gängen unter Gela versammelt. Nach der Hochzeit konnten die Chinesen die Kha Rakcha nicht mehr stören , denn sie würde die Frau des Kha Khan sein.

Gray entließ Garluk , um Timurs Annäherung zu beschleunigen, und sah trübsinnig von der Schießscharte aus zu. Er wusste, dass er kaum besser war als ein Gefangener. Stunden vergingen, während die Sonne höher stieg. Er bemerkte eine ungewöhnliche Aktivität in Sungan und sah, wie Leichen bewaffneter Männer von Punkt zu Punkt gingen.

Die Disziplin des Ortes war streng. Wahrscheinlich, überlegte er, ein Erbe der militärischen Vorfahren der Wusun. Es war Mittag, als Timur die Kammer betrat und sich ruhig auf die Teppiche setzte.

Gray zügelte seine Besorgnis und begrüßte den lahmen Stadtrat ruhig. Er musste ein verzweifeltes Spiel spielen, bei dem er sich nur auf seinen eigenen Verstand verlassen konnte.

„ Garluk sagte, dass du mich brauchst“, bemerkte Timur und musterte ihn aufmerksam.

„Ich habe dir etwas zu sagen“, korrigierte Gray leise.

„Es heißt“, fügte er hinzu, während der alte Mann schwieg, „dass der Kha Rakcha von Gela, dem Kha Khan, zur Frau gebeten werden soll. Ist das so?“

„Sie haben die Wahrheit gesagt. Die Hochzeit wird heute Abend nach Sonnenuntergang stattfinden.“

Grays Herz sank bei diesen Worten. Er hatte unlogischerweise gehofft, dass Garluk die Sachlage übertrieben hatte. Timur streckte eine schlanke Hand aus. Darin befand sich ein kleines Leinenquadrat, Marias Taschentuch.

Der Amerikaner nahm es eifrig entgegen. Es war eine Botschaft von Maria, geschrieben in chinesischer Tinte, und sie lautete wie folgt:

> Bassalor Danek hat mir befohlen, Gela zu heiraten. Ich habe hundertmal Nein gesagt, aber sie werden nicht zuhören. Es wird heute Abend sein. Sie werden mich nicht sehen lassen. Ich weiß nicht, was ich tun soll, Captain Gray. Bitte, bitte denken Sie sich etwas aus – um es zu verzögern. Ich hätte nicht im Traum gedacht, dass sie so etwas tun wollten. Ich würde lieber gegen Wu Fang Chien antreten. Warum konntest du nicht zu mir kommen? Bitte hilf mir. Timur hat zugestimmt, dies zu tragen.

Es war mit Marias Namen unterschrieben. Der mädchenhafte Reiz erregte Gray seltsam. Sie hatte ihn um Hilfe gebeten. Dennoch konnte er wenig tun. Er folgte mechanisch der Notiz und blickte Timur an, während er schnell nachdachte.

„In ihrem eigenen Land“, sagte er langsam, „haben die Kha Rakcha einen hohen Rang. Aus diesem Grund ist es nicht angemessen, dass sie unter den Wusun heiratet. Sie möchte nicht in Sungan bleiben . Es wird sie töten. Das ist die Wahrheit."

„Ich habe gesehen, dass Sie die Wahrheit sagen“, stimmte der Häuptling zu. „Und mein Herz ist warm vor Liebe zu der Frau, die mit mir gesprochen hat. Dennoch hat Gela einen Rang unter uns.“

„Aber sie wünscht die Heirat nicht.“

„Es ist das Wort von Bassalor Danek.“

„Du weißt, dass ich sage, was so ist. Die Frau wird, wenn nicht durch ihre eigene Hand, an Unglück sterben.“

Timur schaute traurig aus der Schießscharte.

„Das mag sein. Aber der Tod kommt nur langsam über die Jugend, oh Mann von außen. Bevor sie stirbt, wird die Kha Rakcha Gela einen Sohn gebären. Das ist der Wunsch von Bassalor Danek.“

Grays Lippen verzogen sich grimmig.

„Ist das eine gerechte Belohnung dafür, dass du durch die Wüste gereist bist, um die Wusun zu finden und ihre Gefangenschaft zu erleichtern?“

"Es ist Schicksal."

„Wenn es dazu kommt, wird der Weiße Geist Sungan niemals verlassen , sondern hier sterben. Wirst du ihr dieses schwarze Schicksal aufbürden?"

„Wird sie nicht hier festgehalten, wenn sie Gela nicht heiratet?"

Gray blickte hitzig auf. „Die Kha Rakcha ist kein Untertan von Bassalor Danek. Sie ist eine Dienerin eines mächtigeren Königs –"

Timur hob die Hand.

„Harken, junger Mann", sagte er ernst. „Ich habe deine Liebe für die Kha Rakcha gesehen , und ich weiß, dass sie Liebe für dich in ihrem Herzen hat –" Grays Puls beschleunigte sich bei diesen Worten – „aber dem Willen von Bassalor Danek muss gehorcht werden. Ich weiß nicht, ob er angemessen ist." dass sie unter den Wusun heiratet . Aber der Gur-Khan hat gesagt, dass durch die Heirat Hilfe von ihrem Volk für die Wusun erhalten werden kann. Die Blutsbande sind stark. Und die Wusun sterben schnell aus. Wenn die Heirat stattfindet, wird die Kha Rakcha wird in Sungan bleiben . Das ist das Wort des Gur-Khan. Es darf nicht geändert werden."

Schweigend betrachtete Gray das Muster des Teppichs zu seinen Füßen. Sein fester Mund war zu harten Linien geformt. Der Streit brachte ihm nichts. Und er muss sich anstrengen, das Mädchen zu retten, jetzt oder nie.

„Ich beanspruche den Weißen Geist als meine Braut", sagte er. „Aus Liebe. Sie gehört mir."

Timur kämmte nachdenklich seinen weißen Bart.

"Wie kann es sein?"

„Auf diese Weise. Bassalor Danek hat Gela gegeben, was mir gehört. Seit der Zeit von Kaidu und Dschingis Khan ist es das Gesetz der Mongolei, dass dem Mann, mit dem sie verlobt ist, keine Jungfrau genommen werden darf."

„ Bassalor Danek hat entschieden. Es ist zum Wohle seines Volkes."

„Ich, der ich durch die Wüste zu den Wusun gekommen bin, weiß, dass dem nicht so ist. Ich rufe die Wusun auf, sich an die Gesetze der Mongolei zu halten."

„Das Hochzeitsfest wird vorbereitet. Der Weiße Geist wird in das Gewand der gesegneten Glückseligkeit gekleidet."

"Lass es so sein." Gray sah den alten Mann fest an. „Heute Nacht soll es eine Hochzeit geben, gemäß dem Brauch der Wusun. Aber sowohl ich als auch Gela beanspruchen das Mädchen. Kennst du das Gesetz?"

„Wenn zwei Männer sagen, dass eine Frau ihnen gehört, müssen sie die Sache mit der Waffe in der Hand entscheiden."

„Das ist das Gesetz, Timur. Ich habe es von jenseits der Wüste gewusst. Ich werde gegen Gela kämpfen. So wird es entschieden."

Timur warf ihm einen neugierigen Blick zu.

„Der Kha Khan ist kein leichter Feind. Er wird mit Schwertern kämpfen. Er hat die Kunst des Schwertspiels von seinen Vätern gelernt."

„So sei es." Graue Rose. „Überbringen Sie diese Botschaft dem Kha Khan. Sagen Sie, dass der Weiße Geist mir gehört."

Der Wusun seufzte.

„Es ist der Weg des heißen Blutes der Jugend. Du bist tollkühn. Warum sollten Freunde kämpfen, wenn Wu Fang Chien sich unseren Toren nähert? Dennoch wird wahr, was das Schicksal geschrieben hat. Ich werde Bassalor Danek deine Botschaft überbringen."

In dieser Nacht herrschte in Sungan Aufruhr . Gerüchte über das bevorstehende Ereignis hatten sich in den Ruinen verbreitet, und mit Ausnahme der Wachen, die Gela stationiert hatte, um jeden Zutrittsversuch seitens der Chinesen zu verhindern, strömten alle Wusun-Männer in den Ratssaal.

Gray beobachtete von seinem Turm aus das Leuchten des Sonnenuntergangs und sah, wie sich Schatten über den Gärten von Sungan bildeten . Der Abendgesang wehte zu ihm herauf, traurig und melodiös. Gelegentlich sah er einen Wachposten am Umriss der Mauer entlanggehen.

Er fragte sich grimmig, ob er den nächsten Sonnenaufgang erleben würde. Timur hatte durch Garluk bekannt gegeben , dass Grays Herausforderung an den Häuptling der *Tumani* angenommen worden sei.

Garluk war vor Aufregung gesprächig. Er machte keinen Hehl aus seiner Überzeugung, dass der Amerikaner durch Gelas Hand sterben würde. Es wäre ein hervorragendes Spektakel, sagte er. Er fragte, ob Grey vorhabe, sich während des Kampfes durch Magie zu schützen.

Gray antwortete nicht. Er hatte keine Erfahrung im Umgang mit einem Schwert; Die primitiven Klingen der Wusun waren schwerfällige Waffen. Zweifellos war Gela geschickt darin, sie einzusetzen.

Die Situation bot wenig Anlass zur Hoffnung. Sicherlich war Gray, der die Gelegenheit gehabt hatte, seinen Gegner zu beurteilen, nicht allzu selbstbewusst. Er war entschlossen, das Beste daraus zu machen. Er tat das Einzige, was er konnte, um dem Mädchen zu helfen.

Es tat ihm nicht leid. Gray war der Typ, der körperlichen Konflikten nicht aus dem Weg ging. Und seine Liebe zu Mary Hastings war grenzenlos. Er wusste nicht, wie sehr sie sich um ihn kümmerte. Er glaubte nicht an Timurs Worte – dass sie ihn lieben konnte.

Auf Garluks Ruf hin folgte er dem *Tumani* die Treppe hinunter. Die Korridore waren voller Männer, die ihn begierig anstarrten. Der Andrang war so groß, dass Garluk kaum in die Halle eindringen konnte.

Der Ort war hell mit Kerzen erleuchtet. Oben war die Galerie mit Wusun gefüllt. Auf dem Podium Bassalor Danek unterhielt sich ernsthaft mit Timur und den anderen Ältesten des Stammes.

Als Gray eintrat, erklang ein Murmeln, und die Menge drehte sich wie ein Mann um und starrte ihn an. Er erwiderte ihren prüfenden Blick von der Tür aus und hoffte, dass er das Mädchen vielleicht sehen würde. Würde sie in die Halle gebracht werden? Er wusste nicht. Timur hinkte vorwärts.

„Das Bronzearmband", befahl er Garluk . Der *Tumani* zog eine Metallarmbinde hervor, die er Gray um den linken Unterarm klemmte. Es handelte sich um ein antikes Ornament, in das Buchstaben eingraviert waren, die dem Amerikaner unbekannt waren. Er fragte sich beiläufig, was Van Schaick wohl davon gehalten hätte.

„Es soll so sein, wie du es wünschst", sagte Timur ernst. „ Bassalor Danek ist gerecht. Er hat Ihrem Anspruch stattgegeben. Wenn Sie der Sieger sind, gehört der Weiße Geist Ihnen."

„Es ist gut", stimmte Gray zu.

Er sprach mechanisch und spürte die Phänomene, die Menschen kennen, die im Begriff sind, in körperliche Gefahr zu geraten – das akute Interesse an allem, was ihn umgibt, verschmolz mit Gleichgültigkeit.

„Wir haben nach dem Weißen Geist geschickt", fügte Timur hinzu. „Gela wird sie bringen."

Ein erneutes Murmeln veranlasste Gray, den Blick zu heben. Gierig durchsuchte er die Menge. An der Tür hinter dem Podest war Mary Hastings erschienen. Das Murmeln verwandelte sich in einen lauten Ausruf des Erstaunens.

Das Mädchen war gezwungen worden, ihre eigene Kleidung gegen ein lockeres Kleidungsstück aus weißer Seide zu tauschen, das mit einem breiten

Gürtel aus demselben Material und einem Schleier ausgestattet war, der ihr Gesicht unterhalb der Augen bedeckte. Ihr Haar hing in bronzenen Locken über ihre schlanken Schultern, auf denen das Kerzenlicht unregelmäßig spielte.

Ihre Arme waren nackt. Als sie in das grelle Licht gestoßen wurde, wich sie zurück. Dann erblickte sie Gray und wollte vorwärtsgehen, aber die Frauen um sie herum hielten sie davon ab. Einen Moment lang suchten ihre Augen ihn flehend.

„Der Kha Rakcha ", murmelten diejenigen in seiner Nähe. „ *Aie* – sie ist fair."

Grays Herz machte einen Sprung bei diesem Anblick. Dann erschien Gela an der Seite des Mädchens, sein großer Körper ragte über die Frauen hinaus. Er war mit seinem Schwert bewaffnet und schien mit der Situation sehr zufrieden zu sein.

„Eine schöne Bühnenkulisse", dachte Grey skurril. „Genau wie die Theaterstücke zu Hause. Nur ist der Wilde in diesem Fall nicht bereit, im Rampenlicht zu stehen, wenn es soweit ist. Und sein Schwert ist nicht aus *Pappmaché* . "

Seine Gedanken liefen unlogisch weiter. Doch sein Blick blieb hungrig auf dem Mädchen hängen. Er bewunderte den Mut, der sie angesichts der Menge aufrecht und ruhig hielt.

„Ein Vollblut!" er murmelte. Er wollte nach ihr rufen, aber der Tumult würde seine Stimme übertönen. Er sah sie nicht noch einmal an. Der Reiz in den stummen Augen des Mädchens war zu groß.

Damit einher ging ein schneller Gefühlsabschwung. Seine Benommenheit der Gleichgültigkeit verschwand beim Anblick der schmächtigen Gestalt inmitten des starrenden Wusun. Eine heiße Sehnsucht, für sie zu kämpfen, überkam ihn – der Wunsch, seine Stärke mit ihren Feinden zu vergleichen, sie für sich zu gewinnen und zu behalten.

Der Gedanke ließ das Blut schnell durch seinen Körper pulsieren. Er lächelte und winkte dem Mädchen zu, das tapfer reagierte.

Gray ging auf sie zu, gefolgt von Timur. Er wollte mit ihr sprechen. Und dann kam der Vorfall, der die Dinge völlig veränderte und die seltsamen Ereignisse dieser Nacht in Gang setzte.

Gela hatte mit Bassalor Danek gesprochen. In einem Anflug von Stolz wandte sich der Kha Khan dem Mädchen zu, packte sie an den Knien und hob sie leicht hoch, damit alle sie sehen konnten. Die Überraschung ließ das Mädchen aufschreien.

„Gela!" Gray rief wütend: „Das war schlecht gemacht. Den Kha Rakcha darfst du nicht mit deinen Händen berühren!"

Die Jugend verstand es nicht. Von einem Impuls der Leidenschaft beherrscht, lachte er und drückte die weiße Frau näher an sich. Ein hallender Schrei kam vom Wusun. Gela küsste den nackten Arm des Mädchens und fuhr ihr mit der freien Hand durchs Haar.

Der Anblick war zu viel für Grays Vorsicht. Er schob Timur beiseite und sprang nach vorne. Mehrere der *Tumani* stellten sich ihm in den Weg. Gray schlug brutal auf sie ein.

Er wurde von einer kalten Wut erfasst, die einen Mann doppelt gefährlich macht. Sein mächtiger Körper schoss vorwärts durch die Gruppe seiner Feinde. Die Liebe zu dem Mädchen machte ihn blind für die Konsequenzen seines Fehlers.

Es entstand ein Aufschrei. Gray achtete nicht darauf, seine Fäuste schlugen denen ins Gesicht, die versuchten, ihn festzuhalten. Er befreite sich von Männern, die seine Beine gefangen hatten.

"Frieden!" rief die große Stimme von Bassalor Danek.

Ein verletzter Wusun, der aus dem Mund blutete, schlug mit seinem Schwert auf Gray ein. Der Weiße trat unter den Schlag und drehte die Waffe aus ihrer Halterung.

Voller Leidenschaft für den Konflikt schwang er seine Klinge gegen die anderen, die ihm ins Gesicht blitzten. Die Kraft seiner trainierten Muskeln schlug ihre Abwehr nieder und machte ihm den Weg zum Fuß des Podiums frei .

Dann gab der Wusun auf einen scharfen Befehl hin zurück. Um ihn herum wurde ein Raum frei gemacht. Er sah Gela allein vor sich stehen, lächelnd, die Waffe in der Hand.

KAPITEL XXIV

Eine Bühne ist bereitet

„Ho!" schrie die Stimme von Garluk . „Es ist gekommen."

Andere verstanden die Worte. „Es ist gekommen. Gela ist bereit. Einer muss sterben!"

„Einer muss sterben", wiederholte Garluk , „oder dem anderen weichen."

Ein kurzer Blick nach oben zeigte Gray, dass Bassalor Danek sich in seinem Stuhl nach vorne beugte. Mary beobachtete die Gruppe der Frauen gespannt.

Gray hatte wenig Zeit zum Nachdenken. Der Mann, der ihm nun gegenüberstand, war ein gefährlicherer Gegner als diejenigen, die er beiseite gestoßen hatte. Gela stand da, leicht zu halten, sein bloßes Schwert schwang in einem verknoteten Arm.

Gray lächelte und ging vorwärts, während die Menge der Wusun gierig zusah.

Der Gedanke, was er tun sollte, war ihm gekommen. Und er hat sofort darauf reagiert.

Er schwang seine Waffe über seinen Kopf und sprang auf Gela zu. Das Schwert des Kha Khan hob sich, um den Schlag abzuwehren. Dabei ließ der Weiße seine Klinge fallen und packte den Arm des anderen.

Es geschah innerhalb einer Sekunde, kühl und rücksichtslos. Gray legte den Arm von Gela über seine eigene Schulter und drehte sich dabei um. Es war ein Wrestling-Trick und er brachte das Gewicht des Wusun voll auf den Schwertarm.

Ein Ruck, ein schneller Fußwechsel und schon fiel Gelas Schwert zu Boden. Beide Männer waren nun unbewaffnet.

Gray hatte den einzigen Weg eingeschlagen, der sein Leben retten würde. Da er im Umgang mit dem Schwert ungeübt war, hatte er den Kampf auf ein ausgeglichenes Maß reduziert. Aber er spürte sofort die große Stärke der Wusun.

Gela packte ihn an der Taille und drückte seine Arme an seine Seite. Gray verspürte einen stechenden Schmerz im Rücken und versteifte sich gegen den Griff. Langsam zwang er seine Arme nach oben, bis seine Fäuste unter dem Kinn des anderen waren.

Es war jetzt eine reine Kraftprobe. Gela spannte seinen Griff an und spannte seine eisenartigen Muskeln an, um seinen Gegner zurückzudrängen. Gray drückte ein Knie in den Bauch des Wusun und drückte ihn mit seinen Fäusten nach oben.

Für einen langen Moment waren die beiden regungslos da. Stille herrschte im Saal.

„Ho!" erklang die Stimme von Garluk : „Wir werden sehen, wie der Mann zermalmt wird. Gela wird ihn zermalmen, wie ein Ochse ein Schaf niederschlägt."

Sie keuchten jetzt und der Schweiß strömte in Grays Augen. Er hatte nicht gedacht, dass der Wusun so stark war. Die Szene und die Zuschauer verschwanden aus seinem Blickfeld und die Vision von Gelas starrem Gesicht starrte in sein eigenes.

An Gewicht und Muskelkraft war der Wusun seinem Gegner überlegen. Aber Gray gab seine Kraft nicht bis zum Äußersten, da er wusste, dass der Griff geändert werden musste, wenn Gela müde wurde.

Als Gela merkte, dass er Greys Wirbelsäule allein durch sein Gewicht nicht brechen konnte, verlagerte er schnell seinen Griff und griff nach einem tieferen Halt.

Darauf hatte Gray gewartet. Als der andere seinen Druck nachließ, schlug er zu. Es war ein schneller Schlag, aber er warf den Kopf des Wusun zurück und schüttelte ihn auf den Füßen.

Sofort schlug Gray mit der anderen Hand zu. Diesmal wanderte seine Faust weiter und Gela fiel zu Boden.

Er war sofort auf und knurrte wütend. Während er stürmte, schlug Gray ihn kühl zurück – kurze, ausdrucksstarke Schläge, die ihn aus dem Griff des anderen befreiten.

„Ho!" lachte Timur, „Welcher ist jetzt der Ochse? Der Mann hat scharfe Hörner."

Gela zögerte und blutete aus Nase und Mund. Er war noch nie gezwungen worden, sich einem Mann zu stellen, der solche Schläge beherrschte. Er schwankte und keuchte vor Anstrengung, sein brauner Kopf ragte zwischen seinen breiten Schultern hervor.

Gray wartete, wachsam, während er wieder zu Atem kam.

Dann senkte Gela den Kopf und sprang nach vorne. Gray erwischte ihn zweimal, als er kam – jeweils mit der Faust. Doch dieses Mal war der Mann nicht aufzuhalten.

Gray wurde von den Schultern erfasst, von seinen Füßen geschleudert und auf den Steinboden geschleudert. Er spürte, wie die Knie des anderen in seinen Körper drückten, und rollte zur Seite, während Gelas Hände nach seiner Kehle tasteten. Er wusste, dass es den Tod bedeuten würde, von den Wusun am Boden festgenagelt zu werden.

Lichter tanzten vor seinen Augen. Der Saal war dunkel geworden, denn Gelas Arm lag über seinen Augen.

Lange Zeit lagen die beiden fast regungslos auf dem Boden.

Er hörte Maria schreien. Das Geräusch ging in einem jubelnden Schrei der Beobachter unter. Gray war auf den Knien. Er holte tief und schmerzhaft Luft. Seine Lungen waren durch den Sturz auf den harten Boden entleert worden.

Schweigend biss er die Zähne zusammen und wehrte die Hände ab, die nach seiner Kehle suchten. Mit Mühe stand er auf und warf das Gewicht seines Feindes ab. Dabei taumelte er und merkte, dass er am Rande der völligen Erschöpfung war.

Der Ruf wurde immer lauter, als Gela, immer noch kräftig, mit ausgestreckten Armen auf Gray zuging. Der Weiße trat zurück. Erneut wich er dem Griff des triumphierend grinsenden Wusun aus. Dabei sammelte er mit grimmiger Entschlossenheit seine verbleibende Kraft und beobachtete Gela.

Wieder rückten die Wusun vor. Diesmal wich Gray nicht zurück. Er stürmte vorwärts, den Blick auf das Gesicht seines Gegners gerichtet. Seine Faust traf Gela direkt am Wangenknochen, unter dem Auge.

Während er zusah und gegen die Benommenheit der Schwäche ankämpfte, sah Gray , wie Gelas Kopf zurückschnellte. Der Wusun rutschte zu Boden und blieb dort liegen.

Es war alles, was Gray tun konnte, um auf den Beinen zu bleiben. Sein Kopf lag auf seiner Brust und sein stumpfer Blick erkannte, dass Gela versuchte, auf ihn zu kriechen.

Die Muskeln des Wusun bewegten sich schwach und zogen seinen Körper über den Boden. Seine prächtigen Schultern hoben sich. Der Schlag, den er erlitten hätte, hätte einen gewöhnlichen Mann bewusstlos gemacht.

Gray sah zu, das Hemd vom Rücken gerissen und Blut aus seinem Mund tropfend. Gela rückte näher. Im Saal herrschte Stille.

Dann fiel der Kopf des Wusun zu Boden und seine Schultern wurden schlaff. Er hörte auf, sich vorwärts zu bewegen. Grays Schlag hatte den

Kampf beendet. Beide Männer waren erschöpft; aber der weiße Mann konnte sich halten.

Als seine Sicht klar wurde, blickte er zu Mary auf. Der Blick des Mädchens brannte sich in seinen. Gray ging auf sie zu und fummelte an seinem linken Arm herum.

Er stieg die Stufen des Podiums hinauf . Er nahm die bronzene Armbinde schwach in die Hand. Mit Mühe und Not schaffte er es, es hochzuheben und dem Mädchen um den Hals zu legen. Sie wich nicht zurück.

Dann legte er seine Hand auf ihre Schulter und drehte sich zu Bassalor Danek um. Während er dies tat, herrschte Aufregung in der Menge am Saaleingang. Ein Wusun trat vor. In einer Hand hielt er einen gespannten Bogen.

„Ich bringe Neuigkeiten, oh Gur-Khan", rief der Neuankömmling. „Wu Fang Chien ist innerhalb des Tores von Sungan ."

Dies führte zu Verwirrung unter den Wusun. Frauen schrien und die *Tumani* schrien wütend.

„Die chinesischen Soldaten haben die Wachposten auf der Mauer zurückgedrängt", wiederholte der Bote. „Wu Fang Chien sendet eine Nachricht an Sie. Er ist gekommen, um die beiden Weißen zu holen. Sie müssen ihm übergeben werden. Sonst wird er ganz Sungan durchsuchen ."

Damit verstummte der Aufruhr. Alle Augen waren auf Bassalor Danek gerichtet. Der Gur-Khan saß ruhig in seinem Stuhl, aber die Hand, die seinen Bart streichelte, zitterte.

„Wird Wu Fang Chien den Bund unseres Volkes brechen?" forderte er streng.

„Ja, er hat seine Soldaten mit Waffen versammelt."

Gray spürte, wie das Mädchen näher zu ihm kam. Sie wusste nicht, was los war, ahnte aber, dass Ärger in der Luft lag. Er legte seinen Arm um ihre Schultern und war begeistert, dass sie nicht protestierte.

Stattdessen reichte ihre Hand nach oben und drückte sanft seine. Ihr Haar berührte seine Wange. Er hatte Mary Hastings nach dem Gesetz der Wusun geheiratet. Es war keine Ehe, wie es ihre Bräuche vorsahen; aber er spürte den Jubel, der gekommen war, als er ihr den Bronzereif um den schmalen Hals band. Sie gehörte ihm! Er hatte sie von Gela gewonnen. Und – wie durch ein Wunder – war sie damit zufrieden, seinen Arm um sie zu legen. Natürlich konnte er ihr den Anspruch auf dieses barbarische Ritual nicht aufzwingen – falls sie sich jemals von Sungan befreien würden . Im

Moment jedoch freute er sich über den Gedanken, dass er für die Frau, die er liebte, gekämpft und sie gewonnen hatte. Die neue Bedrohung, die der Bote geäußert hatte, verschwand aus seinem Gedächtnis. Er sah nur das Mädchen.

Dann bemerkte er, dass sie heiß errötete.

„Bitte", flüsterte sie, „ich – ich muss meine Klamotten holen. Dieses Kleid ist nicht – ich möchte es nicht tragen."

„Es sieht großartig aus", sagte er lachend.

Er sprach willkürlich, sein Triumph lastete immer noch auf ihm.

"Oh!" Sie lächelte zurück. „Jetzt, wo du mein – Meister bist, lassen sie mich meine eigenen Sachen anziehen, nicht wahr? Ich renne zurück zu Bassalor Daneks Haus."

Er sah, dass sie durch die Menge beunruhigt war, aber die Falten um seinen Mund verhärteten sich. Sein Arm umschloss sich fester.

„Du wirst mich nicht verlassen – jetzt", flüsterte er. Dann sah er plötzliche Angst in ihren Augen. „Wir sind wie immer in Schwierigkeiten. Ich schicke eine Frau, um deine Kleidung zu holen." Er sprach leichthin und versuchte sie zu beruhigen. „Hier ist Timur –"

Auf seine Bitte hin schickte der lahme Häuptling kurzerhand einen Diener los, um Marias Kleider zu holen. Timur beobachtete Bassalor Danek. Der Gur-Khan starrte ausdruckslos vor sich hin. Er musste eine Entscheidung treffen, die seinem Volk viel bedeutete.

Gray beobachtete auch den Herrscher der Wusun und fragte sich, ob dessen Stolz ihn dazu bringen würde, Wu Fang Chien zu widerstehen.

Dann drängte sich eine Gestalt durch die *Tumani* am Fuße des Podests . Es war Gela, der vor Müdigkeit taumelte und noch immer Blut aus den Schnitten in seinem Gesicht floss. Trotzdem war er stolz, und in den Augen, die Bassalor Danek und die beiden Weißen anstarrten, lag ein wildes Leuchten .

Er zeigte auf Gray und knurrte etwas, das der Amerikaner nicht verstand.

„Er sagt", interpretierte Timur, „dass du ein tapferer Mann bist. Dass das Wort von Gela nicht gebrochen wird. Er wird die Kha Rakcha vor den Buddhisten beschützen. Und er wird dich beschützen, der du der Ehemann der Frau bist."

Bei den Worten ihres Anführers ertönte in den Reihen der *Tumani* ein anerkennendes Murmeln . Bassalor Danek sah besorgt aus.

„Das ist gut gesagt", rief Gray. Er trat vor und streckte seine Hand aus. Gela richtete sich trotzig auf. Möglicherweise verstand er die Geste des weißen Mannes nicht.

Rakcha tun wird . Nicht für dich."

Aber Gray hatte seine Chance erkannt und wandte sich an Bassalor Danek.

„Harken, Gur-Khan der Wusun", sagte er deutlich. „Du musst Wu Fang Chien antworten. Du hast die Worte von Gela gehört, die ein großzügiger Feind ist. Hast du vergessen, dass deine und meine Väter einst dieselben waren? Oder der Talisman im Schrein? Bei dieser Sache bitte ich um einen Gefallen." . Es wird das letzte sein."

„Sprich", antwortete der Häuptling leise. "Ich habe nicht vergessen."

„Der Kha Rakcha und ich sind durch die Wüste nach Sungan gekommen, um die Wusun zu suchen, die von unserem Blut sind. Viele sind gestorben, deshalb sollten wir hierher kommen. Und" – er erinnerte sich an die Worte, die Mirai Khan einmal verwendet hatte – „wir haben gegessen." Euer Fleisch und Brot. Wofür wir gekommen sind, ist erfüllt. Warum sollten wir hier bleiben? Wäre es nicht besser, die Nachricht von dem, was wir gesehen haben, denen von eurem Blut zu überbringen, die auf der anderen Seite der Wüste sind?"

Bassalor Danek meditierte und streichelte seinen Bart.

„Einmal sagte ich zu Wu Fang Chien und den Priestern, oh Mann von außen, dass du mein Gast bist. So soll es sein. Ich werde dich nicht aufgeben."

„Die Zeit des Kha Rakcha in Sungan ist vorbei", erwiderte Gray kühn. „Wie die Mondsichel ist sie gekommen und wird gehen. Sie muss das Wort des Talismans im Schrein mit sich zurücktragen. Dafür wurde die Kha Rakcha gesandt. Sie wird zu einem König zurückkehren, der größer ist als die Mandschu." Kaiser war einst.

Der Gur-Khan schüttelte schlau den Kopf.

„Welche Macht ist größer als das Drachenreich? Welche anderen Völker gibt es als die Mongolen, die Kirgisen und die buddhistischen Priester?"

„Jenseits der Wüste ist ein Meer, und jenseits des Meeres sind diejenigen, deren Blut einst deins war. Wir werden ihnen unsere Botschaft überbringen und sie werden von den Wusun erfahren."

Timur humpelte an die Seite des Gur-Khan.

„Mir ist ein Gedanke gekommen, oh Khan der Wusun", sagte er langsam. „Es ist ein hoher Gedanke und ein Omen. Es ist, dass dieser Mann und diese Frau dorthin zurückkehren werden, wo sie hergekommen sind, mit der Rede von dem, was sie in Sungan gesehen haben. Es steht im Buch des Schicksals geschrieben, dass dies geschehen wird. Warum sonst?" „Weißer Mann überwindet Gela?"

Er drehte sich zu Gray um, mit einem launischen Lächeln auf seinem faltigen Gesicht.

„Dein Volk, oh Mann von außen, wird die Wusun nicht finden, wenn sie noch einmal senden. Das ist mein Gedanke. Die Sonne verschwindet vom Himmel und es ist Nacht; das Kamel lässt seine Knochen im Sand trocknen . So wird der Wusun aus der Mongolei kommen. Die Priester Buddhas sind mächtig. Bald wird der Sand über die Mauern von Sungan klettern .

Ein Murmeln aus hundert Kehlen, eine gemurmelte Klage begrüßte dies.

„Wir werden unsere Botschaft überbringen", sagte Gray.

Timur schwieg und stand neben dem besorgten Gur-Khan. Ein schnelles Gefühl der Freundschaft für diese resignierten Gefangenen von Sungan überkam Gray. Er wandte sich an Gela.

„Wirst du das für den Kha Rakcha tun ?" er hat gefragt. „Wirst du uns durch die Reihen der buddhistischen Priester und Soldaten geleiten? Es wird keine leichte Aufgabe sein. Es wird Blutvergießen geben. Aber es würde das Leben der Kha Rakcha retten ."

Timur interpretierte seine Bitte. Der Kha Khan hob stolz seinen Kopf. Er sprach schnell und hart und zeigte auf die beobachtenden Krieger.

„Er wird tun, was Sie sagen", stimmte Timur zu. „Die *Tumani werden dich durch die Wachen von* Sungan führen . Das hat es noch nie gegeben —"

„Wu Fang Chien hat zuerst den Bund gebrochen", erinnerte der Amerikaner.

„ *Aie* ! Es wird ein harter Kampf. Die Soldaten haben Waffen —"

Unterbrach Gela streng. In seinen scharfen Augen zeigte sich bereits das Licht des Konflikts. Er erteilte den *Tumani* eine Reihe gutturaler Befehle . Die Frauen drängten aus der Halle und stießen klagende Klagen aus. Die jungen Männer scharten sich um den Kha Khan.

„Wu Fang Chien wird uns dafür geißeln", murmelte Timur.

Sungan verlassen ."

Er dachte auch an Gelas wilde Liebe zu dem Mädchen. Im Moment war der Wusun ihr Freund. Aber die Zukunft könnte das ändern. Er hatte seine Chance erkannt und sie genutzt. Die *Tumani* zogen ihre Waffen und plapperten aufgeregt.

Sungan versammelten . Wenn er und das Mädchen in ihre Reihen vordringen könnten, könnten sie einen guten Start über die Wüste haben, die nun von den äußeren Wachen befreit war.

„Wie Sie gesagt haben", verkündete Bassalor Danek und erhob sich, „es soll geschehen."

"Was passiert?" fragte Mary besorgt. Da sie die Wichtigkeit dessen, was vor sich ging, spürte, hatte sie zuvor nichts gesagt.

Gray lachte. Er berührte schüchtern ihre Schulter.

„Komm zu mir, sobald du bereit bist, Mary. Gela ist ein großzügiger Feind. Er wird uns über die Mauer hinausführen."

Sie blickte den jungen Kha Khan dankbar an. Nun , sie wusste, was die Gefahr sein würde, obwohl Gray es nicht erwähnt hatte. Einem schnellen Impuls folgend bückte sich das Mädchen und hob Gelas Waffe vom Boden auf. Sie legte es in die Hand des Wusun. Die Aktion erregte die Aufmerksamkeit der *Tumani* .

„Der Kha Rakcha ist im Herzen eins mit dem Wusun!" schrieen sie und sahen die schöne Frau gespannt an.

„Aye, der Kha Rakcha !" schrie Gela, seine Launen verschwanden. „Wir werden unser Blut für die weiße Königin vergießen."

„Ho – die weiße Königin!" wiederholte der *Tumani* .

KAPITEL XXV

GEWEHR GEGEN PFEIL

Was jetzt geschah, geschah schnell und ohne Vorwarnung. Nachdem die Würfel gefallen waren, überließ Bassalor Danek seine Autorität an Gela. Die traditionelle Führung der Wusun war in Kriegszeiten die des Kha Khan. Nun mussten sie sich zum ersten Mal seit Generationen der Autorität ihrer Gefängniswärter widersetzen .

Gray erinnert sich noch genau daran, dass Bassalor Danek sich in seinem weißen Gewand am Fuße des Podiums feierlich von ihnen verabschiedete . Dann hob der Gur-Khan, der von der Bedeutung des Anlasses beeindruckt war, würdevoll seine Hand.

„Bei dem Talisman an deiner Kehle, oh Kha Rakcha ", sagte er, „vergiss den Wusun nicht – wenn es der Rat des Schicksals ist, dass du hier in Sicherheit kommst."

„Sie wird es nicht vergessen", versprach Gray. Er sah zu, wie die alte Gestalt zum Turm ging, wo Bassalor Danek mit den Augen der Fernsicht beobachten wollte, was passieren würde.

Gela übernahm ungestüm das Kommando. Gray sah zu, wie er die *Tumani aufstellte* . Die jungen Männer waren voller Vorfreude auf einen Kampf. Die lange aufgestaute Feindschaft gegen ihre Häscher stand kurz davor, sich zu entladen. Aus den Behausungen von Sungan kam die Klage der Frauen. Es schrillte in der Nachtluft – die weltberühmte Klage der Frauen vor der Schlacht.

Timur blieb bei ihnen. Die drei waren von den Jägern umgeben, die ihre Bögen gespannt und ihre schweren Schwerter gezückt hatten.

In der oberen Halle des Ratstempels, wo sie jetzt standen, war es nur halb dunkel. Es spiegelte sich schwach auf dem roten Sandstein der Wände, auf die verblassten, bemalten Figuren aus einer älteren Zeit herabblickten.

Die Krieger sprachen guttural miteinander und lachten viel, wenn auch nicht laut. Einige stützten sich jedoch schweigend und mit leerem Blick auf ihre Bögen. Diese Anspannung war dem Amerikaner vertraut. Gray hatte zugesehen, wie die Männer unter Beschuss mit der gleichen erzwungenen Fröhlichkeit, der gleichen Halbstarre voranschritten.

Aber die Jäger waren zufrieden. Zumeist junge Männer, deren hagere Gesichter von der Sonneneinstrahlung verhärtet und faltig waren, ihre blutunterlaufenen Augen schmal, ihre Lippen dünn und rissig – sie lächelten häufiger als nicht. Ein wildes Vergnügen lauerte in ihren Augen. Sie sollten ihre Schwerter gegen die Unterdrücker der Wusun erheben. Gray zählte die Schwerter. Es waren allesamt zu wenige.

Der Gefangenschaft überdrüssig, sollten sie für einen kurzen Moment als freie Männer in die Wüste vordringen. Vielleicht. Denn jenseits der Mauer könnten sie nie gewinnen.

Sie schlurften schwer atmend mit ihren Stiefeln aus Yakfell. Die Luft in der Galerie wurde stickig und heiß und roch nach schmutzigem Leder. Mary stand dicht neben Gray, ihre Schulter an seiner. Sie hatte ihr zerrissenes Kleid und die zerknitterte Jacke angezogen. Ihr Blick war auf ihn gerichtet.

"Robert!"

„Ja – Mary." Er blickte nach unten und sein Gesicht strahlte, als er hörte, wie sie seinen Namen aussprach.

„Du hast die Stirn gerunzelt. Wird es so schlimm sein?" Ihr schlanker Körper drückte sich an seinen, sodass er den Puls ihres Herzens spüren konnte. „Dann darfst du mich dieses Mal nicht verlassen."

"NEIN."

Er wollte sie in seine Arme nehmen, sie seine Frau nennen. Aber er unterdrückte den schnellen Impuls streng. Er hatte kein Recht. Woher sollte er wissen, dass sie sich genau nach diesem Trost sehnte?

Gela wedelte mit dem Arm, und viele Füße schlurften und bewegten sich vorwärts.

"Robert!"

Ihre Augen, die vor Vertrauen in ihn strahlten, kamen näher und hielten den seinen stand. Sein Arm zog sie brutal näher an sich heran. Vielleicht hat er sie verletzt. Aber sie protestierte nicht.

Blindlings drückte er seinen Mund gegen den Duft ihres Haares. Unbeholfen und mit trockenen Lippen küsste er ihren Hals und ihre Wange und staunte über den Puls, der dort, wo er sie berührte, so heftig schlug.

Zwei schnelle, schlanke Arme schlossen sich um seinen Hals. Das Mädchen seufzte, zitterte und stieß ein leises, glückliches Murmeln aus. Gray versuchte ungläubig, ihr ins Gesicht zu sehen, aber zarte, feuchte Lippen berührten seine in einer schnellen Liebkosung. Ihre Augen waren halb geschlossen und sie war seltsam blass.

"Maria!" flüsterte er und noch einmal: „Maria."

Sie lächelte jetzt, die grauen Augen waren froh.

Gela warf einen abschätzenden Blick auf die Versammlung und gab einen Befehl. Die *Tumani* drängten sich auf die Treppe zu, die zu den oberirdischen Eingängen führte.

Gray spürte, wie Marys Hand seine suchte. Ein kühler Lufthauch strich über ihre heißen Gesichter. Er sah das Glitzern von Fackeln, die von *Tumani* *angezündet wurden* . Dann fielen sie in die Nacht hinein.

Der Sand von Sungan war bis auf die Kriegergruppe unter Gela leer. Eine leichte Brise wehte zwischen den Aloen und Tamarisken, wirbelte winzige Staubspiralen unter ihren Füßen auf und ließ die Fackeln flackern.

Dann wurden die Fackeln in den Sand geworfen und die Kriegergruppen wurden zu schattenhaften Gestalten, die sich vor dem tieferen Schatten der Türme bewegten.

Über uns war der Mond kalt und hell. Sein Glanz zeigte die dunklen Gestalten der Chinesen an der Wand und glitzerte auf ihren Waffen. Am Tor in der Mauer vor ihnen stand eine Gruppe Priester. Wu Fang Chien war nicht zu sehen.

Zwischen den *Tumani* und der Mauer befand sich ein ebener Sandstreifen von etwa zweihundert Metern Länge.

"Sehen!" plapperte der alte Timur, „die Nachricht von Bassalor Danek wurde gesendet. Sie warten.“

„Es wäre nicht gut, die Mauer zu zerstören“, warnte Gray schnell und schätzte die Situation ein. „Sie haben Waffen –“

„Wenn ich einen Bogen hätte!“ Timurs Zurückhaltung war angesichts der wachsenden Aufregung verschwunden. „Ho! Die Jäger werden neue Beute jagen.“

Einer der Priester schrie etwas, das Gray nicht verstand. Gela antwortete trotzig und die *Tumani* stürmten vorwärts und trugen Gray und Mary mit sich.

Ein Schuss ertönte von der Wand, der von einem trotzigen Schrei der Wusun begrüßt wurde. Es folgte eine verstreute Salve. Die Wachen – chinesische Freischärler, Dunganer , Banditen, Anhänger der Priester und was auch immer – waren schlechte Schützen. Aber die Reichweite war knapp. Und die Wusun, die keine Ahnung von Taktiken gegen Schüsse hatten, standen dicht beieinander.

Gray sah, wie mehrere stolperten und in den Sand fielen. Weitere Aufnahmen. Die Fackeln zitterten. Timur bückte sich und nahm Pfeil und Bogen von einem der Gefallenen.

Die Priester waren vom Tor verschwunden. Dies war geschlossen worden. Aber nicht bevor Gray Gruppen von Aussätzigen sah, die verwirrt umherliefen. Einige schienen bewaffnet zu sein.

Der Wusun schwankte unter dem Feuer, wie es undisziplinierte Männer zwangsläufig tun. Gray zwang das Mädchen, sich mit Timur im Sand zu ducken, während er auf Gela zulief. Der Kha Khan schrie seine Anhänger wütend an.

„Die Passagen!" Gray ergriff Gelas Arm. „Hier wirst du getötet. Geh hinunter zu den Gängen."

Gela, das heiße Licht der Schlacht in seinem vernarbten Gesicht, starrte ihn unbeachtet an. Aber Timur, der nicht zurückgelassen werden sollte, hinkte vorwärts und wiederholte Grays Worte.

Dem Kha Khan dämmerte die Erkenntnis, und seine Augen verengten sich scharfsinnig. Er rief seinen Männern zu. Die *Tumani* begannen zurückzulaufen und ließen dunkle Körper liegend im Sand zurück.

Gray machte sich mit Mary auf den Weg zum Tempel. Von der Wand her ertönte ein Triumphschrei. Das Feuer hörte nicht auf. Die Blutgier war in den Männern auf der Mauer geweckt worden, denen es leicht fiel, den schlecht bewaffneten Wusun zu töten.

Doch als Gray die starren Gesichter um sich herum sah, wurde ihm klar, dass die *Tumani* den Kampf nicht aufgeben würden. Es war eine uralte Fehde – der Kampf der unterdrückten Zentralasiaten gegen ihre mongolischen Häscher.

Er und das Mädchen wurden an Gelas Seite mitgerissen wie Blätter in einer schnellen Strömung. Der Wusun drängte sich in den Tempel hinunter, diesmal schweigend. Sie strömten in die unterirdischen Gänge, angeführt von Männern mit Fackeln. Das Geschrei über dem Boden wurde schwächer.

Einmal stolperte Gray über eine Leiche. Es war eine Frau, die aus einer tödlichen Wunde im Hals blutete. Die Priester waren hier gewesen, und im Krieg in der Gobi geht es nicht um Sex.

Im Korridor vor ihnen erschien das Flattern eines gelben Gewandes. Ein Bogen schwirrte, und Gray sah, wie ein Pfeil zwischen den Schultern des fliehenden Priesters auftauchte. Ein Messer, das der Buddhist hielt, fiel klappernd zu Boden.

Der *Tumani* schrie und drängte vorwärts. Sie waren jetzt unter der Mauer und der Gang begann anzusteigen. Gray sah, dass es derselbe war, der zum Brunnen führte.

Ein scharfer Befehl von Gela brachte die Wusun zum Schweigen. Sie rannten in den Brunnen und die Stufen hinauf, wild darauf bedacht, ihr Ziel zu erreichen.

Sie gerieten in Verwirrung. Gray sah, dass andere Wusun aus den angrenzenden Gängen rannten und die Priester vor sich hertrieben. Die Chinesen auf der Mauer hatten sich umgedreht. Überrascht feuerten sie hastig. Ihre Feinde waren nun zerstreut und der Kampf wurde zu einer Nahkampfsache.

Eine nach der anderen fielen die Fackeln in den Sand. Schwerter blitzten im Mondlicht. Gray sah einige der Männer des Leprarudels, angeführt von Priestern. Diese wurden mit Pfeilen der *Tumani beschossen* und zurückgedrängt. Sie flohen problemlos.

Die Chinesen an der Mauer wurden zu Handgriffen gezwungen und schwankten.

„*Aie!*" schrie Timur. „Der Kampf läuft gut. Ich bin wieder jung." Er zeigte jubelnd auf die springenden Gestalten der Jäger.

Das Mädchen ging ruhig an Grays Seite. Der Amerikaner nahm eine leere Muskete und ging vorwärts. Es war eine schlechte Waffe, aber sie diente. Gela war seinen Gefolgsleuten voraus, die nun die Mauer überwunden hatten und auf der Suche nach den Gruppen der Chinesen auf und ab gingen.

Mittlerweile rannten die Soldaten durch die Außenbezirke der Stadt zurück.

Gray konnte sehen, wie sich das Leprarudel mit den Schatten zwischen den Sanddünen vermischte. Gelegentlich ertönte ein schriller Schrei, wenn die Wusun einen gelb gekleideten Buddhisten jagten. Die Chinesen waren ernsthaft auf der Flucht. Das einzige Licht kam jetzt vom Mond. Es war ein Kampf der Schatten, bei dem dunkle Gestalten aufsprangen, mit gezückten Messern zuschlugen und einander ins Gesicht starrten.

„*Aie!*", wiederholte der alte Häuptling, der sich auf die Schulter eines *Tumani stützte*, „so haben unsere Väter ihre Feinde vor sich hergetrieben. Es ist ein schöner Anblick."

Er humpelte weiter und weigerte sich, zurückgelassen zu werden. Gray holte tief Luft und betrachtete die Szene mit erfahrenem Blick. Der schwelende Zorn der Wusun hatte einen vorübergehenden Durchgang frei gemacht. „Wir sind außerhalb der Stadt, Mary", sagte er.

„Es ist noch nicht vorbei", antwortete sie schnell. „Sehen Sie – vorne rechts sind Lichter."

Gela hatte dasselbe gesehen. Er versammelte die Jäger, die um ihn herum verblieben waren, und rückte vorsichtig vor. Als sie einige Dünen umrundeten, kamen sie voll auf die Lichter.

Es war das Lager der chinesischen Wachen. Kamele und Pferde waren zwischen einigen provisorischen Zelten angebunden. Laternen flackerten, als Kulis versuchten, die Bestien zu versammeln.

Ihnen gegenüber stand eine Gruppe Männer, die unruhig vor den Zelten standen. Gray sah die massige Gestalt und den Mandarinenhut von Wu Fang Chien. Das Licht einer Laterne fiel auf sein breites Gesicht, das jetzt vor verblüffter Wut wild war. Er hielt ein Gewehr.

KAPITEL XXVI

DER BRONZERING

Das Mädchen stieß einen kurzen Schrei aus. Die Antwort erfolgte mit einem Ruf von Gela.

Einer der Chinesen schoss. Der Mann, der Timur stützte, fiel stöhnend zu Boden und verschränkte die Hände vor dem Bauch.

Sowohl Gela als auch Gray sprangen gleichzeitig vor. Wu Fang Chien erblickte sie und hob sein Gewehr. Seine Anhänger schossen wild um sich und richteten in dem unsicheren Licht keinen Schaden an.

Der Mandarin, dachte Grey schnell, als er rannte, hatte einige der Flüchtlinge im Lager versammelt. Möglicherweise hatte er Grays Absicht, Sungan zu verlassen , erraten und war entschlossen, dies um jeden Preis zu verhindern.

Gray konnte den Mann deutlich erkennen, als er ihn über das Visier des Gewehrs hinweg ansah. Die Waffe war stabil. Hinter ihm hallte ein warnender Ruf des Wusun wider. Gela an seiner Seite verlangsamte sein Tempo nicht.

Noch immer hielt Wu Fang Chien sein Feuer zurück. Gray, der aufmerksam zusah, sah, dass das Gewehr, das der Mandarin in der Hand hielt, eines von ihm war – aus seinem Gepäck gestohlen. Der Gedanke ging mit grimmigem Humor auf ihn ein. Es kam ihm nicht in den Sinn, umzukehren. Er konnte Gela nicht alleine weitergehen lassen. Der Kha Khan keuchte, als er rannte, erschöpft von seinen Anstrengungen, aber grimmig auf Wu Fang Chien fixiert.

Hinter Wu Fang Chien sah er die Pferde, die an ihren Leinen kämpften. Seine Sinne wurden durch die Spannung des Augenblicks seltsam geschärft. Er hörte Gela keuchen und vernahm sogar die ferne Klage der Frauen der Wusun. Das Husten verängstigter Kamele drang deutlich zu ihm.

Die Laterne glitzerte auf dem Gewehrlauf, der voll auf ihn gerichtet war. Er sah, wie sich Wu Fang Chiens böse Augen verengten. Dann weiteten sie sich. Der Gewehrlauf wackelte. Und fiel in den Sand. Gela und der weiße Mann blieben stehen.

Aus der Kehle von Wu Fang Chien ragte ein Pfeilschaft, dessen Federn grotesk unter seinem Kinn hervorragten.

Langsam gaben die Knie des Mandarins nach und er fiel nach vorne in den Sand, wobei er mit beiden Händen den Pfeil umklammerte, der den Faden seines Lebens zerriss.

„ *Aie!* “ erklang die Stimme von Timur. „Ich habe ein Leben genommen. Ich habe einen Feind meines Volkes getötet!“

Gray drehte sich um und sah den alten Häuptling neben Mary mit dem Bogen in der Hand stehen. Sein Schrei hatte kaum aufgehört, als ein gelb gekleideter Priester aus einem Zelt auf ihn zusprang.

Der Buddhist hielt ein Messer. Sein Kurs führte ihn direkt auf Maria zu. Das Mädchen wartete hilflos. Gelas Warnruf ertönte. Mehrere der Wusun rannten auf sie zu. Aber zu weit weg, um zu helfen.

Der Priester war nur noch wenige Schritte von dem Mädchen entfernt, zu nah, als dass Gela oder Gray rechtzeitig eingreifen könnten.

Dann humpelte die Gestalt Timurs vorwärts. Der alte Mann schlug mit seinem Bogen schwach auf den Priester ein. Und packte ihn bei den Schultern.

Der Buddhist stach brutal auf den Wusun ein und vergrub sein Messer in Timurs Rücken. Der alte Mann gab keinen Laut von sich, behielt aber seinen Griff und knurrte unter dem Biss des Messers. Gray trat an die Seite von Wu Fang Chien und holte das Gewehr des Mandarins auf.

Es war sein eigenes Stück und geladen. Er nahm den Mann im gelben Gewand ins Visier, als dieser sich von der anschmiegsamen Gestalt Timurs löste. Das Gewehr knallte, als der Buddhist auf Maria zuging.

Der Priester fiel taumelnd auf die Knie. Es war ein schneller Schuss gewesen, und angesichts des Lichts ein ausgezeichneter. Gela grunzte zustimmend.

Gray sah, wie das Mädchen an die Seite des betroffenen Timur trat. Dann sah er sich im Lager um. Wu Fang Chien war tot und seine verbliebenen Anhänger waren vom Lager in die Wüste geflohen. Nur Gelas Bande der Wusun war sichtbar, zahlenmäßig schwächer, aber triumphierend. Sie drängten sich auf ihren Anführer zu, mit nutzlosen Gewehren als Beute, müde und doch laut kichernd.

Der Kampf war vorbei.

Gela zeigte deutlich auf den Mond, der hoch über ihnen stand. Die Zeit verging und der weiße Mann musste entsandt werden, solange die Küste frei war. Er hatte sein Versprechen im Ratssaal nicht vergessen. Der Kha Khan kehrte zu Maria zurück und führte sie vom alten Häuptling weg.

Gray sah, dass das Mädchen weinte. Nicht geräuschvoll, sondern leise, während er versuchte, die Tränen zurückzuhalten. Die Anspannung der Nacht machte sich langsam an ihr bemerkbar, und der Tod von Timur an ihrer Seite war ein Schock gewesen. Sie wollte nicht zurückblicken.

„Ich – ich mochte Timur", sagte sie leise. „Er war gut zu mir."

„Er war ein guter Kerl", stimmte Gray herzlich zu.

Um des Mädchens willen wollte er das Lager sofort verlassen. Eine Verzögerung würde Gefahr bedeuten. Gela schien seinen Gedanken erraten zu haben. Der Kha Khan erteilte seinen Anhängern energische Befehle. Dann warf er dem Mädchen sein eigenes warmes Schaffell -*Khalat über die Schultern.*

Zwei Kamele, die Auserwählte der Lagerbewohner, wurden hervorgebracht. Diese wurden hastig mit Decken ausgestattet. Ein dritter war – lautstark protestierend nach der Art der Tiere – mit Nahrungsmitteln und Wasser beladen, die aus den Vorräten der Chinesen beschlagnahmt worden waren. Gela untersuchte aufmerksam die Wasserbeutel aus Ziegenleder und nickte zufrieden. Sie waren überaus wichtig.

Als dies erledigt war, wandte er sich an Gray und zeigte erneut auf den Mond. Dann zeigte er über die Wüste im Westen auf eine graue Fläche schimmernder Erde mit vereinzelten Büscheln verkümmerter Büsche.

„Er möchte, dass wir in diese Richtung gehen", sagte das Mädchen, „nicht zurück nach China."

Gray hatte sich bereits den besten Weg ausgedacht. Die Richtung von Gala stimmte mit seiner eigenen Schlussfolgerung überein. Im Westen lag ein vier- oder fünftägiger schneller Ritt auf Kamelen am Fluss Tarim mit vereinzelten Hirtensiedlungen. Hier wären sie jenseits der Grenze von Kaschgarien und frei von der Autorität der chinesischen Buddhisten. Und jenseits des Tarim lag Khotan – direkt nördlich des Karakorum-Passes nach Indien. Er hatte immer noch seine Karten und seinen Kompass.

„Von dort aus", stimmte das Mädchen zu, „können wir Kaschgar erreichen , wo es Händler aus Kaschmir geben wird. Mein Onkel war mit mir in Khotan. Von dort aus ist es nicht schwer, nach Indien zu reisen."

Auf Drängen von Gela bestiegen sie die knienden Kamele. Die Wusun drängten sich um sie herum. Sie führten den weißen Mann und die weiße Frau aus dem Lager, bis die Türme von Sungan am Horizont kaum noch zu sehen waren.

Hier bestand für sie keine Gefahr mehr, chinesischen Flüchtlingen zu begegnen. Gela blieb stehen und hob zum Abschied die Hand. Gray und das Mädchen taten es ihm gleich.

„Er hat sein Wort uns gegenüber gehalten und ist stolz darauf", flüsterte Mary, „und wir können ihm nicht danken." Denn keiner konnte Gelas Zunge sprechen.

„Auf Wiedersehen, alter Mann, und viel Glück", sagte Gray herzlich auf Englisch.

Als er sich nach einer Weile umdrehte, sah er, wie der Kha Khan und der Wusun sie beobachteten. Sie saßen im Sand und blickten mit dem Gesicht auf die wegziehenden Kamele. Bis die beiden außer Sichtweite waren, blieb Gela dort.

Die Kamele waren frisch und bewegten sich schnell. Es war eine klare Nacht mit einem Hauch von Kälte in der Luft, ein Vorbote des Winters, der sich in Zentralasien niederließ. Die Meilen vergingen schnell, während Gray, von seinem Kompass geleitet, weiter nach Westen ging.

Sie sprachen nicht. Hinter ihnen überflutete das Purpur der Morgendämmerung den Himmel. Der Mond verblasste kalt. Die Morgenkälte betäubte den Mann und das Mädchen. Die langen Schatten der Kamele erschienen vor ihnen im Sand. Nebel, geisterhaft und grotesk, verzogen sich über die Skyline. Von Schwarz über Grau bis hin zu Braun veränderten sich die Sanddünen. Sandwellen fegten zu beiden Seiten bis zur Skyline.

Sie waren allein in der Unendlichkeit Asiens.

Gray wollte etwas sagen, aber eine starke Schüchternheit erfasste ihn. Er drängte sein Tier neben das Mädchen und nahm ihre Hand. Sie hat es nicht zurückgezogen. Das machte ihn mutig. Schon wärmte die Sonne ihre Rücken. Die Kamele wurden langsamer und stapften gleichmäßig weiter.

„Unsere Flitterwochen haben begonnen", sagte er. Sein Herz schlug unruhig. „Und in Kaschgar können wir einen Missionar finden, der Sie wirklich zu meiner Frau macht, wenn Sie so wollen."

Sie antwortete nicht. Stattdessen zog sie das *Khalat zurück*, das ihr der Wusun gegeben hatte. Gray sah, dass der Bronzereif noch immer um ihren Hals hing.

DAS ENDE